DUMONT

Spionage hinter den feindlichen Linien war eine der gefährlichsten Aufgaben während des Zweiten Weltkriegs. 39 Agentinnen riskierten diesen Einsatz gegen Nazi-Deutschland. Treibende Kraft dieser Spezialeinheit war Vera Atkins, die einer deutsch-britischen Familie jüdischen Glaubens entstammte und in Rumänien aufwuchs. Gegen große politische Widerstände entwickelte sie ab 1940 ein Agentennetzwerk der besonderen Art. Sie bildete diese unbeugsamen Frauen aus, plante und leitete ihre Einsätze. Und sie gilt als reales Vorbild für die Figur der ›Miss Moneypenny‹. Doch die echte Agentin war weit mehr als eine Gehilfin.

Fast 70 Jahre lang war Vera Atkins' Geheimdienstakte unter Verschluss. Nun ist sie in den National Archives in London zugänglich. Die Autoren rekonstruieren anhand dieser Dokumente die geheime Geschichte der Vera Atkins und ihrer Agentinnen, die zu vergessenen Heldinnen geworden sind.

Arne Molfenter, geboren in Leonberg, hat die deutsche Journalistenschule besucht und in München, Berlin und Mailand Politik und Wirtschaftswissenschaften studiert. Er war Redakteur, Reporter und Korrespondent, u. a. für den BBC World Service, die ARD und DIE ZEIT, und arbeitet jetzt für die Vereinten Nationen in Brüssel und Bonn. Gemeinsam mit Rüdiger Strempel veröffentlichte er 2014 die Biografie ›Über die weiße Linie‹ bei DuMont.

Rüdiger Strempel, geboren in Deggendorf, wuchs in fünf Städten auf vier Kontinenten auf. Er studierte Jura, Germanistik und Kunstgeschichte in Bonn und Speyer und ist seit über einem Jahrzehnt in verschiedenen Funktionen für die Vereinten Nationen tätig. Außerdem arbeitet er als freier Journalist und Übersetzer. Er leitet derzeit das Trialterale Wattenmeersekretariat in Wilhelmshaven.

Arne Molfenter

Rüdiger Strempel

DER
FINSTERNIS
ENTGEGEN

Die wahre Geschichte der Vera Atkins
und ihrer wagemutigen Agentinnen

DUMONT

Von Arne Molfenter und Rüdiger Strempel ist bei DuMont außerdem erschienen:

Über die weiße Linie. Wie ein Priester über 6000 Menschen
vor der Gestapo rettete

September 2016
DuMont Buchverlag, Köln
Alle Rechte vorbehalten
© 2015 DuMont Buchverlag, Köln
Umschlaggestaltung: Lübbeke Naumann Thoben, Köln
Umschlagabbildung: © Getty Images – Charles Hewitt
Satz: Fagott, Ffm
Gesetzt aus der Garamond und Trade Gothic
Druck und Verarbeitung: CPI books GmbH, Leck
Gedruckt auf säurefreiem und chlorfrei gebleichtem Papier
Printed in Germany
ISBN 978-3-8321-6394-5

www.dumont-buchverlag.de

»Diese Frau wusste, dass sie mit jedem,
der Hosen trug, fertigwerden würde.«

SOE-Agent George Millar über Vera Atkins

»Only the dark, dark night shows
to my eyes the stars.«

Walt Whitman

*Vera Atkins schlug dieses Zitat für die
Gedenktafel zur Ehrung der im KZ Natzweiler
ermordeten Agentinnen vor.*

INHALT

PROLOG

Auf diese Situation hatte sie niemand vorbereitet.

Sie konnte nichts sehen, denn man hatte ihr die Augen verbunden. Umso schärfer arbeiteten ihre anderen Sinne. Ihre Nasenflügel bebten. Wenn sie den Kopf etwas nach rechts oder links wandte, nahm sie einen Geruch von verwitterndem Holz, Teer und Rauch wahr. Nicht unangenehm, ein wenig wie alter Whisky. Unangenehm waren dagegen der Stahl des Gleises in ihrem Nacken und die Fesseln an Hand- und Fußgelenken, die sich in ihre Haut fraßen und die Durchblutung abschnitten.

»Jetzt rede schon, Mädchen!«, sagte eine Frauenstimme, fordernd und scharf. Etwas sanfter klang der Mann: »Du hast noch fünf Minuten, dann kommt der Zug. Wir binden dich los, wenn du uns sagst, was wir wissen wollen.«

Doch genau das ging nicht. Rolande wusste, dass sie unter keinen Umständen etwas preisgeben durfte. Unter keinen Umständen. Selbst dann nicht, wenn sie ihr Schweigen mit dem Leben bezahlen müsste. Sie presste die Lippen aufeinander.

Wieder schaltete sich die Frau ein: »Die Zeit läuft.«

Rolande versuchte, die aufsteigende Panik zu bezähmen. An die Kindheit erinnern, rückwärts zählen wie bei der Narkose – irgendetwas, nur nicht an das denken, was ihr bevorsteht. Es gelang nicht.

»Ich glaube, ich kann den Zug hören«, sagte die Frau plötzlich. »Sergeant, legen sie die Weiche um!«

»Jawohl, Ma'am! Wenn Sie mir den Hebel reichen würden.«

»Den haben Sie!«, antwortete die Frau ungeduldig.

»Nein, Ma'am, Sie hatten ihn!«, gab der Sergeant mit gepresster Stimme zurück.

Kies knirschte. In der Ferne pfiff die Lokomotive. Nicht allzu weit in der Ferne.

»Verdammt!«, keuchte die Frau. »Wo ist das Ding hingekommen?«

Nun war auch das Stampfen der Lokomotive zu hören. Ein weiterer scharfer Pfiff, bedrohlich nahe schon. »Los, schneiden Sie die Fesseln durch!«, brüllte die Frau. Die Antwort des Sergeants ging im anschwellenden Lärm des heranrasenden Zuges fast unter. »Zu spät, Ma'am, springen Sie vom Gleis. Jetzt!«

Die nächsten Sekunden fühlten sich an wie eine Ewigkeit. Rolandes Herz raste, durch die Halsschlagadern brandete das Blut wie ein reißender Gebirgsbach. Sie fühlte sich der Ohnmacht nahe, einer ersehnten, erlösenden Bewusstlosigkeit, die aber ausblieb. Dann war nur noch Lärm. Ein alles andere auslöschender, fauchender, ratternder, kreischender, ihren Körper durchhämmernder Lärm.

War sie doch kurz besinnungslos geworden? Das Schnaufen der Lok drang bereits aus der Ferne zu ihr. Rauch biss ihr in der Nase, lag auf ihren Lippen. Sie war kraftlos, unfähig, sich zu bewegen. Doch der Zug war auf dem Nachbargleis vorbeigedonnert. Und Rolande hatte geschwiegen.

1

EINE ENGLÄNDERIN AUS MITTELEUROPA

London,
Februar 1941

Das Leben, so wie Vera Atkins es bisher geführt hatte, ging an diesem Morgen zu Ende. Da war ein kurzes Klappern im Flur, dann ein paar eilige Schritte. Vera Atkins fuhr jäh aus dem Schlaf. Jemand lief schnellen Fußes am Haus entlang, draußen miaute eine Nachbarskatze. Noch schlaftrunken stand sie auf und ging in den Flur, um nachzusehen. Sofort ärgerte sie sich über sich selbst. Erstens hatte sie viel zu lange geschlafen. Zweitens merkte sie, dass es nur der Briefträger gewesen war, der die Post in den Briefschlitz der Haustür geworfen hatte. Ihre Mutter war schon fort. Atkins war 33 Jahre alt, und noch immer lebte sie bei ihr im Londoner Stadtteil Chelsea. Sie sah auf den Boden vor der Tür, ein einzelner Brief lag auf der abgewetzten braunen Fußmatte. Der Umschlag war »klein und völlig unscheinbar«, wie sich Vera Atkins später an diesen Wintertag erinnern würde.[1] Sie sah auf das Kuvert: »Inter Services Research Bureau, Baker Street 64« stand darauf. Was für ein merkwürdiger Absender, dachte sie. Irgendeine Regierungsbehörde in Whitehall. Sie war völlig ahnungslos, was das zu bedeuten hatte.

Sie ging in die Küche und zündete sich eine Zigarette der Marke »Senior Service« an, einem Laster und einer Marke, der sie bis zu ihrem Lebensende treu blieb. Dann öffnete sie den Brief. Hektisch überflog sie die ersten Zeilen. Sie war zu einem Bewerbungsgespräch eingeladen worden. Merkwürdig war daran allerdings, dass sie sich bei diesem Büro nie beworben hatte. Doch ihre Neugier war geweckt, und so begann Vera Atkins' Eintritt in die neueste und geheimste Behörde in Großbritannien, die erst wenige Monate zuvor, im Juli 1940, geschaffen worden war: Hinter dem ominösen Namen verbarg sich in Wahrheit die »Special Operations Executive«, kurz SOE. Schon bald wurde es zu ihrer Aufgabe, 400 Männer und Frauen als Agenten auszubilden, sie in den Einsatz zu schicken und nach dem Krieg das Schicksal derjenigen aufzuklären, die aus ihren Einsätzen nicht mehr zurückgekehrt waren. Um diese Rätsel zu lösen, nahm sie vieles in Kauf und wurde bei ihren Kollegen und Gegnern auch wegen ihrer erbarmungslosen Verhörmethoden berühmt.

Vera Atkins in der Uniform eines Squadron Officer (Majorin) der WAAF, 1946.

Mitteleuropa, England, Südafrika, 1874–1918

Sie trug die grau-blaue Uniform einer britischen Luftwaffenoffizierin. Sie sprach das sorgfältig artikulierte präzise Englisch der britischen Oberschicht. Sie führte einen britisch klingenden Namen: Vera Atkins. Doch sie besaß lange keinen britischen Pass und für manche ihrer Kollegen war sie einfach die Angehörige eines Feindstaates.

Wer aber war Vera Atkins wirklich? Wofür hielt sie sich selber? Auf diese Fragen gibt es keine einfache Antwort. Die Geschichte ihrer Familie ist sinnbildhaft für diejenige Mitteleuropas im ausgehenden neunzehnten und beginnenden zwanzigsten Jahrhundert. Ein Teil der Welt, in dem Veränderung zu den Konstanten zählte und Vielfalt eine Gemeinsamkeit darstellte. In dem Volksgruppen und Religionen miteinander rangen, oft aber auch miteinander oder zumindest nebeneinander lebten und ein kosmopolitisches, mobiles und vielsprachiges Großbürgertum sich eines komfortablen Lebens zwischen Kapitalismus und Kultur erfreute.

Geboren wurde sie am 15. Juni 1908 in der Domneasca-Straße 135 im rumänischen Galați (deutsch: Galatz) – nicht als Vera Atkins, sondern als Vera May Rosenberg.[2] Ihr Vater, Maximilian Rosenberg, genannt Max, entstammte einer gut situierten deutschen Kaufmannsfamilie. Die Mutter, Hilda, war eine in Südafrika geborene Britin, deren Familie über ein beträchtliches Vermögen verfügte. Beide Eltern waren jüdischen Glaubens.

Max Rosenberg wurde 1874 als ältestes der fünf Kinder Simeon Rosenbergs, eines wohlhabenden Kasseler Landwirts und Holzhändlers geboren. Die Familie war in Kassel alteingesessen. Die fünf Kinder, Max, seine Brüder Siegfried, Arthur und Paul sowie die Schwester Bertha, genossen eine »idyllische Kindheit« zwischen Eidechsen am familieneigenen Teich und Gänserennen an sonnigen Sonntagen.[3] Während die drei jüngeren Brüder in das Import-Export-Geschäft des Vaters einstiegen, absolvierte Max ein Architekturstudium in Hamburg. Nach der Hamburger Choleraepidemie von 1892 wanderte der junge Architekt nach Kapstadt aus. Dort nahm ihn bald der wohlhabende englische Kaufmann Henry Atkins unter seine Fittiche.

Dessen Familie stammte ursprünglich aus Homel im sogenannten »Ansiedlungsrayon«, dem Gebiet im Westen des Russischen Reiches, auf das seit Ende des achtzehnten Jahrhunderts das Wohnrecht der jüdischen Bevölkerung beschränkt war. Im Gefolge zunehmender Judenpogrome Ende der 1870er-Jahre verließ die damals Etkins (vielleicht auch Etkin oder Etkind)[4] genannte Familie die unweit von Tschernobyl gelegene Stadt im heutigen Weißrussland und wanderte über Odessa und London nach Kapstadt aus. Im südafrikanischen Kimberley brachte es Henry Atkins mit dem Verkauf von Grubenhölzern zu einigem Vermögen, siedelte nach einem erneuten Abstecher nach London, wo seine erste Tochter Hilda zur Welt kam, erneut nach Kapstadt um und erlebte einen steilen gesellschaftlichen Aufstieg. Der Familienname wurde in das englischer klingende Atkins geändert. Henry, inzwischen mit dem Diamantenmillionär, glühenden britischen Imperialisten und späteren Premierminister der Kapkolonie Cecil Rhodes befreundet, verwischte seine osteuropäischen Ursprünge und gab sich als echter Brite. Neben anderen Vorteilen ermöglichte ihm dies die Mitgliedschaft in der Gemeinde der vornehmen Kapstädter Garden-Synagoge, die ausschließlich Juden britischen und deutschen Ursprungs gewährt wurde.[5] Unterdessen wuchs das Vermögen der Familie, erwirtschaftet unter anderem mit dem Export von Straußenfedern – einem zu jener Zeit unentbehrlichen, vielfach verwendeten Accessoire der eleganten Damenmode. Auch mit Immobilien, Diamanten sowie australischem Dosenfleisch und anderen Nahrungsmitteln für die im zweiten Burenkrieg von 1899–1902 kämpfenden britischen Truppen handelte das Unternehmen.[6]

Max Rosenberg wurde nicht nur zum Protégé von Henry Atkins, sondern auch dessen Schwiegersohn. 1902 heiratete er in London dessen Tochter Hilda. Der erste Sohn des jungen Paares, Ralph, wurde 1905 in Südafrika geboren. Während der Burenkrieg der Familie Atkins jedoch einen weiteren finanziellen Aufschwung beschert hatte, brachte er Max Rosenberg kein Glück. Im Gefolge des Krieges fielen die Grundstückspreise und der erfolgreiche Bau- und Immobilienunternehmer sah sein Vermögen dahinschmelzen. Die Rettung wartete in Europa. Während Max sein Glück am Kap gesucht hatte, hatten die jüngeren Rosenberg-Brüder einen florierenden Handel mit Holz aus der Bukowina und aus Rumänien aufgezogen. Die Bukowina, das Buchenland im Südosten Mitteleuropas, gehörte bis 1918 zum Habsburgerreich. Der jüngste Bruder verblieb in Kassel und führte den deutschen Zweig des Geschäftes, während Siegfried und Arthur sich vom Donaudelta aus um die Verschiffung des über die Donau herangeführten, qualitativ sehr hochwertigen Holzes nach Rotterdam kümmerten, wohin es über das Schwarze Meer und das Mittelmeer gelangte. Max stieg in dieses lukrative Geschäft ein und siedelte nach Galați um.

Die westmoldawische Hafenstadt am linken Ufer der unteren Donau war ein klug gewählter Standort. In seinem 1891/92 erschienenen, mehrbändigen Werk *Die Seehäfen des Weltverkehrs* schrieb der Österreicher Alexander Dorn: »Die vorteilhafte Lage von Galatz (…) charakterisirt die Stadt sowohl in militärischer als commercieller Hinsicht zum Schlüsselpunkt der unteren Donau.«[7] Der größte Binnenhafen Rumäniens und letzte Hafen vor dem Donaudelta war dementsprechend nicht nur Marinestützpunkt, sondern auch ein geschäftiger Umschlagplatz für den Handel, vor allem mit Getreide und Holz, der nicht zuletzt über das Schwarze Meer abgewickelt wurde. Zeitweilig war Galați sogar Freihafen. Es gab regelmäßige Schiffsverbindungen, und die Stadt wurde bereits lange vor Ausgang des neunzehnten Jahrhunderts an das Eisenbahnnetz angebunden. Zudem war die Stadt multikulturell und relativ international. In den Gassen der Stadt drängten sich Rumänen, Österreicher, Ungarn, Russen,

Griechen, Armenier und Angehörige diverser anderer Nationalitäten. Und es gab eine florierende jüdische Gemeinde. Zwischen 1900 und 1912 stieg die Bevölkerung der Stadt von 62 678 auf 71 641.[8] Die jüdische Gemeinde zählte um die Wende vom neunzehnten zum zwanzigsten Jahrhundert etwa 20 000 Seelen und unterhielt in der Stadt 18 Synagogen und eine Jeschiwa, eine höhere Talmudschule.[9] Bereits zu Beginn des neunzehnten Jahrhunderts hatten einige ausländische Staaten hier konsularische Vertretungen eingerichtet. In Galați kamen 1856 die Delegationen der beteiligten Mächte zur ersten Donaukonferenz zusammen, und die Donaukommission nahm hier ihren Sitz. Das aus einer Ober- und einer Unterstadt bestehende Galați war zudem nicht unattraktiv: »Der äussere Anblick von der Flussseite ist recht malerisch; denn die unregelmässig zwischen grünen Gärten verteilthen, von Thürmen und Kuppeln überragten Gruppen luftig gebauter weisser Häuser, die am Ufer sich zu verdichten scheinen, geben dem Stadtbilde viel Bewegung und Reiz.«[10]

Die von Linden umstandene einstöckige Villa der Rosenbergs, das Geburtshaus Veras, lag abseits des Hafens und des Handelsviertels in der Strada Domneasca in der Oberstadt. Die Straße war eine elegante Einkaufsmeile, die auf Postkarten der Stadt immer wieder gerne abgebildet wurde. Hier hätte es sich also durchaus angenehm leben lassen, zumal die Familie rasch wieder zu Geld kam, gute Kontakte sowohl zur wohlhabenden Ausländergemeinde als auch zu den obersten Schichten der rumänischen Gesellschaft knüpfte und den »kolonialen Lebensstil«[11] genießen konnte, den sich die reichen Ausländer im Rumänien dieser Zeit gönnten. Die jüdische Oberschicht der Region pflegte wenig Umgang mit der weniger wohlhabenden jüdischen Bevölkerung, orientierte sich dafür aber, insbesondere sofern sie deutschsprachig war, umso stärker nach Österreich. In Rumänien, so erinnerte sich eine Verwandte von Vera Atkins, »hatten wir alle große Häuser, hatten wir alle Bedienstete«.[12] Für Einkäufe, Arztbesuche oder Kulturveranstaltungen fuhr man aber bevorzugt nach Wien. Doch Hilda Rosenberg war nicht deutschstämmig und wurde von Heimweh nach Südafrika und der britischen Kultur geplagt.

So wurde Vera 1908 in eine Familie mit multiplen Identitäten hineingeboren. Zumindest zwei dieser Identitäten waren der Familie im Rumänien der Zeit vor dem Ersten Weltkrieg von Nutzen. Max Rosenberg empfand sich als Deutscher und »Deutscher zu sein, hieß zu jener Zeit in Rumänien, hoch respektiert zu sein«.[13] Seine Frau Hilda wiederum fühlte durch und durch britisch und verkörperte damit eine Kultur, die im Rumänien des beginnenden zwanzigsten Jahrhunderts als überaus chic galt. Hierzu trug in beträchtlichem Maße Prinzessin Marie Alexandra Victoria von Edinburgh bei, die Anfang 1893 Prinz Ferdinand von Rumänien, den Neffen von König Carol I. heiratete. Die überaus beliebte Kronprinzessin, eine Enkelin von Königin Victoria, hatte erheblichen Einfluss auf ihren rumänischen Gatten und gab dem rumänischen Hof bereits vor der Thronbesteigung Ferdinands im Jahr 1914 ein teils recht britisches Gepräge. Auch Hilda Rosenberg versuchte, so viel wie möglich an britischen Sitten und britischer Kultur nach Moldawien zu retten. Die Kinder lernten als erste Sprache Englisch, Deutsch sprachen sie ebenfalls von klein auf. Auf das Erlernen der Sprache des Landes, in dem sie lebten, wurde offenbar weniger Wert gelegt. Bemerkenswerterweise findet sich auf dem Bewerbungsfragebogen für Vera Atkins' spätere Stelle bei der SOE unter »Sprachkenntnisse« der Vermerk: »Deutsch, Französisch fließend. Kenntnisse des Rumänischen«.[14]

Welche Bedeutung das jüdische Element im Selbstverständnis der Familie hatte, ist nicht eindeutig. Der Glaube spielte aber wohl keine zentrale Rolle. Siegfried, der jüngere Bruder von Max Rosenberg, drückte es so aus: »Obwohl wir Juden waren und jüdischen Glaubens, fühlten wir deutsch.«[15] Eine Einstellung, die zahllose Deutsche jüdischen Glaubens teilten, die später in den Schützengräben des Ersten Weltkriegs für ein Land Leib und Leben aufs Spiel setzten,

das sie bald darauf auszulöschen versuchte. Auch im Rumänien des
Fin de Siècle war Antisemitismus verbreitet. Zwischen 1867 und 1914
wurden in Rumänien nicht weniger als 196 Gesetze verabschiedet,
die die Rechte der jüdischen Bevölkerung beschnitten.[16] Als Jude in
der rumänischen Gesellschaft akzeptiert zu werden war möglich, aber
nicht selbstverständlich. Es lag also nahe, diesen Teil der Identität nicht
allzu sehr zu betonen. Insbesondere Hilda Rosenberg ließ im Laufe der
Jahre wohl zunehmend Gras über ihre jüdischen Wurzeln wachsen.
Angeblich konvertierte sie sogar zum Katholizismus, erlitt jedoch kurz
darauf einen Unfall, den sie als Strafe für die Verleugnung ihres ur-
sprünglichen Glaubens auffasste, und kehrte zum Judentum zurück.[17]
Auch Max Rosenberg pflegte zumindest gute Beziehungen zu nichtjüdischen Kreisen. Jahrzehnte später äußerte ein früherer Mitarbeiter
der Rosenbergs auf Befragen seine Verwunderung darüber, dass sein
ehemaliger Firmeninhaber Jude gewesen sein sollte. »Rosenberg? Jude? War der nicht Deutscher oder Österreicher?«[18] Dennoch spielte der
jüdische Glaube im Leben Rosenbergs eine Rolle. Die Familie war
zwar nicht tief gläubig, aber wie die Verwandtschaft in Deutschland
beachtete sie wohl den Sabbat und die jüdischen Feiertage. Max Rosenberg erzählte seinen Kindern von den Leistungen und den Leiden
der Juden im Laufe der Weltgeschichte. Er beriet das rumänische Kö-
nigshaus in Geldangelegenheiten, pflegte jedoch zu sagen: »Wenn ein
Jude für einen König Geld verdient, ist er bei Hofe willkommen. Macht
er einen Fehler, existiert er nicht mehr.«[19] Die Klagelieder des Jeremias
konnten ihn zu Tränen rühren.[20] Auch das Judentum machte also einen Teil der Identität der Vera Atkins aus.

Hilda Rosenberg litt unter der Ferne zum britischen Empire und
seinen zivilisatorischen Errungenschaften. Insgesamt aber ging es der
Familie Rosenberg gut. Die Geschäfte florierten. Der deutsche Zweig
des Unternehmens verlegte seinen Sitz 1910 von Kassel nach Köln.
Im selben Jahr gründeten die Rosenbergs mit der im benachbarten
Bräila ansässigen Familie Mendl, die zu den wohlhabendsten Fami-

lien der Region gehörte und in die Hildas jüngere Schwester May eingeheiratet hatte, eine weltweit operierende Schifffahrtsagentur unter dem Namen *Dunarea*. Das Unternehmen, das den rumänischen Namen der Donau führte, verfügte über eine eigene Schiffsflotte, zu der auch mehrere Schwimmbagger gehörten, von denen einer auf den Namen Vera getauft war.[21]

1911 wurde das dritte Kind, Wilfred, geboren. Die Rosenberg-Kinder und ihre Cousins und Cousinen aus dem nahen Brăila wuchsen »in einer exklusiven Atmosphäre [heran], schaukelten auf Veranden, begleitet vom Klirren der Teetassen aus Prozellan und wurden von Nannies mit gestärkten Schürzen am Donauufer spazierengefahren, die im Falle Veras, Wilfreds und Ralphs mit Sicherheit aus England stammten«.[22]

Dabei waren die Rosenbergs keine ausbeuterischen Radikalkapitalisten. Der ehemalige Arbeiter, der die Familie für deutsch oder österreichisch hielt, zeichnete noch Jahrzehnte später ein positives Bild des Unternehmers Max Rosenberg: »Er war reich – ein wichtiger Mann. Er war ein guter Arbeitgeber. Gut zu seinen Arbeitern. Das Gehalt wurde einmal monatlich ausgezahlt, aber wenn das Geld knapp wurde, konnte man einen Vorschuss bekommen.« Man war stolz, für die Rosenbergs zu arbeiten.[23] Vera erinnerte sich später, dass er ihr gegenüber von der »Jesus-Strategie« gesprochen hatte: Die Anziehungskraft und die Macht des Nazareners habe darauf beruht, so Max, dass er den Armen unter uns Liebe erwiesen hatte.[24]

Etwas aber fehlte noch im Leben Max Rosenbergs. Er träumte davon, Land zu erwerben. Im Rumänien seiner Zeit war ihm dies als Jude nicht möglich. Anders war es im Habsburgerreich. Rosenberg erwarb daher ein ausgedehntes Landgut in Crasna in der nördlichen Bukowina. Der ursprünglich zum Fürstentum Moldau gehörende Ort fiel 1774 an Österreich und war ab 1849 Teil des Herzogtums Bukowina. 1918 kam Crasna zu Rumänien, wurde 1940 nach der Annexion der Nordbukowina durch Stalin Teil der Sowjetunion, 1941 bis 1944 wieder Teil Rumäniens, dann wieder sowjetisch. Seit der Auflösung der Sowjetunion 1991 weht die ukrainische Flagge über dem abgelegenen und heute wenig reizvollen Örtchen mit dem ukrainischen Namen Krasnojilsk. Das ehemalige Landhaus der Rosenbergs hat alle diese Wechselfälle der Geschichte überstanden und diente zuletzt – heruntergewirtschaftet, verfallen und nur noch ein Schatten seiner selbst – als Sanatorium.[25]

Zu Zeiten der Rosenbergs aber war Crasna ein ländliches Paradies. Fotos aus den zwanziger Jahren zeigen ein großzügig angelegtes Landhaus mit Veranda und viersäuligem Portikus. Es gab einen weitläufigen Park mit Teich und Tennisplatz; es gab Hunde, Pferde und andere Tiere. Max Rosenberg wollte hier seinen Kindern das glückliche Landleben seiner eigenen Kindheit ermöglichen.[26] Als Gutsverwalter beschäftigte Rosenberg nach 1918 den aus der Sowjetunion geflohenen weißrussischen Prinzen Peter zu Sayn-Wittgenstein, an den Vera noch im Alter liebevolle Erinnerungen hegte.[27]

Das Landleben in der Bukowina war durchaus angenehm. »Im Sommer wurde man zu Besuchen in prachtvollen Gutshäusern eingeladen. Man spielte Bridge und Tennis und unternahm Ausflüge. Es gab eine große Zahl an Bediensteten und bei den Partys spielte man Musik und tanzte. Wir hatten ein Grammophon und tanzten Foxtrott und Charleston und dann kam der südamerikanische Cha-cha-cha auf«, erinnerte sich die Tochter einer bukowinischen Landbesitzerfamilie in einem Interview mit der Vera-Atkins-Biografin Sarah Helm an die Bukowina der zwanziger Jahre. Und: »Tschernowitz war eine sehr elegante Stadt. Es gab ein Nationaltheater und Musik aus Bukarest. Mit dem Zug war man schnell in München. Man nahm die Bahn bis zur polnischen Grenze und dann weiter nach Breslau.« Auch an das Landgut der Rosenbergs erinnerte sich die alte Dame von zahlreichen Einladungen: »Das Haus war sehr alt, aus dem siebzehnten Jahrhundert. Die Eingangshalle war dunkel und hatte eine Gewölbedecke und eine große steinerne Treppe hinauf in die erste

Etage. An den Wänden gab es kunstvolle Wandmalereien und schöne Gemälde.«[28]

Doch das wunderbare Landleben in Crasna endete abrupt, kaum dass es begonnen hatte. Im Sommer 1914 wurden die Rosenbergs in den Strudel der politischen Ereignisse hineingerissen, der die Familie für viele Jahre auseinandertrieb. Trotz der sich nach dem Mord am österreich-ungarischen Thronfolger Franz Ferdinand und seiner Gemahlin am 28. Juni 1914 in Sarajewo rasch verdüsternden politischen Großwetterlage in Europa hatten die Rosenbergs – wie viele andere auch – offenbar nicht an einen Kriegsausbruch geglaubt. Für den August hatte man eine Familienfeier in den Niederlanden geplant. Während Max zunächst in Rumänien verblieb, bestiegen Hilda, Vera und Wilfred den Orientexpress und machten sich auf den Weg nach Berlin, wo sie sich mit Ralph treffen wollten, der von seiner Privatschule in England angereist war und mit Mutter und Geschwistern nach Holland weiterreisen sollte. Als die Familie am 1. August 1914 am Berliner Ostbahnhof aus dem Waggon stieg, befanden sich die europäischen Mächte bereits in der Mobilmachung. Eine Weiterreise in die Niederlande kam ebenso wenig in Frage wie eine Rückkehr nach Rumänien. Hilda Rosenberg und ihre drei Kinder saßen in der Falle.

Damit begann für die Familie eine vierjährige Leidenszeit. Während Max Rosenberg vom deutschen Heer eingezogen wurde und an der Ostfront diente, blieb seine Frau mit den Kindern in Deutschland zurück – als Britin, die sich Großbritannien durch und durch verbunden fühlte. Für sie war Deutschland Feindesland. Wohl oder übel mussten Hilda und die drei Kinder zur deutschen Familie von Max Rosenberg nach Köln ziehen. Eine ungemütliche Situation, denn das Hurra der deutschen Großeltern galt den deutschen Truppen, in deren Reihen die Rosenberg-Brüder kämpften, wofür sie mit zwei Eisernen Kreuzen dekoriert wurden.[29] Hilda hingegen hoffte auf einen Sieg der Entente-Mächte. Um bei den Kindern keinen Zweifel aufkommen zu lassen, welcher Seite sie sich zugehörig fühlen sollten, schmückte sie Ralphs Zimmer mit einem Union Jack. Im Haus herrschte, wie Vera Atkins später schilderte, eine »unglückliche und gespannte Atmosphäre«.[30] Schließlich suchten sich Hilda und die Kinder ein anderes Domizil in Köln und die Kinder erhielten eine belgische Gouvernante, die aus ihrem kriegsgeprüften Heimatland geflohen war.

Welchen Eindruck dieser Spagat auf die Kinder hinterließ, lässt sich nicht ohne weiteres sagen. Vermutlich aber gewann Veras britische Identität in dieser Zeit an Gewicht. Noch 1944, bei einem ihrer Gespräche mit den britischen Einbürgerungsbehörden, gab Vera Atkins zu Protokoll, ihr Vater sei »bedauerlicherweise davon überzeugt worden, ins Holzgeschäft der Familie in Rumänien einzusteigen« und ihre Mutter habe sich dort nicht gut zurechtgefunden.[31] Wie ihre Biografin Helm anmerkt, musste Atkins um die Anerkennung als Engländerin kämpfen, obwohl sie nichts mehr wünschte, als Engländerin zu sein. Stattdessen habe weder sie noch irgendjemand anders jemals gewusst, wo genau sie hingehörte.[32]

Erst 1918, nach Ende des Ersten Weltkriegs, konnten Hilda und die Kinder Deutschland verlassen. Doch nach England ging die Reise noch lange nicht.

2

SCHATTEN DER ZUKUNFT

Rumänien,
1918–1937

Der Erste Weltkrieg war vorbei. Das Habsburgerreich war untergegangen und die Werften und das Sägewerk, die sich Max Rosenberg und seine Brüder aufgebaut hatten, waren zerstört. Doch die Familie Rosenberg hatte überlebt und auch Crasna gab es noch. Es gehörte jetzt zu Rumänien. Hierhin kehrte Max Rosenberg mit seiner Familie zurück, um noch einmal ganz von vorne zu beginnen.[1]

Zwar wohnte Vera den Winter über mit ihrer Mutter – die nach dem Krieg zunächst für einige Zeit bei ihren Eltern in England gelebt hatte[2] – in Bukarest, doch besuchte sie ihren Vater, wann immer sie konnte, auf dem Landsitz. Sie und ihre Brüder verbrachten auch die Sommer dort, genossen den Park, die Pferde und Spaziergänge mit den geliebten Schnauzern.[3] Es ging der Familie wieder gut. Eine stattliche Limousine parkte vor der Tür, Vera, ihre Brüder und ihre Onkel machten Exkursionen im Einspänner oder im Pferdeschlitten.

Auch die Schulbildung, die Vera erhielt, entsprach gänzlich dem Standard für höhere Töchter. Sowohl sie als auch ihre Brüder erhielten Unterricht von einem englischen Hauslehrer.[4] Zwar spottete sie später, sie habe keine echte Ausbildung erworben, denn »das war vor langer Zeit, als viele Eltern – darunter auch meine – der Ansicht waren, dass die Ausbildung eines Mädchens nicht von besonderem Interesse oder besonderem Wert sei«.[5] Doch die Eltern sparten nicht an den Schulen ihrer einzigen Tochter. Mit 15 wurde Vera auf das Elite-Mädchenpensionat *Le Manoir* in Lausanne geschickt, anschließend auf das nicht minder exklusive Internat *Montmorency* in Paris. Auf diesen Instituten wurde sie jedoch eher auf die Rolle der tadellosen Gesellschaftsgattin vorbereitet als auf ihre spätere Arbeit als Führungsoffizierin von Geheimagenten. Dennoch erwarb sie auch auf den Internaten Kenntnisse, die ihr später zugutegekommen sein dürften. Hierzu zählten ihr makelloses, einwandfrei artikuliertes Englisch ebenso wie die Kenntnisse der französischen Kultur, die *Montmorency* immerhin im Zusammenwirken mit der Pariser Universität *Sorbonne* vermittelte.[6]

Mit 16 schloss sie die Schule ab und war nun bereit, in die Gesellschaft eingeführt zu werden. Zuvor hatte sie allerdings ihren Vater überredet, sich die Zöpfe abschneiden zu dürfen, und trug nun – man schrieb das Jahr 1924 – einen modischen, kurzen Bob. Die bukowinische Gesellschaft, in der sie debütieren sollte, bestand aus einem ethnischen Gemisch aus Ukrainern, Rumänen, Russen, Österreichern, Deutschen und Juden unterschiedlicher Nationalitäten, in der »die Tochter eines deutsch-jüdischen Bojaren in manchen, wenn auch nicht allen Kreisen, durchaus akzeptiert werden konnte«.[7] Zudem war die Familie wohl auch in nichtjüdischen Zirkeln angesehen.[8] Ob allerdings eine Verbindung mit einem Mann wie dem Gutsverwalter ihres Vaters, Prinz Peter zu Sayn-Wittgenstein, von dem Vera Atkins später behauptete, er habe sich in sie verliebt, möglich gewesen wäre, ist zumindest fraglich, wie eine Zeitzeugin unterstreicht. »Er hatte ein Wappen. Ich glaube nicht, dass er es in Betracht gezogen hätte, eine Jüdin zu heiraten.«[9]

Doch Vera war vielleicht auch noch gar nicht auf eine Ehe aus. Sie genoss das Leben, das das Vermögen der Familie ihr ermöglichte und zu dem neben den Annehmlichkeiten Crasnas etwa auch eine Luxus-Schiffsreise nach Alexandria gehörte, die ihr Vater ihr zum 21. Geburtstag spendierte.[10] Dies machte sie jedoch nicht zum lebensunfähigen »Society Girl«. 1931 hatte sie am renommierten *Triangle Secretarial College* in London eine Ausbildung absolviert, wobei sie unter anderem auch deutsche und französische Stenografie lernte.[11] Und als sich das Schicksal erneut gegen Max Rosenberg wandte, als ihn die auch Rumänien erfassende Wirtschaftskrise in den Konkurs und zum Verkauf des Landguts in Crasna zwang, war Vera Rosenberg bereit, sich der neuen Realität zu stellen. Sie nahm 1932 in Bukarest eine Tätigkeit als Sekretärin beim amerikanischen Unternehmen *Vacuum Oil* an und zog mit ihrer Mutter in eine Stadtwohnung.[12] Max Rosenberg starb im Oktober 1932 in einem Wiener Sanatorium.[13] Die beginnende Erholung der rumänischen Wirtschaft erlebte er nicht mehr mit.

Auf das Landleben musste Vera Rosenberg jedoch auch weiterhin nicht gänzlich verzichten, denn ihre beiden Onkel, Arthur und Siegfried Rosenberg, betrieben im Uz-Tal ein gut gehendes Sägewerk. Hier, in der Nähe der Stadt Bacău in Westmoldawien, hatten sie sich gemeinsam auf einem Landsitz niedergelassen, der zwar kleiner war als Crasna, auf dem es sich aber dennoch gut leben ließ und auf dem Vera ein gern gesehener Gast war. Zu den Annehmlichkeiten des weitläufigen Chalets gehörten zahlreiche Gästezimmer, feine Antwerpener Tischwäsche, eine gut sortierte Bibliothek und ein nicht minder gut bestückter Weinkeller. Neben den »bösen Brüdern«, wie Arthur und Siegfried in der Familie wegen ihrer sexuellen Ausschweifungen genannt wurden, lebten hier die inzwischen schwer erkrankte Frau Arthurs, die drei Söhne, eine aus einem vornehmen deutschen Haushalt stammende Haushälterin sowie zahlreiche junge weibliche Bedienstete aus der Gegend, die zu einer Vielzahl unterschiedlicher Dienstleistungen herangezogen wurden. Die Gästezimmer blieben selten leer und wer die Rosenberg-Brüder besuchte, wurde stets gut unterhalten. Zu den jährlichen Festivitäten in Uz-Tal gehörte auch ein Frühlingsfest, das stets zu Pfingsten stattfand, mit einem extravaganten Picknick einherging und zu dem sich Personen von Rang einfanden, zu denen die Rosenbergs aus geschäftlichen oder sonstigen Gründen Kontakte pflegten.[14]

Hauptsächlich aber lebte Vera nun in Bukarest.[15] Und das Bukarest der dreißiger Jahre war kein verschlafenes Provinznest. Die Stadt war ein kulturelles, wirtschaftliches und politisches Zentrum. Wie anderswo in Europa kam es auch in der rumänischen Hauptstadt zu erbitterten und teils blutig ausgetragenen politischen Auseinandersetzungen zwischen rechten und linken Kräften. Die faschistische *Legion des Erzengels Michael* und ihr paramilitärischer Arm, die *Schwarze Garde,* versuchten, die politische Lage durch Terrorakte zu destabilisieren, schreckten auch vor politischen Morden nicht zurück und stellten Mitte der dreißiger Jahre sogar Todesschwadronen auf. Doch auch das kulturelle Leben war intensiv. Die rumänische Avantgarde der zwanziger Jahre hatte zwar an Kraft verloren, war aber noch nicht tot, der Surrealismus hielt Einzug.[16] Eine rege Bautätigkeit nach Pariser und Brüsseler Vorbild festigte den Ruf der Stadt als »Micul Paris« (Klein-Paris) oder »Paris des Ostens«. Junge Schriftsteller wie Constantin Noica, Mircea Eliade, Eugen Ionescu oder Mihail Sebastian prägten das literarische Leben und verkörperten zugleich die politische Zerrissenheit des Landes. Während Eliade zu einem strammen Unterstützer der Schwarzen Garde wurde, entschloss sich der eher links orientierte Ionescu unter dem wachsenden faschistischen Druck 1938 zur Auswanderung nach Frankreich. Mihail Sebastian wiederum fand sich als Jude auch unter den Literaten seines Bekanntenkreises zunehmend als Außenseiter wieder. In seinem in Bukarest spielenden Roman *Der Unfall* finden sich einerseits Skizzen des Lebens in einer lebendigen, kosmopolitischen europäischen Großstadt. Andererseits zeichnet Sebastian in seinen Tagebüchern ein bedrückendes Bild einer immer faschistischer werdenden rumänischen Gesellschaft. Bereits in seinem 1934 erschienenen Roman *Seit zweitausend Jahren* hatte Sebastian den Hauptprotagonisten, einen jüdischen Studenten, äußern lassen: »Ich werde nie aufhören, Jude zu sein, es ist keine Funktion, die man einfach aufgeben könnte. (…) Es ist eine Tatsache. (…) Aber ich werde auch nie aufhören, ein Mensch der Donau zu sein. Auch das ist eine Tatsache. Wenn mir dies jemand zubilligt oder abspricht, ist das seine Sache, nur seine. (…) Ich weiß, was ich bin, es ist nicht das, was in den Registern des Staates eingetragen ist. Mag der Staat sich für kompetent halten, mich zu einem Schiff, zu einem Eisbären oder einem Photoapparat zu erklären, so werde ich doch nichts anderes sein als Jude, Rumäne, Mensch der Donau. ›Zu viel auf einmal‹, flüstert die antisemitische Stimme in mir, denn es gibt auch in mir eine solche, mit der ich mich so manche Stunde in Gedanken unterhalte. Freilich, es ist zuviel. Aber alle drei sind wahr.«[17]

In dieser Stadt zwischen Aufbruch und Reaktion genoss die junge Vera, ihrer jüdischen Herkunft zum Trotz, die Freiheiten und die Selbständigkeit, die mit einem eigenen Einkommen einhergingen. Sie ging viel aus, häufig unternahm sie auch etwas mit ihrer Mutter.[18] Zu ihrem Zeitvertreib las sie außerdem gerne Spionageromane.[19] Und bereits jetzt begannen sich in dieser Hinsicht Fiktion und Realität im Leben der Vera Rosenberg teilweise zu überschneiden.

Es gibt Hinweise darauf, dass schon Veras Großeltern in Südafrika den britischen Geheimdiensten Informationen geliefert hatten und dass auch ihre Eltern – zumal Max Rosenberg mit seinem ausgedehnten Netzwerk an hochrangigen Kontakten in Rumänien, Deutschland und Österreich – und andere Verwandte diese »Familientradition« fortgesetzt hatten. Auch die junge Vera unterhielt Kontakte zu Mitarbeitern der britischen Geheimdienste in Bukarest.[20]

Die Dienste der europäischen Mächte waren in Bukarest durchaus aktiv. Denn die Stadt an der Dâmbovița war nicht nur Hauptstadt und damit auch Sitz eines diplomatischen Korps, sondern sie war zudem das politische und wirtschaftliche Zentrum eines Staates mit erheblichen Erdölvorkommen. Und dieses Öl konnte im Falle eines erneuten Krieges in Europa gerade für das rohstoffarme Deutschland von entscheidender Bedeutung sein. Die Ölfelder und Raffinerien von Ploiești lagen weniger als 100 Kilometer von Bukarest entfernt. Die Stadt war daher eine Drehscheibe der internationalen Spionage.

Der britische Agent und spätere James-Bond-Autor Ian Fleming beschrieb die Situation wie folgt: »Sex war in Bukarest noch immer die Hauptbeschäftigung. Sexuelle Intrige war Teil der Umtriebe. Sex ging einher mit Verrat, Verstrickung in der Verstrickung, Agent und Doppelagent, Gold und Stahl, Bombe, Dolch und Exekutionskommando.«[21]

Zu denen, die sich in dieser Schattenwelt bewegten, gehörte auch der kanadische Geschäftsmann William Stephenson. Er äußerte wiederholt, dass Vera Atkins das wichtigste Vorbild für die Rolle der Miss Moneypenny in den James-Bond-Romanen von Ian Fleming wurde. Er fügte aber auch hinzu: »In der echten Welt der Spione war Vera der Boss.«[22] Wie Atkins selber und andere Personen aus ihrem Umfeld wird auch Stephenson mit den James-Bond-Geschichten Ian Flemings in Verbindung gebracht. Während diese Verbindung jedoch in manchen anderen Fällen zumindest schwer nachweisbar ist, schrieb Fleming selber über Stephenson: »James Bond ist (…) eine stark verklärte Version des echten Spions. Der echte Spion (…) ist etwas ganz anderes. So jemand ist (…) Sir William Stephenson.«[23]

Stephenson wurde 1897 in Winnipeg als Sohn einer isländischen Mutter und eines von den Orkney-Inseln stammenden Vaters geboren. Im Ersten Weltkrieg hatte er sich als Flieger ausgezeichnet. Nach dem Krieg war er als Geschäftsmann und Erfinder zu Wohlstand gelangt und hatte sein Vermögen noch durch die Heirat mit der Erbin eines amerikanischen Tabakexporteurs ausgebaut. 1940 sollte Stephenson von Premierminister Winston Churchill damit beauftragt werden, in den USA die British Security Coordination (BSC) mit Sitz in New York aufzubauen, unter deren Schirm die britischen Geheimdienste in der westlichen Hemisphäre zusammengefasst wurden. Er wurde ferner der persönliche Verbindungsmann Churchills zu Präsident Roosevelt. Bereits in den dreißiger Jahren aber lieferte er den Briten kriegsrelevante Informationen. Auf den Dienstreisen, die er für die *Pressed Steel Company* unter anderem nach Deutschland unternahm, bemerkte er rasch, dass die deutsche Schwerindustrie sich zunehmend – und entgegen den Bestimmungen des Versailler Vertrags – auf die Produktion von Waffen und Munition verlegte. Während die britische Regierung für diese Entwicklung wenig Interesse zeigte, erkannte Winston Churchill deren Relevanz. Churchill, der zu dieser Zeit politisch kaltgestellt war, hatte zwar keinen Zugang zu regierungsamtlichen Daten, sammelte aber auf inoffiziellen Wegen Informationen. Zu denen, die ihm derartige Fakten lieferten, gehörte auch Stephenson. Bis zum Wiedereintritt Churchills ins Kabinett zu Beginn des Zweiten Weltkriegs versorgte Stephenson ihn weiter mit Informationen über die deutsche Wiederbewaffnung, wozu er später anmerkte: »Das war meine einzige Ausbildung in Spionage.«[24]

Tatsächlich wurde der Kanadier aber bereits vor Kriegsbeginn auch von den offiziellen britischen Diensten eingesetzt und berichtete an das *Industrial Intelligence Centre* (I.I.C.), das für das *Committee of Imperial Defence* militärbezogene Industriespionage betrieb. Auch in Bukarest, das er häufig besuchte, war er für das I.I.C. tätig. Er erkannte die strategische Bedeutung der rumänischen Ölvorkommen, von denen er sogar meinte, dass sie einen neuen Weltkrieg auslösen könnten.[25] Nachdem er Vera Rosenberg kennengelernt hatte, beschloss er, sie für seine Zwecke einzusetzen. Hierzu stellte er unter anderem den Kontakt zwischen ihr und dem deutschen Botschafter, Werner Graf von der Schulenburg her, den er als einen vielversprechenden potenziellen Informanten einstufte.[26]

Von der Schulenburg war ein 1875 geborener Karrierediplomat, der seine Laufbahn im konsularischen Dienst des Auswärtigen Amtes 1901 begonnen und vor dem Ersten Weltkrieg auf verschiedenen Auslandsposten, insbesondere in Mittel- und Osteuropa gedient hatte. Nach einem Intermezzo als Offizier an der Westfront von 1914 bis 1915 kehrte er Mitte 1915 in den diplomatischen Dienst zurück und trat den Posten als deutscher Konsul im türkischen Erzurum an. Von hier aus übte er »eine halb diplomatische, halb militärische Tätigkeit« aus,

die unter anderem auch die Aufstellung eines georgischen National-
komitees und einer »Georgischen Legion« umfasste, die seinem Kommando unterstellt wurde und mit der Osmanischen Armee gegen die
Russen vorrücken sollte. Während der junge Diplomat den Georgiern
offensichtlich sehr positiv gegenüberstand, ist seine Haltung zum türkischen Massaker an der armenischen Bevölkerung in jüngster Zeit
kritisch beleuchtet worden. Er nahm eine »ausgesprochen negative,
ja rassistische Haltung den Armeniern gegenüber« ein und »erfüllte
seinen Auftrag als hartherziger Vertreter deutscher Interessen«.[27]

Als die militärische Option durch die Niederlage der Türken scheiterte, wurde von Deutschland im Gefolge des Friedens von Brest-
Litowsk versucht, die Etablierung eines unabhängigen Georgiens zu
unterstützen. Von der Schulenburg übernahm die Rolle des deutschen
diplomatischen Vertreters in Tiflis.[28] Nach der Oktoberrevolution
wurde er mit seinen deutschen Kollegen über Konstantinopel nach
Deutschland abgeschoben.

In der Weimarer Republik setzte von der Schulenburg seine diplomatische Karriere fort. 1931 wechselte er als Botschafter nach Bukarest.[29] Sein letzter Auslandsposten wurde 1934 die Botschaft in
Moskau. Der Posten war für ihn insofern wie maßgeschneidert, als
der Bismarck-Anhänger und Realpolitiker der festen Überzeugung
war, dass ein bewaffneter Konflikt zwischen Deutschland und der
Sowjetunion unter allen Umständen vermieden werden musste. Als
Architekt des deutsch-sowjetischen Nichtangriffspaktes von 1939 lieferte er ein diplomatisches Meisterstück ab. Doch dieser sogenannte
Hitler-Stalin-Pakt war für von der Schulenburg, wie es der ehemalige Bundesaußenminister Hans-Dietrich Genscher formulierte, »äußerlich die Erfüllung seiner beruflichen Wünsche (…) und im Kern
und in der Auswirkung deren Verkehrung in das Gegenteil. Schulenburg wollte das Verhältnis zur Sowjetunion entkrampfen, um damit
Europa ein Stück friedenssichernder Stabilität zu verschaffen. Hitler
sah aber den Pakt als einen Baustein seiner Kriegsvorbereitungen.«[30]

Ab 1943 näherte sich Graf von der Schulenburg den deutschen Widerstandskreisen an, die ihn zeitweilig als künftigen deutschen Außenminister nach einem gelungenen Umsturz sahen. Im Gefolge des Attentats vom 20. Juli 1944 wurde auch von der Schulenburg verhaftet und am 10. November 1944 in Berlin-Plötzensee von den Nationalsozialisten ermordet.

Nach Bukarest aber wurde der Graf noch vor der Machtergreifung Hitlers versetzt. Hier wurde dem Mittfünfziger mit dem kritischen Blick und dem preußisch exakt getrimmten Schnurrbärtchen auf einem Botschaftsempfang die 33 Jahre jüngere Vera Rosenberg vorgestellt. Denn William Stephenson, der die beiden miteinander bekannt machte, war klar, dass der Kontakt zum deutschen Botschafter Vera Atkins nicht nur Zugang zu relevantem Wissen über den Stand der Dinge in Berlin, sondern auch den Zugang zu weiteren diplomatischen Kreisen erleichtern konnte.

Und Stephenson hatte die Lage richtig eingeschätzt. Der seit langen Jahren geschiedene »Grandseigneur und Patriot«[31] und die junge Schreibkraft aus gutem Hause verstanden sich rasch. Der Botschafter hatte ein Faible für jüngere Frauen.[32] Und Vera brachte das mit, was ihn anzog: Sie war nicht nur jung und attraktiv, sie hatte auch Geist und Witz. Zudem hegte Graf Schulenburg, wie der pazifistische deutsche Schriftsteller Armin T. Wegner, der während der Botschafterzeit des Grafen in Teheran wiederholt die dortige deutsche Botschafterresidenz besuchte, vermerkte, eine »hohe Bewunderung für englische Erziehung«.[33] Auch damit konnte Vera Rosenberg aufwarten. Und Zitate von Zeitgenossen lassen erkennen, warum auch die junge Frau von dem Botschafter, der leicht ihr Vater hätte sein können, fasziniert war. So meinte einer seiner Mitarbeiter später: »Er besaß einen ganz außergewöhnlichen Charme, mit dem er das Vertrauen und die Zuneigung jedes Menschen gewann, der mit ihm in Berührung kam. Dabei verfügte er neben seinen reichen Berufserfahrungen über ein enormes Wissen und ein erstaunliches Gedächt-

nis. Das machte den persönlichen Umgang mit ihm überaus reiz-
voll.«[34] Auch Armin T. Wegner skizzierte von der Schulenburg sehr
lobend: »Vornehm und liebenswürdig (…). Er gehörte zu jenen Menschen, deren Gesellschaft mich bei aller Entfernung der Weltanschau-
ung mit familiären angenehmen Empfindungen erfüllt.«[35] Und sogar eine Jugendfreundin von Vera Atkins erinnerte sich: »Er war ein
charmanter Mann. Nicht herablassend. Er hörte zu und war hochin-
telligent. Er respektierte Vera und umgekehrt. Ich denke, sie fühlten
sich zueinander hingezogen.«[36]

Bei einem Winterball im Schloss Peleş, einer Art rumänischem
Neuschwanstein, das König Carol I. im neunzehnten Jahrhundert
hatte erbauen lassen, kamen sich die beiden näher. In Abwesenheit seiner russischen Geliebten – sie »hütete sein pied à terre in Berlin«[37] – bat
der geschiedene von der Schulenburg seine junge Begleiterin wiederholt, bei Botschaftsveranstaltungen an seiner Seite als Gastgeberin zu
fungieren.[38] Das gemeinsam verbrachte Frühlingsfest auf dem Rosenberg'schen Landsitz im Uz-Tal tat ein Weiteres. Vera und von der
Schulenburg standen sich zunehmend nahe.

Wie viele enge Beziehungen, war auch das Verhältnis zwischen Vera Rosenberg und dem Grafen nicht konfliktfrei. Sie nahm Anstoß an
der glühenden Bismarck-Verehrung des Botschafters, der sich noch
immer der Tradition des zweiten Deutschen Kaiserreichs verbunden
fühlte, wie auch der Schriftsteller Wegner bereits nach seinem Besuch der deutschen Botschafterresidenz in Teheran leicht spöttisch
vermerkt hatte: »In einem Nebensalon sah ich ein übergroßes Bild
Wilhelms II. in weißem Hermelin, das eine ganze Wand bedeckte; es
hing dort strahlend und abscheulich (…) im zehnten Jahre der deutschen Republik.«[39] Auf die Frage, was die von Bismarck oktroyierte
Ordnung von derjenigen unterschied, die Stalin der Welt überzu-
stülpen gedachte, antwortete der Botschafter: »Bismarck trachtete danach, die minderen Rassen Europas einer wohlwollenden pan-ger-
manischen Ordnung zu unterwerfen.«[40] Für Vera Rosenberg zweifellos

ganz und gar die falsche Antwort. Es gab Momente des Misstrauens. Gelegentlich fragte sie sich, ob der Botschafter sie dazu gebrauchte, Informationen, vielleicht auch Desinformation an die britischen Dienste weiterzuleiten, zu denen sie, wie er wohl wusste, Kontakt hatte.[41] Tatsächlich berichtete sie Stephenson weiterhin von ihren Gesprächen mit dem Botschafter, den der Kanadier nach wie vor als eine außergewöhnliche Informationsquelle einstufte.[42]

Das ungleiche Paar setzte seine Beziehung jedoch gelegentlichen Unstimmigkeiten zum Trotz fort. Von der Schulenburg nahm sich Zeit für Vera, wie es wohl seinem Naturell entsprach. Einer seiner Mitarbeiter an der Moskauer Botschaft vermerkte später: »Schulenburgs Lebensweise war ein Ausdruck seiner Geisteshaltung. Er stand früh auf, aber erschien nie vor elf Uhr in der Botschaft. Wenn er dann kam, war er in schrecklicher Eile, und wir fragten uns immer, was in aller Welt er gemacht hatte, um so gehetzt zu sein. Mit der Zeit entdeckten wir das Geheimnis: Er verbrachte viel Zeit mit der morgendlichen Toilette, frühstückte in aller Gemütsruhe, las die Zeitung und spielte mit seinen Hunden. Dann setzte er sich in einen Lehnstuhl, um, wie er mir erklärte, über die Probleme der Welt nachzudenken …«[43]

Diskretion war für das Verhältnis zwischen von der Schulenburg und Vera Rosenberg jedoch unerlässlich. In einer Gesellschaft, in der »schwangere Kurtisanen noch ›Ehrenmorden‹ zum Opfer fielen, damit der Ruf ihrer reichen Liebhaber unangetastet blieb«, hätte eine offen zur Schau getragene Liebschaft Vera Rosenberg rasch zur »Hure« gestempelt.[44] Verabredungen wurden daher mittels codierter Nachrichten auf Zettelchen getroffen, die im Bukarester Jockey-Club hinterlegt wurden, dem sie beide angehörten. Sie trafen sich in diskreten Bukarester Restaurants und unternahmen im Dienstwagen des Grafen lange Ausflüge aufs Land – wobei von der Schulenburg auf den nach der Machtergreifung Hitlers obligatorischen Hakenkreuzwimpel am Wagen verzichtete. Der »im Grunde seines Wesens durchaus auch romantisch veranlagte Graf«[45] soll dies mit den Worten kommentiert haben: »Wenn du mitfährst, gibt es kein Hakenkreuz am Wagen.«[46]

Doch der Schatten des Hakenkreuzes holte Vera Rosenberg und von der Schulenburg rasch ein. Bereits Anfang 1933 wurde der Botschafter bei einer Dienstreise nach Berlin über seine Beziehung zu einer »Jüdin namens Rosenberg« befragt. Er ermutigte sie, nach England zu ziehen. Von der Schulenburg selber verließ Bukarest im Sommer 1934, um den neuen Botschafterposten in Moskau anzutreten. Der Kontakt zwischen den beiden riss jedoch nicht gänzlich ab. Aus Moskau schrieb er ihr Briefe, die an eine Londoner Adresse geschickt wurden. 1935 schlug er ihr vor, dass sie sich während eines Heimaturlaubs in Berlin treffen sollten. Sie besprach sich mit Stephenson, der ihr dazu riet, die Einladung anzunehmen. Im Dezember 1935 sahen sich Vera Rosenberg und von der Schulenburg, die beide in der Villa eines mit von der Schulenburg befreundeten deutschen Diplomaten in der Tiergartenstraße wohnten, wieder. Zwei Wochen verbrachte Vera Rosenberg in Hitlers Hauptstadt und konnte sich aus eigener Anschauung ein Bild vom nationalsozialistischen Deutschland machen.[47]

Auch in Bukarest unterhielt Vera, seit Januar 1934 als Fremdsprachenkorrespondentin tätig, weiterhin Kontakt zu Botschafts- und Geheimdienstkreisen. Zu ihren Bekannten zählten ein junger britischer Diplomat namens Arthur-Victor Coverley-Price und diverse der sogenannten *Spy Gents*, Mitarbeiter des britischen Auslandsgeheimdienstes MI6, die sich unter anderem als Diplomaten ausgaben, um ihr Geheimdienstgeschäft zu betreiben. Hierzu gehörten Montague »Monty« Chidson, der Vera erfolglos einen Heiratsantrag machte, und Leslie Humphrey, bekannt als »the Hump«, der offiziell die Rolle des britischen Handelsattachés in Bukarest versah.[48] Sowohl Coverley-Price als auch die beiden *Spy Gents* sollten Jahre später erneut eine wichtige Rolle im Leben von Vera Rosenberg spielen.[49]

Zu einem ständigen Begleiter wurde aber auch ein junger Diplomat namens John Coulson. Der spätere britische Botschafter in Stockholm, der seine Kariere als Generalsekretär der Europäischen Freihandelsassoziation (EFTA) beendete, war bei seiner Versetzung nach Bukarest 25 Jahre alt und kaum der Studentenzeit in Cambridge entwachsen. Aber schon ein ausgewachsener Rassist. Im Prinzip bot Coulson ihr einen Vorgeschmack auf das, was sie auch in Großbritannien erwartete. Denn bei Antritt seines Postens in der rumänischen Hauptstadt tat der Jungdiplomat Äußerungen, aus denen sich erkennen ließ, dass Antisemitismus auch in den besseren Kreisen der britischen Gesellschaft kein Fremdwort war. In Briefen an seine Eltern ließ er sich in krass rassistischer Weise über eine Gruppe Jiddisch sprechender polnischer Juden aus, denen er im Zug auf der Reise nach Rumänien begegnet war. Aus Bukarest berichtete er kurz nach seiner Ankunft: »Am Dienstag Abend gab es in der Gesandtschaft ein Abendessen, bei dem ich ein nettes Mädchen mit dem grausigen Namen Vera Rosenberg kennengelernt habe.« Einige Wochen später verstieg er sich zu folgenden Betrachtungen: »Zu den Leuten die ich hier oft treffe (…) gehören zwei Schwestern, Frau Mendl und Frau Rosenberg (Anm. d. Verf.: gemeint ist Hilda Rosenberg), die (wie offensichtlich ist) Juden geheiratet haben. Sie selber sind blond, schätzungsweise 45 und ich kann einfach nicht feststellen, ob sie Jüdinnen sind oder nicht. Einerseits sehen sie grundlegend arisch aus, andererseits erscheint es merkwürdig, dass sie beide Juden geheiratet haben sollen. Frau Rosenberg hat eine Tochter, die ebenfalls blond, aber eindeutig Jüdin ist. All diese Frauen haben anziehende, ja extrem anziehende Stimmen.«[50]

Offenbar zog ihn bei Vera jedoch mehr an als bloß die Stimme, denn er verbrachte fortan viel Zeit mit ihr und ging bei der Familie ein und aus. Er wurde von den Rosenbergs zum Abendessen in ihrer Wohnung eingeladen, spielte dort bis in die frühen Morgenstunden Bridge, besuchte mit Vera Bälle, Konzerte und Theaterveranstaltungen, ging mit ihr in den Country Club und nahm an Veras Seite die Rolle von der Schulenburgs als ständiger Begleiter ein. Seine stets enger werdende Beziehung zu Vera und Hilda Rosenberg spiegelte sich dabei immer weniger in seinen Briefen an die Eltern in England. Offenbar ging er davon aus, dass diese eine solche Verbindung als unpassend empfinden würden. Darüber, welcher Art genau dieses Verhältnis war, gehen die Meinungen indessen auseinander. Während Coulsons Witwe später darauf beharrte, es habe sich um eine rein freundschaftliche Beziehung gehandelt, waren Vera nahestehende Personen der Ansicht, dass die beiden liiert waren und sogar der Gedanke an Heirat im Raum stand. Warum es hierzu jedoch nicht kam, ist wiederum Gegenstand unterschiedlicher Interpretationen, die jedoch alle im Zusammenhang mit Veras jüdischer Abstammung stehen. Während eine enge Freundin meinte, Vera habe Coulson zurückgewiesen, um ebendiese Abstammung nicht zweifelsfrei offenlegen zu müssen, erinnerte sich die Tochter eines guten Freundes von Vera, dass Coulson ihren Vater in dieser Angelegenheit um Rat gebeten hatte. »Papa meinte, wenn Coulson ihn fragte, müsse er offensichtlich Zweifel gehabt haben. Aber es wäre für einen Diplomaten wie Coulson sowieso völlig unmöglich gewesen, eine hiesige Jüdin zu heiraten. Ich denke, da gab es entsprechende Vorschriften.«[51]

Trotz dieser Anfeindungen auch von britischer Seite muss der Familie Rosenberg zunehmend klar geworden sein, dass ein Verbleib in Rumänien – wie überhaupt in Mitteleuropa – zu einem Vabanquespiel zu werden drohte. Zur wachsenden Bedrohung aus Berlin kam die Tatsache, dass auch im austrofaschistisch regierten Österreich und in den Nachbarstaaten Rumäniens antisemitische Strömungen zunehmend an Kraft gewannen. In Rumänien selbst nahm der Einfluss der *Eisernen Garde* ebenfalls zu. Über den Schwarzmeerhafen Constanța verließen schon seit Jahren Rumänen jüdischen Glaubens – darunter auch Freunde und Bekannte der Familie Rosenberg – das Land, oft in Richtung Palästina. »Die Zentralregierung hatte immer weniger den Willen und die Fähigkeit, die jüdischen Bürger Rumäniens zu schützen (...), und der Antisemitismus wurde zunehmend zur staatlichen Politik«, es kam letztlich zu einer »Radikalisierung hin zu einem eliminatorischen Antisemitismus«.[52] Bei der Beerdigung zweier Gardisten, die im Spanischen Bürgerkrieg, Seite an Seite mit den Deutschen auf Seiten Francos kämpfend, gefallen waren, kam es zu Massendemonstrationen von Sympathisanten. Die antijüdische Gesetzgebung wurde verschärft. Und der Freundeskreis dünnte sich rasch aus. Eine Jugendfreundin erinnerte sich: »Es kam sehr plötzlich. Viele der jungen Leute in unserem Bekanntenkreis traten plötzlich der *Eisernen Garde* bei. Enge Freunde sagten mir ganz offen, dass sie sich nicht mehr mit mir treffen konnten, weil ich Jüdin war. Es war eine schreckliche Zeit. Aber ich glaube, für Vera war es in gewisser Weise noch schlimmer. Sie kam aus einer kultivierten und reichen deutsch-jüdischen Familie, die so lange vor Antisemitismus geschützt gewesen war. Die Ghettos waren in Polen, nicht in Deutschland. Als dann der Wind drehte, war es für sie schlimmer als für alle anderen. Sie hatten nicht damit gerechnet.«[53]

Nun aber war auch für die Familie Rosenberg die Zeit des Verdrängens endgültig vorbei. Sie folgten Veras Bruder Wilfred, der sich in Guy Atkins umbenannt und bereits 1933 die britische Staatsangehörigkeit erworben hatte, nach England. Im Oktober 1937 emigrierte die Familie über Wien ins Vereinigte Königreich, wo Hilda sich im knapp 100 Kilometer südöstlich von London am Ärmelkanal gelegenen Dörfchen Winchelsea niederließ. Diesmal sollte es keine Rückkehr nach Rumänien geben.

3

IN DER SCHWEBE

England, Mitteleuropa,
1937 – 1941

In England mussten die Rosenbergs nicht um Leib und Leben bangen. Völlig unbeschwert lebten sie jedoch auch dort nicht. Denn gleichgültig, wie britisch sie auch denken und empfinden mochten – sie waren keine Briten wie alle anderen. Veras Mutter war dies offenbar schmerzlich bewusst und sie kämpfte um Akzeptanz. Mary Williams, Tochter eines Industriellen aus dem Norden Englands und die Verlobte von Veras Bruder Guy, erinnerte sich: »Frau Atkins (Anm. d. Verf.: gemeint ist Hilda) war so sehr darum besorgt, dass ich sie akzeptierte, und ich verstand gar nicht, woher diese Sorge kam, denn sie schienen mir durchaus akzeptabel.«[1]

1938 vollzog auch Vera den Namenswechsel zu Atkins.[2] Um den Beigeschmack des Fremden weiter zu verwässern, ließ Hilda zudem stets durchblicken, wie gut sie sich in und mit England auskannte, und vermittelte, wie Williams berichtete, »den Eindruck, dass sie immer hier gelebt hatte und Rumänien nur etwas Vorübergehendes war«.[3] Aber so war es nicht und wer genau hinsah, bemerkte dies auch. Als Vera Atkins nach einem Einkaufsbummel der Verlobten ihres Bruders einen neu erworbenen Hut vorführte, kommentierte sie dies mit den Worten »very Mayfair, findest du nicht?«. Mary Williams aber ließ diese Beschreibung ein wenig ratlos: »Ich wusste nicht so recht, was sie mit ›very Mayfair‹ meinte.«[4] Die Atkins-Biografin Sarah Helm stellte noch 1998, als sie die betagte ehemalige Führungsoffizierin persönlich interviewte, fest: »Sie artikulierte so sorgfältig und ihr Akzent war so präzise Englisch, dass er, paradoxerweise, ausländisch klang.«[5]

Dabei dürfte die Situation für Vera besonders kompliziert gewesen sein, da sie nicht nur in gewissen Kreisen nicht als echte Britin galt, sondern auch im rein rechtlichen Sinne tatsächlich keine war. Anders als Hilda, die als geborene Britin einen Anspruch auf Wiedereinbürgerung hatte, oder Veras seit 1921 für das Ölunternehmen *Steaua Română* in der Türkei tätiger Bruder Ralph, der in Südafrika geboren war und daher ebenfalls Anspruch auf einen britischen Pass hatte, anders auch als Guy, der die britische Staatsbürgerschaft bereits Jahre zuvor angenommen hatte, war die in Rumänien geborene Vera rumänische Staatsangehörige. Als solche musste sie sich im Londoner Polizeirevier registrieren lassen und als solche erschien ihre Situation in England, zumindest nach Kriegsausbruch, recht prekär. Nach dem Kriegseintritt Rumäniens auf Seiten der Achsenmächte im Jahr 1941 war sie sogar Staatsangehörige eines Feindstaates (und noch dazu deutschstämmig). Sie lebte daher in der Angst vor Verhaftung und Internierung. Mary Williams gegenüber gestand sie, dass ihr, als es einmal unerwartet an der Tür klopfte, der Gedanke durch den Kopf geschossen sei: »Jetzt bin ich dran.«[6]

Unabhängig von dem Damoklesschwert einer Internierung, brachte ihre rumänische Staatsangehörigkeit Vera Atkins aber noch einen anderen, unmittelbaren und höchst empfindlichen Nachteil: Sie durfte als Ausländerin nicht arbeiten. Aus dem Protokoll eines Gesprächs im Rahmen ihres Einbürgerungsverfahrens geht hervor, dass Atkins die vertrackte Situation mit sehr britischem Understatement schilderte: »Fräulein Atkins erzählte mir, dass es zur damaligen Zeit für eine ausländische Frau keineswegs einfach war, in diesem Land eine Beschäftigung zu erhalten, und dass sie niemals eine wirklich befriedigende Anstellung erhielt. Eine Zeit lang arbeitete sie im Londoner Büro der *Pallas Oil Company*.«[7] Für dieses Unternehmen war sie bereits in Bukarest tätig gewesen.

Nach Ausbruch des Krieges verschärfte sich auch diese Situation weiter und Atkins, die darauf brannte, ihren Beitrag zum Kampf Großbritanniens gegen die tödliche deutsche Bedrohung zu leisten, wurde sowohl von der *Women's Land Army* (einer zivilen Organisation, die Feldarbeit durch Frauen organisierte, um die durch den Kriegsdienst gebundenen Männer zu ersetzen) als auch vom britischen Roten Kreuz und von der staatlichen Postzensurbehörde abgewiesen. Immerhin wurde ihr gestattet, sich in Winchelsea an der Betreuung von evakuierten Kindern aus London zu beteiligen.[8] Dort startete sie auch eine Gruppe der *National Savings*-Bewegung, die dazu diente, Gelder für die Kriegsausgaben zu mobilisieren.[9] Ab 1940 arbeitete sie in Chelsea als Luftschutzwartin beim *Civil Defence Service*, wo sie ab 1941 mit der Frau ihres alten Bukarester Freundes Coverley-Price zusammen Dienst leistete.[10]

Auch das allgemeine politische Klima in Großbritannien zu dieser Zeit stimmte die Rosenbergs wohl eher pessimistisch. Die stark von wirtschaftlichen Erwägungen geprägte britische Politik hatte bereits in den zwanziger Jahren darauf abgezielt, die Deutschland mit dem Versailler Vertrag auferlegten Beschränkungen und Verpflichtungen zu lockern. Bereits kurz nach dem Ersten Weltkrieg hatten sogar bedeutende Wirtschaftsexperten wie John Maynard Keynes darauf verwiesen, dass die Erholung der britischen Wirtschaft von der Erholung der deutschen abhängig war, zumal Deutschland in der Vorkriegszeit der größte Absatzmarkt für britische Produkte gewesen war. Hinzu kam eine gewisse Sympathie für die deutschen Forderungen nach Revision des Versailler Vertrages, der in Deutschland, zunehmend aber auch von der Politik in Großbritannien und den USA als ungerecht und übermäßig belastend empfunden wurde.[11]

Dies betraf zum einen die Reparationen, also die den Deutschen auferlegten Entschädigungsleistungen an die ehemaligen Kriegsgegner. Die deutsche Diplomatie erwirkte eine schrittweise Verringerung dieser Zahlungen und bereits 1924 gelang ihr im Zuge des Dawes-

Plans das Kunststück, hierfür sogar Kredite der Vereinigten Staaten zu erhalten und somit die Kriegsgegner gewissermaßen mit deren eigenem Geld zu entschädigen. Bei der Konferenz von Lausanne im Sommer 1932 wurden die deutschen Reparationszahlungen suspendiert, um nie wieder aufgenommen zu werden.

Doch nicht nur die Reparationen waren dem politischen Establishment der Weimarer Republik ein Dorn im Auge. Der Versailler Vertrag schränkte das Deutsche Reich auch in militärischer Hinsicht erheblich ein. Das deutsche Militär, die Reichswehr, waren auf maximal 150 000 Mann (davon 15 000 bei der Marine) beschränkt, eine allgemeine Wehrpflicht war verboten. Die Marine durfte nicht über Schlachtschiffe oder U-Boote verfügen, Luftstreitkräfte waren vollends untersagt. Zudem sollten das Rheinland und ein 50 Kilometer breiter Streifen östlich des Rheins dauerhaft entmilitarisiert bleiben. Auch hier bemühte sich die deutsche Außenpolitik um eine Lockerung der als ebenso ungerechtfertigt wie schmählich empfundenen Restriktionen. Und wiederum hatte Deutschland bereits relativ frühzeitig einige Erfolge erzielt.

Im Gefolge der 1925 abgeschlossenen Verträge von Locarno fuhren die Alliierten die Rüstungsüberwachung in Deutschland zurück. Deutschland trat dem Völkerbund bei. Auf der ersten Weltabrüstungskonferenz in Genf im Jahr 1932 überspannte die konservative deutsche Regierung allerdings den Bogen, indem sie – in einer Perversion des Zwecks der Konferenz – im Gegenteil gerade das Recht einforderte, aufzurüsten und Streitkräfte von vergleichbarer Größe wie die anderen europäischen Mächte aufzubauen.

Am 30. Januar 1933 kam Hitler an die Macht. Und die Nationalsozialisten hielten sich nicht mit diplomatischem Geplänkel auf. Dem Diktator galten die Bestimmungen des Versailler Vertrages nichts. Bereits im Oktober 1933 verließ das Deutsche Reich den Völkerbund. Im selben Jahr wurde eine Erhöhung der Truppenstärke der deutschen Streitkräfte auf 300 000 Mann beschlossen. Ab 1934 wurden sie auf die Person des »Führers« vereidigt und im hierbei gebräuchlichen Eid der Begriff »Wehrmacht« verwendet, der offiziell erst 1935 eingeführt wurde. Gleichzeitig mit der Umbenennung der Streitkräfte wurde per Gesetz die Wehrpflicht wiedereingeführt. Bei Kriegsbeginn umfassten Hitlers Streitkräfte bereits über vier Millionen Soldaten.

Die – damals wie heute für Rüstungsaufträge stets aufgeschlossene – deutsche Industrie jubelte: Es konnte wieder Kriegsmaterial produziert werden. U-Boote und Schlachtschiffe liefen vom Stapel, Flugzeugträger wurden geplant, Panzer rasselten zu Tausenden aus den Werkshallen. 1939 verfügte die unter Hitlers Innenminister und Reichskommissar für Luftfahrt Hermann Göring in rasantem Tempo aufgebaute Luftwaffe über 4 000 vertragswidrig in Dienst gestellte Flugzeuge. Der Blitzkrieg konnte beginnen.

Doch in Großbritannien herrschte Gelassenheit, in manchen Kreisen sogar Verständnis oder Sympathie für die Deutschen. Als Hitler 1935 öffentlich die einseitige Aufkündigung der Rüstungsbeschränkungen des Versailler Vertrages bekanntgab, reagierten Frankreich, Großbritannien und Italien zwar einen Monat später mit der sogenannten Stresa-Front, in der die Verträge von Locarno bekräftigt wurden. Die Einigkeit war jedoch von kurzer Dauer. Und eine wiederum einen Monat später gehaltene Fensterrede, in der Hitler den Wunsch Deutschlands nach Frieden und eine eventuelle Bereitschaft zu späterer Teilnahme an Rüstungsbeschränkungsvereinbarungen ins Publikum grölte, wertete die Londoner *Times* als Zeichen seiner Aufrichtigkeit und friedlichen Absichten.[12]

Dass Truppen und Material aber durchaus zum Einsatz gedacht waren, zeigte sich bereits 1936, als die Wehrmacht das Rheinland besetzte. Auch dies war jedoch für manchen in Großbritannien noch nachvollziehbar, wie die legendäre, vom damaligen britischen Außenminister Anthony Eden zitierte Aussage eines Londoner Taxifahrers verdeutlichte. Dieser äußerte die Ansicht, Hitler habe doch lediglich »seinen eigenen Garten« besetzt.[13]

Eine Anzahl von Gründen führte dazu, dass die britische Politik weitgehend tatenlos zusah, wie Deutschland seine völkerrechtlichen Verbindlichkeiten mit Füßen trat und sich ein Gebiet nach dem anderen unterwarf.[14] So bestand eine teils ausgeprägte Indifferenz gegenüber Kontinentaleuropa. Churchill erkannte, dass Großbritannien zwar eine Insel, aber eben eine europäische Insel war und dass die Entwicklungen auf dem Kontinent auch die Briten nicht unberührt lassen würden, wie etwa folgendes Zitat verdeutlicht: »Durch den Fall der Tschechoslowakei erlitten wir zweifellos einen Verlust, der ungefähr 35 Divisionen entsprach (…). Schließlich ist da die schwindelerregende Tatsache, dass Hitler, innerhalb des einen Jahres 1938, 6 750 000 Österreicher und 3 500 000 Sudeten, also mehr als zehn Millionen Untertanen, Arbeiter und Soldaten seinem Reich einverleibt und unter seine absolute Kontrolle gebracht hatte. Damit hatte sich das Gleichgewicht des Schreckens tatsächlich zu seinen Gunsten verschoben.«[15] Hingegen erklärte Chamberlain, als die Wehrmacht im September 1938 die Tschechoslowakei überrannte, in einem BBC-Interview: »Wie grauenhaft, fantastisch, unglaublich es doch ist, dass wir hier (…) Gasmasken anprobieren wegen eines Streits in einem weit entfernten Land und zwischen Menschen, von denen wir nichts wissen.«[16] Die Situation im bereits ins Schwanken geratenden Empire und auch die durchaus erkannte Schwäche der britischen Streitkräfte waren weitere Gründe für die nachsichtige Haltung Großbritanniens. Maßgeblich waren aber auch wirtschaftliche sowie ideologische Erwägungen hierfür ausschlaggebend. Für viele Politiker auf der Insel saß der Hauptfeind in Moskau, nicht in Berlin, galt es einer Ausbreitung des Bolschewismus vorzubeugen. Wenn man schon mit Diktatoren verhandeln musste, dann wenigstens mit solchen, die die kapitalistische Wirtschaftsordnung nicht grundsätzlich in Frage stellten. Unter diesem Blickwinkel schien die Wiederaufrüstung der Deutschen eher nebensächlich oder sogar potenziell vorteilhaft. Gedanken dieser Art beseelten nicht nur Extremisten wie die *British Union of Fascists* (BUF) des Sir Oswald Mosley. Sie waren im wahrsten Sinne des Wortes hoffähig, denn einer der stärksten Verfechter der Appeasement-Politik, der Beschwichtigungspolitik gegenüber den faschistischen Diktatoren, war der 1936 wenige Monate nach der Thronbesteigung wegen seiner Beziehung zur bürgerlichen Wallis Simpson zur Abdankung gezwungene König Edward VIII., der Hitler noch 1937 auf dem Obersalzberg besuchte. Ein gern gesehener Gast im nationalsozialistischen Deutschland war auch der ehemalige Luftfahrtminister Lord Londonderry, der bei seinen sechs Besuchen zwischen 1936 und 1938 auch mit Hitler zusammentraf und sich in einem Brief an Hermann Göring zu folgender Anrede verstieg: »Lieber General der Flieger und Ministerpräsident (wenngleich ich Sie lieber ›Siegfried‹ nennen möchte, da Sie meiner Vorstellung eines modernen Siegfried entsprechen) …«[17]

Freilich stimmte in Großbritannien bei weitem nicht jeder – und nicht einmal alle in der herrschenden Konservativen Partei – mit der Politik des *Appeasement* überein. Umfragen zeigten keine Mehrheit für diese Politik in der Bevölkerung.[18] Viele Anhänger der Labour-Partei und der Liberalen, Gewerkschafter und linke Intellektuelle (nicht allerdings die Pazifisten), Befürworter der Völkerbundidee und Angehörige des Außenministeriums standen dem Konzept äußerst ablehnend gegenüber. Zu den schärfsten Kritikern zählten auch einige Angehörige der Konservativen Partei, wie etwa Anthony Eden und Winston Churchill. Doch *Appeasement* war die offizielle Linie der britischen Regierung, an der der ab 1937 amtierende Premierminister Neville Chamberlain auch dann noch festhielt, als nach menschlichem Ermessen kein klarsichtiger demokratischer Politiker noch an deren Erfolg hätte glauben sollen. Auch führende Medien stimmten in den Chor der Beschwichtiger ein. Zweifellos gab diese Atmosphäre den Rosenbergs einigen Grund zur Beunruhigung. Für die Rosenbergs muss zudem beunruhigend gewesen sein, dass auch in Großbritannien die Aufnahme von jüdischen Flüchtlingen nicht durchweg auf Zustimmung stieß. Zwar nahm das Land im Vergleich zu manchen anderen eine relativ hohe Zahl dieser Flüchtlinge auf. Dennoch gab es »eindeutig ein unterschwelliges Gefühl des Antagonismus gegen die Neuankömmlinge«.[19] Die *Daily Mail* etwa folgte einer auch heute wieder allzu vertraut klingenden Argumentation, beklagte die »unangebrachte Sentimentalität« derjenigen, die die Aufnahme größerer Flüchtlingszahlen forderten, und schrieb: »Wenn es erst einmal bekannt wäre, dass Großbritannien all denen Zuflucht gewährte, die zu kommen wünschen, wären die Wehre geöffnet und wir würden überflutet von Tausenden, die auf der Suche nach einer Heimat sind.« Der *Daily Express* meinte, »es wäre unklug, den Korb zu voll zu machen«.[20]

Auch auf der privaten Ebene liefen die Dinge nicht gänzlich so, wie Vera gehofft hatte. Wie die Verlobte von Atkins' Bruder, Mary Williams, sich erinnerte, liebte es Atkins, zu ihren Partys eingeladen zu werden, und betonte, dass sie »wundervolle Manieren« gehabt habe. Freilich folgte auch hier die Einschränkung: »Aber sie war irgendwie anders als wir.« Nach Williams' Ansicht buhlte Vera um Zuneigung, insbesondere seitens der anwesenden jungen Männer, und bewies dabei nicht immer das allerbeste Gespür: »Sie hatte absolut keinen Geschmack und bandelte mit den unmöglichsten Typen an. Ich erinnere mich, wie einmal ein anwesender Stabsarzt – sie mochte hochrangige Leute – sagte, er müsse gehen, und sie daraufhin erklärte: ›Ich muss auch weg‹, damit er sie im Auto mitnahm. Wir alle kannten ihn als Playboy mittleren Alters.«[21]

Wichtiger als Party-Flirts war jedoch eine andere Beziehung, die Vera in diesen Jahren unterhielt: Diejenige zu Dick Ketton-Cremer. Der junge Fliegeroffizier stammte aus einer Familie von Landadligen aus Norfolk und Vera und er hatten sich möglicherweise bereits lange vor der Übersiedlung der Familie nach England bei der Kreuzfahrt nach Alexandria kennengelernt, die Max Rosenberg seiner Tochter zu ihrem einundzwanzigsten Geburtstag spendiert hatte.[22]

Für Vera war er wohl die Liebe ihres Lebens. Atkins und Ketton-Cremer gingen zusammen auf Reisen, sie stellte ihn ihrer Mutter vor und die beiden waren möglicherweise sogar verlobt. Genaueres hierzu lässt sich nicht feststellen. Und genau aus diesem Mangel an genauen Angaben kann vielleicht geschlossen werden, dass auch diese Beziehung, wie bereits das Verhältnis mit Coulson in Bukarest, wahrscheinlich mit Rücksicht auf Ketton-Cremers Familie – insbesondere seine Mutter – weitgehend geheim gehalten wurde.

Neben der Gefahr von Streitigkeiten um das künftige Erbe gab es hierfür noch einen anderen Grund: Der Landadel Norfolks hielt wenig von Ehen mit ausländischen Partnern. »Dicks Mutter war in ihre Söhne vernarrt, doch seine Frauengeschichten und seine ständigen Reisen trieben sie zur Verzweiflung. Wenn es eine ernsthafte Beziehung zwischen Dick und einer Frau gegeben hätte, die er im Ausland kennengelernt hatte, wäre sie damit sicher nicht einverstanden gewesen.«[23] Auch diese Liebe war daher letztlich zum Scheitern verurteilt.

Zu den Beschwernissen des Alltags in England dürfte außerdem die Sorge um die Angehörigen gekommen sein, die auf dem Kontinent verblieben waren und schließlich dort festsaßen. Es gab Verwandte in Berlin, vor allem aber empfand Vera eine enge Bindung zum rumänischen Zweig der Familie. Veras Onkel Siegfried und Arthur sowie die drei Söhne des Letzteren, Fritz, Hans und Georg, lebten weiterhin im *Vallea Uzului*. Fritz hatte die deutsche Haushälterin des Landsitzes, Karen Gehlsen geheiratet. Zwei Tage nach der Ziviltrauung, am 29. April 1938, wurde ihr Sohn Peter geboren – in Eastbourne, wo auch die Trauung stattgefunden hatte. Fritz hatte seinem Sohn so die britische Staatsbürgerschaft gesichert. Offenbar hatte er die heraufziehende Gefahr dennoch unterschätzt, denn er kehrte nach Rumänien zurück, wo er jedoch immerhin bemüht war, Dokumente zusammenzutragen, die seine langjährige Einwohnerschaft, seinen guten Leumund und seinen Status als praktizierender Katholik bestätigten. Dies bewahrte ihn indessen nicht davor, dass in seinen deutschen Reisepass 1939 das für Juden vorgeschriebene rote »J« gestempelt wurde.

Womit aber verbrachte die ins sichere England emigrierte, aber vom offiziellen britischen Arbeitsmarkt ausgeschlossene Vera Atkins in diesen Jahren ihre Zeit? Eine Bekannte ihrer Vermieterin in Kensington meinte später, die beiden hätten »den ganzen Tag Bridge gespielt«[24]. Es scheint jedoch wenig wahrscheinlich, dass die selbstbewusste, an das Berufsleben gewöhnte und zudem durchaus politisch denkende junge Emigrantin sich mit einem derartigen, erzwungenen Müßiggang zufriedengegeben hätte.

Tatsächlich hat sich Atkins wohl auch in der Zeit vor Aufnahme ihrer Tätigkeit bei der SOE nicht allein aufs Kartenspielen beschränkt und war auf die eine oder andere Art – in mehr oder minder offizieller Funktion – für Großbritannien tätig. Aus ihren Einbürgerungsunterlagen für das britische Innenministerium geht hervor, dass sie von Mitte Dezember 1938 bis zum 10. Januar 1939 und bereits zwei Monate später weitere 39 Tage lang in der Schweiz war.[25] In beiden Fällen handelte es sich nach offizieller Lesart um Skiurlaube mit Dick Ketton-Cremer. Es gibt tatsächlich eine Reihe von Fotos, die sie und den jungen Offizier in den Winterferien in den Schweizer Alpen zeigen. Verwunderlich ist aber neben der Länge und kurzen Aufeinanderfolge dieser Urlaube vor allem die Tatsache, dass Atkins, deren Aufenthaltsrecht in Großbritannien auf eher wackligen Füßen stand, überhaupt das Risiko auf sich nahm, wiederholt das Land zu verlassen, noch dazu in einer Zeit rasch zunehmender politischer und militärischer Spannungen in Europa.[26]

Nach Ansicht ihres Biografen William Stevenson wurde Atkins bereits 1938 in gewissem Umfang in geheimdienstliche Aufgaben eingebunden, die jedoch nicht von regulären britischen Diensten betrieben wurden. Vielmehr hatten sich einige Geheimdienstler, die der offiziellen Linie der Regierung Chamberlain, der *Appeasement*-Politik, kritisch gegenüberstanden, zusammengetan und arbeiteten locker und inoffiziell mit der D-Sektion des britischen Auslandsgeheimdienstes MI6 zusammen. Zu dieser Gruppe gehörte auch Atkins' alter Bekannter William Stephenson, der nun auch wieder auf sie zurückgriff. So soll sie 1938 nach Paris geschickt und mit Mitarbeitern des französischen Auslandsnachrichtendienstes, des sogenannten *Deuxième Bureau* in Kontakt gebracht worden sein. Im Sommer 1939 soll sie, unter dem Deckmantel einer Tätigkeit als Fremdsprachenkorrespondentin, bei Stephensons Unternehmen *Pressed Steel* eine Erkundungsmission nach Polen und Litauen unternommen haben. Bei dieser soll sie auch über Rumänien führende, potenzielle Fluchtrouten aus Polen ausgekundschaftet haben. Schließlich behauptet Stevenson, Atkins habe auch an der Britischen Militärmission in Polen teilgenommen. Diese Militärmission stand unter der Leitung des Generalleutnants Sir Adrian Carton de Wiart. Der General hatte im Ersten Weltkrieg das linke Auge und die linke Hand verloren, einen Kopfschuss und zahlreiche andere Verletzungen überlebt, dennoch aber lakonisch angemerkt: »Ehrlich gesagt, hatte mir der Krieg Freude gemacht.«[27] Zudem war er aufgrund eines früheren Einsatzes mit Polen äußerst vertraut. Er war also der richtige Mann für den Auftrag. Die Mission, zu deren Teilnehmern auch der Artillerieoffizier und künftige führende SOE-Mitarbeiter Oberst Colin Gubbins gehörte, sollte den polnischen Generalstab von der angeblich zu erwartenden Unterstützung Großbritanniens im Fall einer Invasion ihres Landes durch Deutschland überzeugen und zugleich militärisch beraten. Doch während die polnischen Truppen, vom deutschen Blitzkrieg dezimiert und im Zweifrontenkrieg zwischen Wehrmacht und Roter Armee aufgerieben, mit dem Rücken zur Wand und mit dem Mut der Verzweiflung kämpften, blieb nennenswerte Unterstützung aus Großbritannien aus. Die Niederlage wurde unabwendbar, und als sie sich abzeichnete, wurden die Mitglieder der Britischen Militärmission eilends über Rumänien evakuiert.[28] Am

6. Oktober kapitulierten die letzten polnischen Truppen aufgrund der aussichtslosen Gesamtlage nach der Schlacht bei Kock – die sie gewonnen hatten.

Eine Mission anderer Art führte Atkins nach Ansicht ihrer Biografin Sarah Helm möglicherweise noch im Frühjahr 1940 erneut auf den Kontinent – und in Lebensgefahr. Nur knapp entkam sie, aus Rotterdam kommend, in Antwerpen den Deutschen, die am 10. Mai im neutralen Belgien eingefallen waren.[29] Diesmal war sie nicht im Auftrag einer Geheimdienstgruppierung unterwegs, sondern in einer dringenden Familienangelegenheit. Ihr Einsatz galt ihrem in Rumänien lebenden Cousin Fritz Rosenberg. Die Lage der in Rumänien verbliebenen Familienangehörigen hatte sich mit dem sogenannten Zweiten Wiener Schiedsspruch, auch als zweites Wiener Diktat bekannt, weiter verschärft. Hierin zwangen die Achsenmächte am 30. August 1940 Rumänien, weite Teile Siebenbürgens an Ungarn abzutreten. In dem fortan ungarischer – und damit mittelbar deutscher – Kontrolle unterstellten Gebiet befanden sich das Rosenberg'sche Sägewerk und der Landsitz. Der Besitz wurde konfisziert und ungarischer Leitung unterstellt, die Familie vertrieben. Während sein Vater Arthur und sein Onkel Siegfried sich bemühten, weiteren Schaden mit Hilfe ihrer deutschen und ungarischen Kontakte abzuwenden, erhoffte sich Fritz noch immer ausgerechnet von der deutschen Botschaft in Budapest Rettung.

Am 23. September 1941 wurde er beim Versuch, mit seiner Familie nach Ungarn auszureisen, verhaftet. Verzweifelt wandten sich Arthur und Siegfried Rosenberg nun an den mit ihnen befreundeten früheren deutschen Botschafter in Bukarest, Graf von der Schulenburg, der inzwischen wieder in der Zentrale des Auswärtigen Amts in Berlin arbeitete. Tatsächlich erteilte der Graf der deutschen Botschaft in Ungarn daraufhin in einem persönlichen Schreiben die Anweisung: »Die Rosenbergs sind als Deutsche zu betrachten.« Und tatsächlich wurde Fritz Rosenberg im Oktober 1941 aus der Haft entlassen und tauchte zunächst in Budapest unter. Was weiter geschah, grenzte scheinbar an ein Wunder.

Am 25. November 1941 wurden die Reisepässe jüdischer Deutscher im Ausland per Gesetz pauschal für ungültig erklärt. Während Arthur und Siegfried Rosenberg sich in Rumänien versteckt hielten, stellte die deutsche Botschaft in Budapest Fritz jedoch noch am 2. September 1942 einen neuen Reisepass aus, und er konnte über Bulgarien und Jugoslawien in die Türkei ausreisen, wo er sich mit seiner Familie in Istanbul niederließ. Von dort reisten sie später mit britischer Hilfe nach Palästina aus. Die Flucht durch das deutsch besetzte Jugoslawien und Bulgarien in die Türkei war dermaßen haarsträubend, dass sich der damals erst vierjährige Peter noch Jahrzehnte später daran erinnerte. Jeder Halt in einem Bahnhof war für Karen und Fritz Rosenberg eine grauenhafte Angstpartie. In einem Fall entging Fritz Rosenberg haarscharf der Verhaftung durch eine deutsche Patrouille, die ihn verdächtigte, Jude zu sein, und erst von ihm abließ, nachdem die Deutschen ihn gezwungen hatten, sein Geschlechtsteil zu entblößen. Der katholisch getaufte Fritz Rosenberg war nicht beschnitten.[30]

Wie Helm darlegt, wurde die Ausreise der Rosenbergs, wie manches andere vermeintliche Wunder auch, mit einer beträchtlichen Geldsumme erwirkt – Geld, das Hilda Atkins gehörte und von Vera Atkins in die richtigen Kanäle geleitet wurde. Wichtige Hinweise hierzu lieferte Willi Goetz, ein zu den Briten übergelaufener Mitarbeiter des deutschen militärischen Nachrichtendienstes, der Abwehr, der in Südost-Europa eingesetzt worden war. Goetz berichtete bei seinen Verhören, dass zu seinen Informantinnen auch Karen Rosenberg gehört habe, der er noch in Istanbul Informationen abgepresst habe. Dabei sei sie keineswegs eine Freundin des deutschen Regimes gewesen, sondern habe die Abwehr mit (im Übrigen unbedeutenden und sogar falschen) Informationen versorgt, um ihren Mann vor der Deportation zu retten. Der habe von den Aktivitäten seiner Frau nicht das Geringste gewusst.

Möglich wurde dies alles laut Helm, weil Karen Rosenberg mit der Frau von Hans Fillie befreundet war, einem in Berlin ansässigen Rechtsanwalt und Abwehr-Offizier. Fillie betrieb zur Deckung gemeinsam mit einem niederländischen Geschäftspartner ein Unternehmen mit Firmensitzen im belgischen Antwerpen und in Rotterdam. Sowohl Fillie als auch sein niederländischer Partner unternahmen regelmäßig vermeintliche Geschäftsreisen unter anderem nach Rumänien und Ungarn. Und Fillie war der Führungsoffizier von Goetz. Der wiederum erhielt Anweisung, der Familie Rosenberg die lebensrettenden Reisepässe zu verschaffen. Laut Goetz wurde Fillie später von Berlin beschuldigt, für diesen Freundschaftsdienst 50 000 ungarische Pengő kassiert zu haben – eine Summe, die heute einem Betrag von weit über 100 000 Euro entspricht.

Und hier schließt sich der Kreis zu Vera Atkins. Wie Fritz Rosenberg später notierte, erhielt er in der Zeit, als seine Familie und er sich in Budapest versteckt hielten, Unterstützung von seiner »britischen Cousine Vera Atkins«[31]. Es erscheint nicht auf Anhieb einleuchtend, worin diese Hilfe der Tausende von Kilometern entfernten Vera bestanden haben könnte. Offenbar aber stellte Hilda Atkins das Geld bereit, mit dem die Rosenbergs sich freikaufen konnten, und benutzte hierfür in einer Antwerpener Bank lagernde Diamanten. Da sich die Zwangslage von Fritz und Karen Rosenberg bereits 1940 abzuzeichnen begann, ist es nicht ausgeschlossen, dass diese Transaktion schon zu diesem frühen Zeitpunkt eingefädelt wurde. Dies würde erklären, warum Vera Atkins sich noch nach Kriegsausbruch in Belgien und den Niederlanden aufhielt: Sie war es, die das von Fillie für die Rettung Fritz Rosenbergs erpresste Schmiergeld verfügbar machte und entweder Fillie selber oder seinem niederländischen Kompagnon aushändigte. Zusammen mit anderen Flüchtigen wurde sie dann in letzter Minute mit Hilfe belgischer Widerständler aus dem Land geschleust und konnte sich erneut in Großbritannien in Sicherheit bringen.[32]

In England wurde Atkins im Sommer 1940 offiziell von der britischen Luftschutzorganisation *Air Raid Precautions* (ARP) als Luftschutzwartin eingesetzt. Dann, im Februar 1941, erhielt sie das »kleine und völlig unscheinbare« Schreiben des sogenannten *Inter Services Research Bureau*, Baker Street 64, das ihr Leben auf Dauer verändern sollte.

4

DAS MINISTERIUM
FÜR UNFEINE KRIEGSFÜHRUNG

England,
1940 – 1946

Die Organisation, für die Atkins ab jetzt arbeiten sollte, war wie keine andere. Ihre Existenz war nur einem auserwählten Kreis Eingeweihter bekannt, und wenn es nach manchen im britischen Politik-, Militär- und Sicherheitsestablishment gegangen wäre, hätte es sie besser nie gegeben.

Beim Ausbruch des Zweiten Weltkriegs war Großbritannien auf einen militärischen Konflikt mit Deutschland schlecht vorbereitet. Die britischen Streitkräfte waren wenig schlagkräftig. Dies betraf nicht allein das ohnehin traditionell eher vernachlässigte Heer und die stark defensiv ausgerichtete *Royal Air Force*, sondern sogar die einst stolze, in den Weiten des Empire aber zunehmend überdehnte und zudem nicht auf dem neuesten Stand befindliche *Royal Navy*. So standen im August 1939 130 Wehrmachtsdivisionen lediglich vier voll ausgestattete britische Heeresdivisionen gegenüber, die deutsche Luftwaffe zählte 4 210 Maschinen, die *Royal Air Force* 1 750. Bei der Marine sah es günstiger für Großbritannien aus, doch auch hier hatte Deutschland die Briten bei der Zahl der U-Boote bereits überholt.[1]

Die Politik der Tory-Regierung Chamberlains und ihrer Vorgänger war zudem auf Ausgleich mit Europas faschistischen Diktatoren ausgerichtet gewesen. Der Anschluss Österreichs an das nationalsozialistische Deutschland im März 1938 allerdings löste bei der britischen Regierung ein gewisses Umdenken aus. Im Kriegsministerium gab es bereits seit 1936 eine kleine Forschungsabteilung (MI R), die sich mit nichtregulärer Kriegsführung befasste und hierzu die Methoden so unterschiedlicher Gruppierungen wie der Buren während des Krieges in Südafrika, der Kämpfer des Lawrence von Arabien, der irischen Freiheitskämpfer im Untergrundkrieg gegen Großbritannien 1919–1920 oder der Guerillagruppen während der russischen Revolution oder des Spanischen Bürgerkriegs untersuchte. Nach dem Anschluss Österreichs beschloss man nun im britischen Außenministerium, unter der Leitung des aus dem Ersten Weltkrieg einschlägig erfahrenen Kanadiers Sir Campbell Stuart auch eine Arbeitseinheit aufzubauen, die sich mit Propaganda als Mittel der Kriegsführung befasste und die nach ihrer Unterbringung im *Electra House* als EH bezeichnet wurde. Etwa gleichzeitig richtete der als *Secret Intelligence Service* (SIS) bezeichnete, auch als MI6 bekannte britische Auslandsgeheimdienst seine D-Sektion ein, die sich mit beiden Themen, der nichtregulären Kriegsführung und Propaganda, befassen sollte. Die Koordinierung ließ indessen zu wünschen übrig: Die drei Arbeitseinheiten hatten nicht nur überlappende Aufgabenbereiche, sie wussten zunächst auch nichts voneinander.[2]

Es bedurfte des nächsten Paukenschlags aus Berlin, um hier ansatzweise Abhilfe zu schaffen. Nachdem die Deutschen am 15. März 1939 auch in die Tschechoslowakei eingefallen waren, wurde am 23. März bei einem Treffen von Außenminister Lord Halifax mit einem Vertreter des MI6 und des Leiters der D-Sektion eine Aufgabenteilung zwischen MI R und der D-Sektion beschlossen und entschieden, dass die Letztere nunmehr zur Tat übergehen und Sabotage- und Propagandaaktionen in der Tschechoslowakei unternehmen sollte.[3] Der MI R erarbeitete unter anderem drei Handbücher für Untergrundkämpfer, die »Bibeln des Unkonventionellen«[4]: *The Art of Guerrilla Warfare (Die Kunst des Guerillakampfs), Partisan Leader's Handbook (Handbuch des Partisanenführers)* und *How to Use High Explosives (Anleitung zum Gebrauch von Sprengstoff)*. Autor der beiden Ersteren war

Oberst Colin Gubbins, das Letztere stammte vom Leiter der Abteilung MI Rc, Generalmajor Sir Millis Rowland Jefferis. Gubbins hatte für die Bücher die Techniken der Agitation und des Untergrundkampfes studiert, die in verschiedenen Teilen des Empire gegen die Briten angewandt worden waren, wobei sich die Taktik der *Irischen Republikanischen Armee* (IRA) als besonders ergiebige Quelle erwies.[5] Diese Handbücher enthielten Wissen und Grundsätze, die später zu den grundlegenden Ausbildungsinhalten der Agenten in der irregulären Kriegsführung gehören sollten.[6] Ein zentraler Satz aus dem *Partisan Leader's Handbook* lautete dabei: »Denken Sie stets daran, dass alles, was Sie in dieser Hinsicht unternehmen, dazu beiträgt, die Freiheit für ihr Volk zurückzugewinnen.«[7]

Doch noch immer standen die D-Sektion und MI R zueinander in Konkurrenz, was dem Erreichen ihrer eigentlich gemeinsamen Ziele kaum förderlich sein konnte.[8] Erst vor dem Hintergrund der bevorstehenden Niederlage Frankreichs nahm das Projekt einer Organisation, die in den deutsch besetzten Gebieten durch subversive Aktionen für Unruhe sorgen sollte, wirklich Fahrt auf. Am 1. Juli 1940 traf sich unter Vorsitz von Lord Halifax eine Runde von Ministern, leitenden Beamten und Geheimdienstlern. Unter ihnen befand sich der Minister für wirtschaftliche Kriegsführung, Dr. Hugh Dalton, der die Angelegenheit tags darauf in einem Schreiben an Halifax auf den Punkt brachte: »Wir müssen auf feindlichem Gebiet Bewegungen organisieren, die vergleichbar sind mit der Sinn-Féin-Bewegung in Irland, der in China derzeit gegen Japan kämpfenden Guerilla, (…) oder – geben wir es einfach zu – den Organisationen, die die Nazis selber in so beachtlicher Weise in fast jedem Land der Welt aufgebaut haben. Diese ›demokratische Internationale‹ wird viele unterschiedliche Methoden anwenden müssen, so zum Beispiel industrielle und militärische Sabotage, Arbeitskämpfe und Streiks, fortdauernde Propaganda, Terrorakte gegen Verräter und deutsche Führungskräfte, Boykottaktionen und Ausschreitungen. (…) Erforderlich ist eine neue

Organisation, die die Angehörigen der unterdrückten Länder, die an vorderster Linie stehen, koordiniert, inspiriert, kontrolliert und unterstützt. Wir brauchen absolute Geheimhaltung, eine gewisse fanatische Begeisterung, die Bereitschaft, mit Menschen unterschiedlicher Nationalitäten zusammenzuarbeiten, völlige politische Zuverlässigkeit. (...) Die Organisation sollte, meiner Ansicht nach, vollkommen unabhängig von der Maschinerie des Kriegsministeriums sein.«[9]

»Steckt Europa in Brand!«: Eine der Hauptaufgaben der SOE-Agenten waren Anschläge auf Eisenbahnlinien, Straßen, Brücken und Industrieanlagen in von den Deutschen besetzten Ländern.

Ausgerechnet der am 10. Mai 1940, dem Tag des deutschen Einmarschs in Frankreich, Belgien und den Niederlanden als Premierminister zurückgetretene, inzwischen zum *Lord President of the Council* (Vorsitzenden des Staatsrats) ernannte Neville Chamberlain wurde von Churchill mit der Aufgabe betraut, ein Konzeptpapier für die neue Einheit aufzusetzen. Von *Appeasement* fand sich in diesem Dokument keine Spur mehr. Es sah vor, dass »eine neue Organisation gegründet wird, die künftig alle subversiven und Sabotage betreffenden Aktionen gegen den Feind in Übersee koordinieren wird (...). Die Organisation wird die Bezeichnung *Special Operations Executive* führen.«[10]

Knapper brachte Churchill selber das Ziel der neuen Organisation auf den Punkt: Seiner Ansicht nach sollte die SOE das »ministry of ungentlemanly warfare« – in etwa: Ministerium für unfeine Kriegsführung – werden.[11] Am 16. Juli übertrug er Hugh Dalton und seinem Ministerium für wirtschaftliche Kriegsführung, angeblich mit den vielzitierten Worten »Set Europe ablaze!« (Steckt Europa in Brand!), die Federführung für die zunächst aus den Einheiten EH, MI R und D-Sektion zusammengefügte Organisation. Am 22. Juli wurde ihre Gründung vom Kabinett beschlossen. Die *Special Operations Executive* (SOE) war geboren. Ihren Sitz nahm sie in der jedem Sherlock-Holmes-Leser bekannten Baker Street, weitere Dienstsitze fanden sich in der Nähe, zum Teil auch in London und auf Landhäuser in ganz Großbritannien verstreut.[12]

Nicht jeder aber freute sich über den Nachzögling unter den britischen Geheimdiensten. Zum einen wurde die SOE von anderen Diensten sowie von den Streitkräften immer wieder des Dilettantismus bezichtigt. Die Beziehungen zum MI6 waren nicht immer störungsfrei.[13] Den Agenten wurde vom MI6 sogar unterstellt, dass sie »ein Haufen amateurhafter Banditen« seien, die das Leben für die »echten« Agenten des konventionelleren Auslandsgeheimdienstes »unerträglich schwierig« machten.[14] Zum anderen gab es Kompetenzstreitigkeiten. Das Informationsministerium neidete der SOE den Arbeitsbereich Propaganda. Interministerielle Querelen führten dazu, dass dieser Teil der SOE bereits im Juli 1941 wieder ausgegliedert wurde und künftig als *Political Warfare Executive* (PWE) ein Eigenleben führte, was wiederum zu einer Rivalität zwischen den beiden Diensten führte. Ebenso gab es immer wieder Reibungen im Miteinander mit dem Kriegsministerium und auch den einzelnen Truppenteilen der britischen Streitkräfte. Die Admiralität bestand darauf, dass See-Operationen der SOE vorab von der Marine autorisiert werden mussten, und auch das Luftwaffenministerium insistierte, dass Aktionen, die die Luftwaffe betrafen – und dies war häufig der Fall –, der Zustimmung durch das Ministerium selbst oder die zuständigen Stellen der *Royal Air Force* (RAF) bedurften. Was die RAF betraf, ergab sich noch eine weitere Schwierigkeit, da der Oberbefehlshaber des RAF *Bomber Command*, Sir Arthur Harris, aus mehreren Gründen wenig von der SOE hielt. Dies war problematisch, da die Organisation für ihre Operationen immer wieder auf die Flugzeuge des *Bomber Command* zurückgreifen musste, unter anderem um Agenten über feindlichem Territorium abzusetzen. Harris aber war der Ansicht, dass die Nadelstich-Operationen der SOE-Agenten in ihrer Wirksamkeit den Flächenbombardements seiner Bomber bei weitem unterlegen waren, und sträubte sich schon aus diesem Grund, seine Maschinen für Operationen der SOE zur Verfügung zu stellen.[15] Zudem waren führende Angehörige der RAF der Ansicht, dass die SOE einen schmutzigen Krieg führte, mit dem man nichts zu tun haben wollte. So schrieb Luftmarschall Sir C. F. A. Portal am 1. Februar 1941: »Ich denke, dass das Absetzen von Männern in Zivilkleidung, damit diese versuchen sollen, Angehörige der gegnerischen Streitkräfte zu töten, nicht die Art von Operation ist, mit der die Royal Air Force in Verbindung gebracht werden sollte.«[16] Auch wenn die SOE sich im Gefüge der britischen Geheimdienste und Streitkräfte zu behaupten vermochte, wurde sie bis zuletzt immer wieder von teils kräftezehrenden Rivalitäten und Rangeleien geplagt.[17]

Im Sommer 1940 aber galt es zunächst, den neuen Dienst operativ werden zu lassen. Ein Name, ein Bürogebäude und einige weitgehend an Schreibtische und Laborräume gebundene Führungskräfte allein konnten kaum ausreichen, um Europa in Brand zu setzen. Die hierzu erforderlichen Spezialkräfte mussten zunächst einmal angeworben werden. Dabei griff man nur in begrenztem Umfang auf professionelle Militärs oder Angehörige der bereits existierenden Dienste zurück. Stattdessen suchte man externe Mitarbeiter anzuwerben, was jedoch insofern mit Schwierigkeiten verbunden war, als man für eine streng geheime Organisation schwerlich mit normalen Stellenanzeigen in Tageszeitungen werben konnte.[18] Da der anvisierte Personenkreis in den von den Achsenmächten besetzten Ländern eingesetzt werden sollte, waren Sprachkenntnisse von zentraler Bedeutung, weshalb in den Ausschreibungen oftmals offiziell Fremdsprachenkorrespondenten oder Dolmetscher gesucht wurden.[19]

Bewerber wurden in einem mehrstufigen Verfahren einer strengen Auswahl unterzogen und zunächst auf ihre Motive (gewünscht war ein gesunder Abscheu vor den Verbrechen der Nazis, aber kein pathologischer Hass) und ihren Charakter (der ideale SOE-Agent war mutig, aber nicht leichtsinnig) getestet. Major Maurice Buckmaster, der Leiter einer der für Frankreich zuständigen Abteilungen, der in London angesiedelten F-Sektion der SOE, beschrieb den idealen SOE-Rekruten als »robust ehrlich und sehr zielstrebig«[20]. Deutlicher äußert sich Noreen Riols, die als sehr junge Angestellte der SOE an der Ausbildung der Agenten mitwirkte: »Agenten mussten sowohl gnadenlos als auch diplomatisch sein, kaltschnäuzig genug, um jemandem die Kehle durchzuschneiden oder einen Informanten zu exekutieren, und dabei imstande, die Politik der französischen Résistance-Bewegung zu durchschauen und ihre Mitglieder entsprechend zu motivieren.«[21]

Erst im Laufe des Auswahlverfahrens ließ man allmählich durchblicken, dass die Tätigkeit auch einen Einsatz im feindlich besetzten Ausland umfassen könnte. Dem einen oder anderen Kandidaten mag bereits in dieser Phase gedämmert haben, dass die künftigen Aufgaben mehr als eine Schreibtischtätigkeit umgeben von Wörterbüchern umfassen würden. Immerhin wurden, wie ein späterer Agent berichtete, bei den Auswahlgesprächen für derartige Tätigkeiten eher untypische Fragen gestellt wie: »Hätten Sie persönliche Vorbehalte dagegen, jemanden zu ermorden?«[22] Das volle Ausmaß dessen, worauf sie sich eingelassen hatten, wurde manchen jedoch erst im Lauf der mehrstufigen Ausbildung klar, wie aus der Frage einer Agentin in Ausbildung gegenüber einer anderen deutlich wird: »WOFÜR werden wir hier eigentlich ausgebildet? Ich habe mich auf eine Stelle als zweisprachige Sekretärin beworben.«[23] Auch Vera Atkins wusste nach eigener Aussage bei der Rekrutierung nicht, worin ihre künftige Rolle bestehen sollte.[24]

Tatsächlich war die Ausbildung bei der SOE für das Berufsbild der Fremdsprachensekretärin absolut untypisch.[25] Nach überstandenem Auswahlverfahren wurden die als »Schüler«[26] bezeichneten Rekruten einer ebenfalls mehrstufigen, kräfte- und nervenzehrenden Ausbildung unterzogen, die umso härter war, als sie häufig nur wenige Wochen dauern konnte, bevor der Ernstfall des Einsatzes drohte.[27] Für die Ausbildung unterhielt die SOE rund 50 Schulungszentren in verschiedenen Teilen Großbritanniens, die häufig auf Landsitzen eingerichtet waren, was zu dem Scherz führte, dass SOE die Abkürzung für *Stately 'Omes of England* (Herrenhäuser Englands) sei.[28]

In einer ersten Phase auf einem dieser Landsitze wurden körperliche Fitness aufgebaut sowie Grundkenntnisse im Kartenlesen und im Gebrauch von Schusswaffen gelehrt. Die zweite Phase bestand aus regelrechter paramilitärischer Ausbildung auf einem abgelegenen schottischen Gut.[29] Hier wurden die Rekruten im Gebrauch diverser britischer, amerikanischer, aber auch von den feindlichen Armeen benutzter Schusswaffen ausgebildet. Speziell auf den Einsatz hinter feindlichen Linien zugeschnitten war die Disziplin des »*silent killing*« (stilles Töten), bei dem es darum ging, einen Angreifer (oder Anzugreifenden) diskret, aber wirksam mit diversen Kampftechniken auch ohne Einsatz von Waffen auszuschalten. Dabei wurden die Agenten auf den Einsatz »schmutziger« Kampftechniken ausgerichtet, bei denen insbesondere auch die Augen oder Geschlechtsteile des Gegners angegriffen wurden.[30] Für diesen Teil des Trainings waren maßgeblich zwei ehemalige Offiziere der Schanghaier Stadtpolizei, William Sykes und Eric Fairbairn zuständig. Diese lehrten auch eine spezielle, von ihnen entwickelte Pistolenschusstechnik, bei der – anders als beim Militär geübt – nicht in aufrechter Position mit geradem Arm geschossen wurde. Vielmehr nahmen die Schützen eine geduckte Stellung mit einem vorgestellten Bein ein und feuerten etwa aus Hüfthöhe zwei Schüsse ab.[31] Die Technik ist noch heute in jedem Vorspann eines James-Bond-Films zu beobachten.

Am Ende dieser Ausbildungsphase war bereits ein Drittel der Schüler ausgeschieden.[32] Die Abbrecher wurden anschließend einige Monate in diversen Werkstätten im schottischen Inverlair interniert, bis ihre in der Ausbildung erlangten Kenntnisse kein Sicherheitsrisiko mehr darstellten.[33]

Wer durchhielt, wurde anschließend auf den Landsitz *Beaulieu* im *New Forest* im äußersten Süden Englands verlegt, um den letzten Schliff zu erhalten. Hier wurde vermittelt, mit welchen Polizei- und Sicherheitsorganen in den Einsatzländern zu rechnen war und wie diesen im Falle einer Kontrolle oder gar der Verhaftung zu begegnen war. Die angehenden Agentinnen und Agenten wurden einerseits in ihrer Aggression bestärkt, andererseits darauf getrimmt, möglichst unauffällig zu wirken. Grundlegende Spionagetechniken wie das Nutzen toter Briefkästen oder das Bemerken und Abschütteln von Verfolgern wurden ihnen ebenfalls beigebracht. Außerdem erhielten sie Unterricht im Einsatz von Propaganda, mit deren Hilfe sie die Bevölkerung vor Ort für die alliierte Sache zu gewinnen suchen sollten. Einer der hierauf spezialisierten Ausbilder war pikanterweise der Jahrzehnte später als sowjetischer Doppelagent enttarnte Kim Philby, der die Schüler offenbar beeindruckte und bei ihnen sehr populär war.[34]

Am Ende der Ausbildung stand das »Gesellenstück«, ein mehrtägiger Einsatz in Großbritannien, der Aufgaben wie etwa den Diebstahl von Material aus einem Armeestützpunkt oder das Anbringen von (vermeintlichem) Sprengstoff an einer Eisenbahnlinie umfassen konnte. Wer auch dies erfolgreich überstanden hatte, erhielt anschließend, sofern erforderlich, noch Spezialtraining, beispielsweise in Fallschirmspringen oder Sabotagetechnik.[35]

Die Einsätze der SOE-Agenten erforderten nicht nur eine besondere Ausbildung, sondern auch eine spezielle Ausrüstung. Zwei geheime Entwicklungsabteilungen erdachten für die Sondereinsatzkräfte
Spezialausstattungen und ein Waffenarsenal, das der Fantasie des Bond-
Autors Ian Fleming entsprungen sein könnte. Tatsächlich verhält es
sich allerdings eher umgekehrt. Immerhin war Fleming selber Agent
des britischen *Naval Intelligence Service* und Verbindungsoffizier zum
SOE.[36] Die oft irrwitzigen Erfindungen des für Bond und seine Kollegen tätigen Cheftüftlers Q haben ihren Ursprung teilweise in den
Produkten der für die SOE, andere Dienste und spezielle Einheiten
der Streitkräfte tätigen Abteilungen MI Rc und *Station IX* (Letztere
unterhielt sogar, wie Qs Abteilung, einen geheimen Ausstellungsraum,
in dem ihre Produkte in Augenschein genommen werden konnten,
und einen illustrierten Warenkatalog).[37]

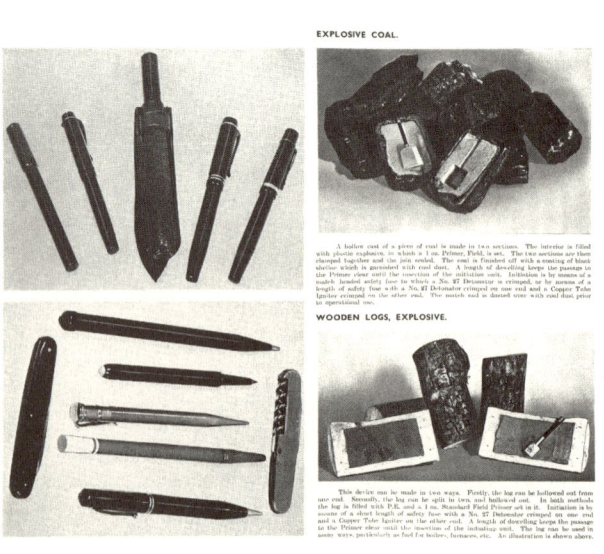

Links: Commando-Messer, Sprengstifte und Stiftmesser.
Rechts: Künstliche, als Versteck geeignete Holzkohle, in der
unter anderem Handgranaten transportiert wurden.

Freilich waren nicht alle für die Agenten der SOE entwickelten Waffen hollywoodreife Geniestreiche. Die zuständigen Ingenieure ließen sich auch handfeste Sabotage- und Tötungsinstrumente für den Alltagsgebrauch einfallen. Hierzu gehörte zum Beispiel eine Variante des seit der Antike verwandten Krähenfußes. Das Instrument besteht aus vier Eisenstiften, die so angeordnet sind, dass es auf drei Stiften sicher liegt, während der vierte mit der Spitze nach oben zeigt, wodurch etwa die Reifen gegnerischer Fahrzeuge zum Platzen gebracht werden können. Hocheffektiv, aber durchaus im Rahmen des Alltäglichen war auch das – bezeichnenderweise vom SOE-Trainer für *silent killing* entwickelte – sogenannte Commando-Messer, dessen rasiermesserscharfe zweischneidige Klinge manchem britischen Agenten aus einer tödlichen Klemme half.[38]

Einige andere Erfindungen entsprachen bereits mehr der landläufigen Vorstellung von Agentenwaffen. Eine 76 mm kleine Miniversion des Commando-Messers konnte in einer Lederscheide ins Revers einer Jacke genäht und – etwa bei einer Dokumentenkontrolle – blitzschnell gezückt und dem Gegner in die Halsschlagader gerammt werden. Agenten konnten aber auch auf speziell verstärkte Schnürsenkel zurückgreifen, die zum Gebrauch als Garrotte geeignet waren, mit der ein Gegner erdrosselt werden konnte.[39] Auch leicht zu verbergende Schusswaffen standen den Agenten zur Verfügung. Vollends wie einem James-Bond-Film entnommen wirkt die als Füllfederhalter verkleidete Minipistole, die unter dem Namen *Wel pen* produziert wurde. Während diese letztlich nicht in Produktion ging, kam die *Welrod*-Pistole tatsächlich zum Einsatz. Vom SOE-Experten M.R.D. Foot als »a gun suitable for quiet urban killings« (»eine für lautloses Töten in der Stadt geeignete Schusswaffe«) bezeichnet, handelte es sich bei ihr um eine einschüssige, mit Schalldämpfer versehene 7,65-mm-Waffe, deren Magazin und Knauf vom Lauf getrennt werden konnten, wonach die beiden Teile leicht zu verstecken waren.[40] Der Lauf ließ sich sogar an entsprechenden Schlaufen befestigt in den damals üblichen weiten Hosenbeinen verstecken. Noch unauffälliger war die ebenfalls einschüssige *Welwand*-Ärmelpistole, die der Agent oder die Agentin an einem Umhängeband befestigt im Ärmel trug, um zum gegebenen Zeitpunkt direkt an das Opfer heranzutreten, diesem den Lauf mit einer Hand in den Rücken oder die Seite zu pressen und den Schuss auszulösen.[41] Nicht tödlich, aber zweifellos quälend wirkte das ebenfalls zur Verfügung stehende Juckpulver, das, beispielsweise durch Wäschereimitarbeiter, in die Unterwäsche feindlicher Truppen eingeführt werden sollte. Ob es tatsächlich jemals zum Einsatz kam, ist nicht sicher. Angeblich sollen im französischen Troyes die Bekleidungsstücke von U-Boot-Besatzungen mit dem Pulver bestäubt worden und dadurch eine U-Boot-Besatzung dazu gezwungen worden sein, sich zu ergeben, da die Marinesoldaten sich aufgrund des unerträglichen Juckreizes schwer erkrankt wähnten. Wie viel an dieser Geschichte Wahrheit, wie viel Dichtung ist, lässt sich nicht eindeutig sagen.[42]

Doch nicht nur Klein- und Kleinstwaffen entstanden in den Entwicklungsabteilungen der britischen Geheimdienste. Auch größeres Gerät verließ die geheimen Werkshallen. Hierzu gehörte das durchaus einsatztaugliche *Welbike*, ein faltbares Minimotorrad, das mit dem Fallschirm abgeworfen werden und so von Widerstandskämpfern oder in feindliches Gebiet eingeschleusten Agenten genutzt werden konnte. Auch eine frühe Version des Schneemobils, genannt *Weasel* (Wiesel), entwickelten die britischen Ingenieure. Für Einsätze unter Wasser entstand das *Welman*, ein nur knapp über 6 Meter langes Einmann-U-Boot, das für Aufklärungseinsätze verwendet, an dessen Bug aber auch eine 255-kg-Bombe montiert werden konnte. Die Entwickler griffen dabei teils auf höchst gängige Einzelteile zurück. So soll der Sitz des Prototypen aus einem Austin 7, der Joystick aus einem abgeschossenen Spitfire-Jagdflugzeug und der Elektromotor aus einem Trolleybus der Londoner Verkehrsbetriebe gestammt haben.[43]

SWITCH NO. 10
(TIME PENCILS)

Catalogue No. A 1.

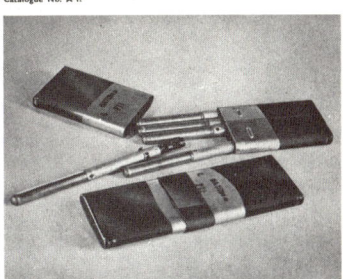

DESCRIPTION. This is a delay action fuze shaped-liked a pencil. One end consists of a copper tube, the other end is a spring snout which will take a No. 8 Detonator or a length of Bickford. Timings vary between 10 minutes and 24 hours and are indicated by colours shown on the safety strip of the switch. The copper tube can be crushed by hand and this breaks a glass ampoule inside containing a corrosive liquid. This liquid attacks a steel wire restraining a spring loaded striker. When the corrosion is complete the striker is released to fire a cap which ignites a safety fuze or detonator.

METHOD OF USE.
(1) Insert the detonator or safety fuze in the spring snout.
(2) Crush the ampoule containing the liquid, by squeezing the copper tube.
(3) Shake the pencil to ensure that the liquid is in good contact with the steel wire.
(4) Remove the safety strip.

DIMENSIONS. 5⅛" long x ⅜" diameter. **WEIGHT.** 0.85 ozs.

SHIPPING CLASSIFICATION. Generic Title - - Igniter, Fuze.
Explosive Group - - A1.
Stowage and Storage - I. O.A.S.

PACKING AND SPECIAL NOTES.	DIMENSIONS.	WEIGHT.
5 Switches per tin	5½" x ¼" x ⅜"	4 ozs.
150 Tins per case	16½" x 18" x 11"	67 lbs.

TIMINGS. The period of delay for the switch is indicated by the colour of the Safety Strip. The timings given below are for 18°C, but at higher temperatures the delays are considerably shortened.
Black, 10 mins. Red, ½ hr. White, 2 hrs.
Green, 5½ hrs. Yellow, 11 hrs. Blue, 24 hrs.

Stifte-Set mit Zeitzünder. Flexibel einstellbar
zwischen 10 Minuten und 24 Stunden.

Unentbehrlich für Sabotageeinsätze war eine weitere Art von Material: Bomben und Sprengstoff. Bereits zu Beginn des Krieges hatte der Chef von MI Rc, Sir Millis Rowland Jefferis, das Interesse Winston Churchills mit einer Erfindung geweckt, die den Schiffsverkehr auf dem Rhein lahmlegen sollte. Es handelte sich um eine Treibmine, deren Zünder bei Kontakt mit Wasser in Aktion trat. Um den Zeitraum bis zur Explosion sicher vorhersagen zu können, wurde der Zünder mit dem einzigen Jefferis bekannten Material ummantelt, das sich mit einer zuverlässig zu berechnenden Geschwindigkeit im Wasser auflöste: *Aniseed Balls (*Aniskugeln), eine zu jener Zeit gängige Süßigkeit, deren gesamte Produktion Jefferis beschlagnahmen ließ. Die Minen kamen jedoch niemals zum Einsatz.[44] Anders verhielt es sich mit den von den Deutschen im Ersten Weltkrieg erfundenen, in Polen und Großbritannien weiterentwickelten Bleistiftzündern. Dies waren chemisch-mechanische Zeitzünder, wie sie auch bei mehreren Attentaten auf Hitler (erfolglos) eingesetzt wurden.

Von der SOE gefälschte Gepäckabzeichen
und ein Firmenemblem.

Zu den Erfindungen der beiden Entwicklungsabteilungen gehörte auch die Gammon-Granate, bei der unter einem den Zündmechanismus enthaltenden Bakelit-Behälter ein Stoffbeutel hing, der mit Plastiksprengstoff gefüllt wurde. Um die Wirkung zu erhöhen, konnten auch Nägel, Reißzwecken, Glassplitter oder ähnliche Gegenstände hinzugefügt werden. Einem SOE-Attentat mit einer solchen Granate fiel im Frühsommer 1942 der Himmler-Intimus, Stellvertretende Reichsprotektor in Böhmen und Mähren und Leiter des Reichssicherheitshauptamts Reinhard Heydrich zum Opfer. Der von der SOE verwendete Plastiksprengstoff war ebenfalls eine britische Entwicklung und entstammte dem britischen Rüstungsunternehmen *Royal Ordnance Factories.* Er bestand aus einem Material, das beliebig formbar und als Sprengstoff hochwirksam, jedoch ungiftig war und notfalls sogar verschluckt werden konnte. Ebenfalls nicht nur essbar, sondern sogar ausdrücklich zum Verzehr gedacht war eine besondere Süßigkeit, die man sich für Agenten ausgedacht hatte, die nach Frankreich eingeschleust werden sollten: Einem auf den Inseln gängigen Vorurteil entsprechend, gingen die britischen Tüftler offenbar davon aus, dass der Atem des Durchschnittsfranzosen knoblauchgeschwängert ist, und stellten daher mit Knoblauch versetzte Schokolade bereit, die die Agenten kurz vor oder nach dem Absprung ins besetzte Frankreich lutschen konnten.[45]

In die Abteilung Sprengstoff fielen schließlich auch die wohl kuriosesten Produkte der *Station IX*: Explosive Exkremente und Sprengratten. Bei Ersteren handelte es sich um künstliche Pferde-, Kuh-, Kamel- oder Eselausscheidungen, die mit Sprengstoff gefüllt und durch einen Druckschalter gezündet werden konnten. Der Produktion lag die Annahme zugrunde, dass es den Fahrern feindlicher Fahrzeuge Freude bereiten würde, den Mist plattzufahren – und so würden sie den Sprengstoff zur Explosion bringen. Die explosiven Ratten wiederum waren echte Rattenkadaver, die mit Plastiksprengstoff und einem Zünder ausgestopft waren. Sie sollten in einer feindlichen Fabrik oder auf einem Schiff ausgelegt, dort gefunden und zur Entsorgung in den nächstgelegenen Ofen geschaufelt werden, wo sie in die Luft gehen sollten.[46]

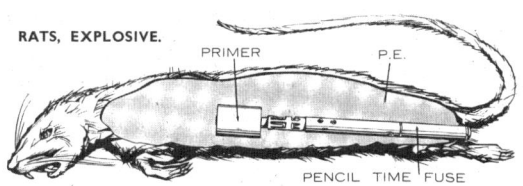

Anleitung zur Platzierung von Sprengstoff, der mit einem Zeitzünder in einer Ratte zu platzieren war.

Es liegt auf der Hand, dass für Einsätze, wie sie die SOE vorsah, nicht jeder Mensch geeignet war. Dennoch rekrutierten sich die SOE-Kräfte aus den unterschiedlichsten Gesellschaftsschichten. »Die SOE war bereit, mit jedem Menschen oder jeder Institution zu arbeiten – gleichgültig ob katholisch oder freimaurerisch, trotzkistisch oder liberal, rationalistisch oder chauvinistisch, radikal oder konservativ, stalinistisch oder anarchistisch, nichtjüdisch oder jüdisch – solange sie bereit waren daran mitzuwirken, die Nazis fertigzumachen.«[47] Bereits vor Kriegsausbruch hatte der MIR, auf der Basis persönlicher Empfehlungen, ein Register für die Untergrundarbeit geeigneter Soldaten und Zivilisten aufgestellt. Als die SOE ins Leben gerufen wurde, konnte sie dadurch auf ein Reservoir von rund 1 000 potenziellen Mitarbeitern zurückgreifen.[48] Ein wichtiges Kriterium waren dabei neben den absolut unverzichtbaren Sprachkenntnissen auch Kenntnisse der künftigen Kriegsschauplätze. Personen mit doppelter Staatsangehörigkeit waren daher eine naheliegende Wahl. Gerne hätte die SOE sich auf die Anwerbung von Briten beschränkt, doch sah man rasch ein, dass es nicht möglich sein würde, auf ausländische Staatsangehörige – an denen es durch den stetigen Zustrom von Flüchtlingen in Großbritannien keinen Mangel gab – zu verzichten.[49] Dabei galt es allerdings, zwei Fallstricke zu vermeiden. Zum einen bestand die Gefahr, dass die vermeintlichen Flüchtlinge tatsächlich Agenten der Achsenmächte waren. Zum anderen bestanden Empfindlichkeiten seitens der jeweiligen Exilregierungen, die der Ansicht waren, dass das Recht des ersten Zugriffs für den Einsatz ihrer im Exil lebenden Staatsangehörigen bei ihnen lag. Insbesondere französische Staatsangehörige und Personen aus französischen Kolonien waren für die SOE tabu, denn General Charles de Gaulle achtete eifersüchtig darauf, dass sie ausschließlich durch die unter seinem Kommando stehenden *Forces françaises libres* rekrutiert wurden.[50] In gewissem Umfang wurde auch versucht, Kriegsgefangene der Achsenmächte für den Einsatz zu gewinnen.[51]

Auch der berufliche Hintergrund der Agenten war bunt gemischt. Neben Soldaten und Geheimdienstlern wurden viele Mitarbeiter aus der City, dem Londoner Börsen- und Wirtschaftsviertel, sowie Journalisten rekrutiert, da deren Berufsbild mit Auslandsreisen verbunden war und ihnen sowohl Kenntnisse der Verhältnisse in anderen Ländern als auch einen plausiblen Vorwand für weitere Reisen lieferte. Ingenieure wiederum brachten nützliches technisches Wissen mit.[52] Gleiches galt für eine weitere Bevölkerungsgruppe, die über noch speziellere Erfahrungen, Kenntnisse und Fertigkeiten verfügte: Kriminelle. Die SOE betrieb beispielsweise eine hochprofessionelle Fälscherabteilung, deren Produkte auch kritischsten Prüfungen durch die Sicherheitskräfte der Achsenmächte standhielten.

PLASTER LOGS.

A range of plaster logs designed for shipping arms and ammunition. The arms are packed in cardboard containers and sealed to protect from damp. They are then built into dummy logs made of plaster, which are modelled on actual types of trees common to the countries to which the shipments are being made. The plaster is then painted and garnished with moss, green lichen, or other tree fungi.

Wooden logs with a hollow cavity in the centre are also used for concealment of stores and ammunition. See illustration below.

Explosive Holzscheite

69

Ein ehemaliger Einbrecher erteilte Unterricht im Knacken von Schlössern, ein noch aktiver Kollege wurde für seine Dienste für die SOE mit dem *Distinguished Service Order* (DSO, Orden für hervorragenden Dienst) ausgezeichnet.[53] Der aus Glasgow stammende Panzerknacker Johnny Ramensky etwa hatte den größten Teil seines Erwachsenenlebens im Zuchthaus verbracht und war, nach einem gescheiterten Fluchtversuch, der letzte Gefangene in der Geschichte Schottlands gewesen, der an die Wand seiner Zelle gekettet wurde. Als Instrukteur im Dienst der SOE und bei anschließenden eigenen Kommandomissionen lief er zu Hochform auf und soll angeblich nach der Befreiung Roms durch die Alliierten dort an einem Tag die Safes von 14 Botschaften gesprengt haben, wobei er auf seine Spezialität zurückgriff, die darin bestand, Tresore zu sprengen, ohne deren Inhalt zu beschädigen.[54]

Während aber der Einsatz von Fälschern, Panzerknackern und anderen Berufskriminellen bei der SOE mit einer gewissen Selbstverständlichkeit praktiziert wurde, gab es eine andere Bevölkerungsgruppe, deren Verwendung zunächst Gegenstand erbitterter Kontroversen war: Frauen.

Zwar waren von den schätzungsweise 10 000 Mitarbeiterinnen und Mitarbeitern, die im Laufe der Jahre bei der SOE beschäftigt waren, rund 3 200 Frauen.[55] Doch wurden sie überwiegend in der Verwaltung, als Fahrerinnen, Telefonistinnen und in ähnlichen Funktionen eingesetzt.[56] Der SOE-Historiker M.R.D. Foot sieht die Organisation jedoch im Hinblick auf den Einsatz von Agentinnen als eine Art Pionier, der seiner Zeit weit voraus war.[57] Dies trifft zu, aber diese Vorreiterrolle musste hart erkämpft werden. Zwei Personen spielten bei diesem Kampf eine zentrale Rolle: Oberst Colin Gubbins, der Leiter der militärischen Operationen (»M«) bei der SOE – und Vera Atkins.

Abgesehen von Vorurteilen, die bei den Ausbildern der SOE-Kräfte auch dann noch einigen Raum einnahmen, als Frauen bereits in die Trainingszentren Einzug gehalten hatten, gab es offiziell im Wesentlichen zwei Gründe, weshalb man den Einsatz weiblicher Agenten für unmöglich hielt. Zum einen wurden Frauen zwar auch in den Teilstreitkräften der britischen Armee zuhauf beschäftigt, nicht jedoch in der kämpfenden Truppe. Hierfür gab es keine Rechtsgrundlage, weshalb man diese auch für entsprechende Einsätze in der SOE nicht als gegeben ansah. Zugleich war das damals geltende Kriegsvölkerrecht ebenfalls nicht auf einen Einsatz von Frauen als Kombattanten ausgerichtet, weshalb es keine besonderen Schutzbestimmungen etwa für weibliche Kriegsgefangene gab. Dies wurde unter anderem von den der SOE zugeteilten Juristen als klares Argument gegen den Einsatz von Frauen hinter den feindlichen Linien gewertet. Diese Auffassung teilten auch hochrangige Mitarbeiter der britischen Ministerialbürokratie.[58]

Gubbins allerdings nicht. Nicht allein, dass er »keinen Grund sah, weshalb Frauen den Job eines Geheimagenten nicht ebenso gut ausüben konnten wie manche der Männer«[59], er war sogar davon überzeugt, dass Frauen für bestimmte Einsätze besser geeignet waren. Dies hing insbesondere mit der Struktur der im feindlichen Gebiet einzurichtenden Agentenringe zusammen. Diese bedurften jeweils eines sogenannten Organisators, der, dem Begriff entsprechend, für alle organisatorischen Fragen wie etwa Rekrutierung und Ausstattung der Agenten, Kontakte mit London oder Auswahl von Sabotagezielen zuständig war, eines Funkers und eines Kuriers. Die Kuriere waren in ihrem Gebiet andauernd unterwegs, um Nachrichten zu übermitteln, die sie auswendig gelernt oder auf Seide oder Reispapier notiert hatten. Während Männer im wehrfähigen Alter, die nicht in Uniform waren, Argwohn erregten und mit scharfen Kontrollen sowie im schlimmsten Fall mit Verhaftung oder der Verschleppung als Zwangsarbeiter rechnen mussten, fielen Frauen weniger auf und wurden im Zweifel auch nicht körperlich durchsucht.[60] Dies machte sie aus Gubbins' Sicht zu idealen Kurieren und so kämpfte er darum, die entsprechende Genehmigung durchzusetzen.

Sir Colin Gubbins, Leiter
der SOE von 1943 bis 1946.

Im April 1942 erhielt der knorrige schottische Artillerieoffizier, wonach er strebte. Churchill und das Kriegskabinett gaben grünes Licht
für den Einsatz weiblicher Agenten. Doch wurde die Erlaubnis nur
inoffiziell gewährt und man überließ es Gubbins, eine Gesetzeslücke
zu finden, die es ihm ermöglichte, seine Pläne in die Tat umzusetzen.
Und er fand sie: Der Landsitz der Familie Gubbins grenzte an das
Land der Familie einer hochrangigen Offizierin der *First Aid Nursing Yeomanry* (FANY). Die FANY war ein bereits im Ersten Weltkrieg gegründetes, semi-offizielles Krankenschwesternkorps, dessen
Mitglieder auch einige Elemente einer militärischen Ausbildung erhielten und dem eine Anzahl SOE-Agentinnen formal unterstellt
wurden, um ihnen einen legitimen Status zu verleihen. Mit der Nachbarin einigte er sich nun darauf, dass seine Agentinnen offiziell dieser
Organisation angehören würden. Doch die FANY gewährte den Agentinnen lediglich eine formale Zugehörigkeit, ohne sich um die admi-
nistrativen und organisatorischen Fragen wie Ausbildung, Besoldung

oder Pensionszahlungen zu kümmern. Diese Aufgaben verblieben bei der SOE.

Ein besonderer Befürworter des Einsatzes von Agentinnen war auch Major Maurice Buckmaster. Der Leiter der F-Sektion hatte schon vieles in seinem Leben versucht. Er hatte das Eton-College verlassen müssen, weil sein Vater pleitegegangen war. Er hatte als Reporter für *Le Matin* und *Paris Soir* in Frankreich gearbeitet, sich erfolglos als Banker versucht und war dann zur Pariser Dependance des Autoproduzenten Ford gewechselt. Wie sein Vater war der junge Buckmaster ein Freund des Risikos, bereute einmal getroffene Entscheidungen nur selten und hielt sich wenig mit den Fehlern der Vergangenheit auf. Als Leiter der F-Sektion lag nun stets die letzte Entscheidung bei ihm, wer für die SOE in den Einsatz nach Frankreich gehen sollte.

Vom Autoverkäufer zum Geheimdienstoffizier:
Maurice Buckmaster, seit September 1941 Leiter
der Frankreich-Abteilung der SOE.

Der aus den Midlands stammende, hochgewachsene Vierziger mit dem etwas schütteren Haar hatte rasch das Potenzial von Vera Atkins erkannt. Wenige Wochen nach ihrem ersten Vorstellungsgespräch, dem noch andere Prüfungen gefolgt waren, war sie im April 1941 in die SOE aufgenommen worden. Sie fing in der F-Sektion an und arbeitete dort als Assistentin von Maurice Buckmaster. Aus der Assistentin Atkins wurde schnell die Offizierin Atkins. Zahlreiche Vermerke in ihrer Personalakte attestieren ihr Kompetenz und hervorragende charakterliche Eigenschaften. Hervorgehoben werden dort etwa ihre hohe Intelligenz und Befähigung, technisches Verständnis, außergewöhnliche Loyalität (wenn auch eine Abneigung dagegen, Anweisungen ohne Widerrede zu folgen), Zuverlässigkeit, Gewissenhaftigkeit, unermüdliche Energie und Fleiß. Zudem habe sie »sich nie geschont« und besitze »die Fähigkeit, Freundschaft und Kooperation zu wecken«. Ihre Vorgesetzten bezeichneten sie als »großen Gewinn für die F-Sektion« und sogar als »unersetzlich«.[61]

Vera Atkins wurde zu Buckmasters Schatten. Sie verband Loyalität und Intelligenz stets mit ihrem unwiderstehlichen Lächeln, und es gelang ihr, immer größeren Einfluss auf Buckmaster zu nehmen. Der Weg, der vor ihr lag, war steil: Für viele ihrer Agenten war sie die eigentliche »Seele der SOE«, die die Organisation zwar mit eiserner Hand führte, aber auch stets um das Wohl aller Agenten besorgt war. Gegen Kriegsende war sie, in den Worten eines leitenden Kollegen, »zur mächtigsten Person innerhalb der SOE geworden«[62].

Atkins' wichtigste Aufgabe war es, künftige Agenten zu rekrutieren und auszubilden. Insgesamt bereitete sie rund 400 Personen auf ihre Einsätze in Frankreich vor. Die F-Sektion war dabei die Abteilung, welche die Mehrzahl der weiblichen Agenten einsetzte.[63] Bereits ein Jahr nach dem inoffiziellen grünen Licht für den Kampfeinsatz von weiblichen Agenten hatte die F-Sektion der SOE elf Frauen ins Feindgebiet eingeschleust. Bis zum Ende des Zweiten Weltkriegs sollten es 39 werden.[64] Als Atkins sich anbot, die Agentinnen unter ihre

Fittiche zu nehmen und sie als Führungsoffizierin zu betreuen, zögerte Buckmaster daher nicht lange, dieses Angebot anzunehmen. Atkins lagen diese Frauen, die sie hinter die feindlichen Linien schickte, besonders am Herzen. Diejenigen, die sie auf ihre Missionen vorbereitete, nannte sie »meine Mädchen«. Für den Rest der Welt durften sie nicht existieren. Das Schicksal einiger von ihnen sollte Atkins bis an ihr Lebensende beschäftigen. Die 39 Frauen übernahmen eine der gefährlichsten Aufgaben während des Zweiten Weltkriegs. Und sie ahnten nicht, worauf sie sich eingelassen hatten.

5

ZWEIMAL GESEHEN
UND NIE WIEDER VERGESSEN

England,
November 1942 – Juni 1943

Die wohl exotischste unter den von Atkins angeworbenen Agentinnen war eine indische Prinzessin. Ihr Name war Noor Inayat Khan. Sie war erst 28 Jahre alt, und zwei Dinge fielen an ihr auf: Sie war sehr hübsch mit ihren tiefschwarzen Augen, ihrem leicht dunklen, bronzefarbenen Teint und dem gewellten Haar, und sie war äußerst schüchtern. Nichts hatte in ihrem Leben darauf hingedeutet, dass diese junge Frau eine der geheimsten und risikoreichsten Aufgaben während des Zweiten Weltkriegs übernehmen würde. Als künftige Agentin sprach fast alles gegen sie.

Noors Zuhause war die Welt. Einer ihrer Vorfahren war Tipu Sultan, König von Mysore im Süden Indiens. Noors Vater war der indische Sufi-Prediger Hazrat Inayat Khan, ihre Mutter Ora Baker stammte aus den USA. Noor, die am Neujahrstag 1914 in Moskau geboren worden war, verbrachte weite Teile ihrer Kindheit in Paris und in London. Sie wuchs in der Tradition des Sufismus auf. Als Kind hatte die junge Muslimin Indien besucht, das Land ihrer Vorfahren, das sie sehr liebte. Aber tief im Inneren fühlte sie, dass sie nach Frankreich gehörte. In Paris hatte sie an der Sorbonne Kinderpsychologie studiert und spielte hervorragend Harfe und die Vina, eine indische Laute. Sie schrieb Kurzgeschichten für Kinder und ihr Buch *20 Jataka-Märchen* war bereits in den USA und in Frankreich erschienen. Eine der Geschichten, die sie in diesem Buch aufgeschrieben hatte, han-

delte von einem Mann, der nicht lügen kann. Alles sah nach einer vielversprechenden Karriere als Künstlerin aus.

Eine begabte Schriftstellerin und Musikerin:
Noor Inayat Khan mit ihrer Vina, einer indischen Laute.

Der Einmarsch der Deutschen in Frankreich durchkreuzte ihre Pläne.
1940 war Noor Hals über Kopf mit ihrer Familie vor den deutschen
Besatzern nach London geflohen und ließ sich dort in einem Frauen-
korps der Luftwaffe als Funkerin ausbilden. Das tat die junge Muslimin vor allem, damit ihre Familie überleben konnte, denn es fehlte
immer an Geld. Eigentlich widersprach der Dienst in der Armee ihrer
pazifistischen religiösen Überzeugung, doch ihr blieb kaum eine Wahl.
Um ihre indische Herkunft zu verschleiern, nannte sich Noor fortan
»Nora Baker«, nach dem Nachnamen ihrer Mutter.

Noor war im November 1942 ins Visier der SOE-Rekrutierer ge-
raten und zu ersten Gesprächen gebeten worden. Noch hatte sie keine
Ahnung, was die Männer und Frauen dort von ihr tatsächlich wollten.
Ein Gefühl, das sie mit Vera Atkins bei ihrer Anwerbung verband.

Vera Atkins war sich sicher: Noor war diejenige, die die SOE so
verzweifelt gesucht hatte. Denn es wurde so schnell wie möglich eine
neue »Pianistin« gebraucht. »Pianisten« wurden intern die Funkerinnen im Feindesgebiet genannt. Es war, nach Einschätzung der SOE,

der »wichtigste und gefährlichste Posten in Frankreich«. Noor konnte bereits morsen und ihr Französisch war perfekt. Nichts war derzeit dringender als eine Frau, die unauffällig in Frankreich Meldungen für andere Agenten und die Widerstandsgruppen übertragen und London über den Stand der Dinge informieren konnte. Nun würde es davon abhängen, ob die Inderin den Mut aufbringen konnte, das immense Risiko eines Einsatzes in Frankreich auf sich zu nehmen.

Zum ersten Treffen zwischen Noor und Vera Atkins kam es im Londoner Westend, im Orchard Court, einem Wohnblock unweit der Baker Street. Dort hatte die F-Sektion eine Wohnung angemietet. Inzwischen gingen dort täglich viele Männer und Frauen ein und aus. Die einen wurden detailliert auf ihre bevorstehenden Missionen vorbereitet und nochmals ausführlich über ihre Einsätze aufgeklärt. Die anderen, wie Noor, hatten das alles entscheidende Eignungsgespräch zu überstehen, und die Prozedur war stets die gleiche.

Mr Park, ein SOE-Mitarbeiter, fungierte als Portier im dunklen Anzug und mit Krawatte. Er begrüßte die Neuankömmlinge mit einem Lächeln. Niemals fragte er nach Namen, doch er wusste immer genau, wer eingetroffen war. Dann führte er die Kandidaten zu den goldenen Türen des Aufzugs, fuhr mit ihnen in den zweiten Stock, um sie dann in perfektem Englisch oder Französisch in eine kleine Wohnung zu geleiten. War diese Begrüßung schon ungewöhnlich gewesen, so fanden Khan und die anderen Bewerberinnen die kommenden Momente, die dann in dieser Wohnung folgten, noch verstörender. Denn der Portier öffnete die Tür und führte die Kandidatinnen freundlich augenzwinkernd, aber äußerst bestimmt in das Badezimmer der seltsamen Wohnung. Dann schloss er die Tür hinter den Bewerberinnen, die nicht wussten, wie ihnen geschah. Machten sie Anstalten, die Tür wieder zu öffnen, drängte er sie stets mit einem kleinen Lächeln zurück: »Bitte, Miss, wieder in das Badezimmer.« Den Kandidatinnen blieb nichts anderes übrig, als auf dem Rand der tiefschwarzen Badewanne oder dem Bidet aus Marmor Platz zu nehmen, immer nervöser und ungeduldiger auf die schwarz-weißen Fliesen zu starren und abzuwarten, was geschehen würde. So ging es auch Khan. Der Grund für diesen seltsamen Beginn war einfach: Es gab in der beengten Wohnung schlicht und ergreifend keinen Platz für einen Raum, in dem die Bewerberinnen warten konnten.

Die Begrüßung neuer potenzieller Agentinnen war gewöhnlich knapp. Maurice Buckmaster stellte sich selbst kurz vor. Platzten die Bewerberinnen mit zu vielen Fragen auf einmal heraus, maßregelte Buckmaster sie stets mit demselben Satz: »Wir stellen keine Fragen!« Dann machte er sich mit der neuen Rekrutin schon wieder hinaus auf den Flur, öffnete eine andere Tür und sagte: »Und das ist Miss Atkins. Sie wird sich von nun an um Sie kümmern.«

So ging es auch Noor Inayat Khan. Buckmaster nickte seiner Kollegin kurz zu, schloss die Tür und verschwand wieder. Atkins lächelte Khan an, stand auf und begrüßte sie. Beide setzten sich an einen kleinen Tisch. Khan schätzte, dass diese Frau deutlich älter sein musste als sie selbst. Sie trug ihre leicht borstigen Haare streng nach hinten gekämmt und hatte ein graues Tweedkostüm an. Khan war noch eines aufgefallen: War bisher von Vera Atkins die Rede gewesen, hatte es stets »Madam« oder »Miss Atkins« geheißen. Sie musste wohl eine Frau sein, die Macht besaß, dachte Khan. Atkins zündete sich eine Zigarette an und fixierte mit ihren blaugrauen Augen die neue Rekrutin.

Atkins gab nie viel auf die Meinung anderer. Sie wollte sich stets selbst ein Bild machen und wusste fast alles von ihrem Gegenüber im Voraus. Nie hatte sie Notizen vor sich, kannte aber Details über die Familien der Frauen, ihre finanziellen Verhältnisse und speziellen Fähigkeiten – ob sie schießen, ein Flugzeug fliegen oder Ski fahren konnten.[1]

Die meisten Bewerberinnen fühlten sich geschmeichelt, dass ihnen eine Frau gegenübersaß, die sich so penibel auf dieses Gespräch vorbereitet hatte und sich so viel Zeit nahm, über die bevorstehenden Aufgaben zu diskutieren – und auch über ihre Sorgen.

Khans größte Angst galt nicht sich selbst, sondern ihrer Familie. »Wie soll ich es meiner Mutter beibringen, dass ich bald eine geheime Aufgabe übernehmen soll und nicht darüber sprechen darf?«, fragte sie Atkins. Sie hatte ein sehr enges Verhältnis zu ihrer Mutter und ihren Geschwistern. Atkins beruhigte sie zunächst. »Sie sollten immer wieder ein paar vage Bemerkungen fallen lassen, dass Sie bald weggehen müssen. Das wird dafür sorgen, dass sich Ihre Mutter allmählich an diese Aussicht gewöhnen wird.«

»Zweimal gesehen und nie wieder vergessen«: Einige Mitagentinnen fanden, dass Noor Inayat Khan viel zu exotisch und hübsch war, um unauffällig für die SOE zu arbeiten.

Khan hatte schon in allen Vorgesprächen zu erkennen gegeben, wie entschlossen sie war, gegen die Nationalsozialisten zu kämpfen. Diese Haltung schien in krassem Widerspruch zu ihrem Glauben, dem streng pazifistischen Sufismus, zu stehen. Khan hatte darüber lange nachgedacht und kam zu einem klaren Ergebnis: Für eine gläubige Person sei es dann möglich, das Schwert zu erheben, wenn nicht Hass die Grundlage dieses Handelns sei.[2] Sie war sich längst sicher, was sie zu tun hatte.

Die beiden Frauen schienen sich stillschweigend zu verstehen. Atkins erklärte Khan die kommenden Schritte ihrer Ausbildung und versicherte ihr, dass sie selbst Khans Fortschritte beobachten werde. Auch das sorgte dafür, dass die künftigen Agentinnen überzeugt waren, wie wichtig ihre Aufgabe war. Khan war sicher, dass Vera Atkins das Geschehen unter Kontrolle hatte. Sie dachte zu diesem Zeitpunkt auch, dass sie viel über ihre kommende Arbeit erfahren hätte. Über Vera Atkins hatte sie mit Sicherheit fast nichts erfahren. Außer, dass diese Frau künftig stets ein Auge auf sie haben würde.

In Khan wuchs nach dem langen Gespräch mit Vera Atkins die Ungeduld. Sie war bereit, sofort in den Einsatz zu ziehen. Doch Vera Atkins drängte sie, zunächst zu ihrer bisherigen Luftwaffen-Einheit nach Abingdon, einem kleinen Dorf südlich von Oxford, zurückzukehren und weitere Befehle abzuwarten. Aber Atkins und Buckmaster hatten ihre Entscheidung längst getroffen.

Khan nutzte diese Zeit, um immer wieder ihre Mutter und ihre beste Freundin Jean Overton Fuller in London zu besuchen. Die beiden jungen Frauen machten Pläne für die Zeit nach dem Krieg. Danach wollte Khan wieder mit dem Schreiben beginnen und musizieren. Beides vermisste sie unendlich. Sie wollte Sanskrit lernen, heiraten und Kinder bekommen. Die Freundinnen teilten das Interesse an orientalischer Philosophie und Spiritualität. Jean Overton Fuller hatte eine tibetanische Gebetsmühle in ihrem Zimmer. Das reich verzierte, gold- und silberfarben schimmernde Rad, in das außen Gebetssprüche graviert worden waren, faszinierte Khan. Es in der Hand zu halten, so gestand sie ihrer Freundin, beruhigte sie. Oft sprach sie mit Jean auch über ihre Vorahnung, dass sie nicht allzu lange leben werde, da sie eine kurze Lebenslinie habe. Dann wieder machten beide übermütig Pläne für die Zeit nach dem Krieg. Ihre Freundin Jean war sich sicher, dass Noor nichts dringender wollte, als endlich wieder nach Frankreich zurückzukehren. Um fast jeden Preis.

Monatelang herrschte Stille. In Abingdon ahnte niemand etwas von Khans bevorstehendem Auftrag. Ungerührt verrichtete die junge Inderin ihre eintönige und ermüdende Arbeit als Funkerin. Dann, im Februar 1943, war sie eines Tages ganz einfach verschwunden. Kein Wort, kein Brief, kein Abschied von ihren Kameradinnen. Ihre Bettwäsche hatte sie abgezogen und auf der Matratze gefaltet zurückgelassen. Für Khan war es nur der erste von mehreren stillen Abschieden.

An diesem Morgen ließ sie endgültig ihr bisheriges Leben hinter sich. Vera Atkins hatte ihr den Befehl erteilt, sich in einem der Ausbildungslager der SOE zu melden. Unverzüglich. Langsam verließ der Zug, in den sie eingestiegen war, den Bahnhof Waterloo, fuhr durch die südlichen Stadtteile Londons und dann durch eine Landschaft, die immer hügeliger und grüner wurde. Noors Fahrt endete in der Nähe der Kleinstadt Guildford. So, wie es Vera Atkins für alle ihre künftigen Agentinnen vorgesehen hatte, begann ihre Ausbildung in Warnborough Manor, einem Herrenhaus im Tudorstil, in dem schon der deutsche Reichskanzler Otto von Bismarck zu Gast gewesen war. Jetzt hatte die SOE das Haus übernommen, um die potenziellen Agenten daraufhin zu testen, ob sie körperlich und psychisch dem immensen Druck ihrer bevorstehenden Einsätze gewachsen waren. Insgesamt hatte die SOE 41 dieser Lager eingerichtet, verteilt im ganzen Land von Südengland bis zum Norden Schottlands.

Auf den ersten Blick herrschte hier, im gepflegten Park von Warnborough Manor, der das Haus mit seinem hellroten Ziegeldach und dem leuchtenden Efeu an den Backsteinmauern umgab, eine friedliche Atmosphäre. Doch wer angekommen war, wurde schnell eines Besseren belehrt. Ein erstes Anzeichen war, dass eine der Hauswände mit Einschusslöchern übersät war, in einigen steckten noch die Pistolenkugeln. Andere, deutlich größere Löcher an den Wänden zeugten davon, dass immer wieder verschiedene Sprengsätze getestet wurden.

Bei ihrem Training lernte Noor zwei weitere künftige SOE-Agentinnen kennen. Es waren Yolande Beekman, die Tochter eines Schweizer Geschäftsmannes, und die aus Paris geflohene Cecily Lefort. Die drei Frauen freundeten sich schnell an. Sie wussten noch nicht, dass sie sich schon bald in Frankreich wiedersehen und ihre Leben bald eng miteinander verknüpft sein würden. Wie Noor sollte Yolande Beekman Funkerin werden, Cecily Lefort wurde als Kurierin nach Frankreich geschickt.

Die Tage waren lang und die Ausbilder der Frauen erbarmungslos. Keine wurde geschont. Vor dem Frühstück mussten die Frauen jeden Morgen einen Dauerlauf absolvieren. Danach lernten sie unter den kritischen Blicken der SOE-Instrukteure den Umgang mit Waffen – von der Pistole bis zu halbautomatischen Gewehren. Sie bastelten kleine und große Sprengsätze, damit sie später Autos oder ganze Eisenbahnbrücken in die Luft jagen konnten. Außerdem lernten sie zu morsen, Landkarten zu lesen sowie Türschlösser und Safes zu knacken. Auch das lautlose Töten eines Gegners mit bloßen Händen wurde den jungen Frauen beigebracht.

Khan schien die Atmosphäre in dem Herrenhaus sehr zu gefallen. Die eintönige Arbeit in Abingdon war ihr entsetzlich langweilig vorgekommen. Nun schien sie es zu genießen, dass sie Tag für Tag dazu ermutigt wurde, bis an ihre Grenzen zu gehen und sich mit aller Entschlossenheit auf die kommenden wichtigen Tage in Frankreich vorzubereiten. »Ich bin jetzt ein sehr beschäftigtes kleines Mädchen«, schrieb sie voller Freude ihrem älteren Bruder Vilayat in einem Brief.[3]

Auch die Abende boten viel Unerwartetes für die Frauen. Dann begann ein Training der ganz besonderen Art. Die Bar des Herrenhauses war extrem gut gefüllt, und die Ausbilder ermutigten ihre Rekrutinnen, Alkohol jeglicher Art und in größtmöglicher Menge zu trinken. Wer dies beherzigte und sich bedenkenlos betrank, wurde umso genauer beobachtet. Würden die künftigen Agentinnen im Rausch Geheimnisse ausplaudern? Würden sie ihre echten Namen verraten?

Selbst in den Schlafsälen wurden die Frauen beobachtet. Welche von ihnen redete im Schlaf? Und vor allem: Blieben diejenigen, die nach Frankreich geschickt werden sollten, auch im Schlaf dabei, auf Französisch zu murmeln, und fielen nicht etwa in eine andere Sprache zurück? Nur ein Detail – aber eines, das über Leben oder Tod entscheiden konnte.

Khans dreimonatige Ausbildung verlief anfangs katastrophal. Immer wieder erhielt die SOE-Zentrale Berichte über ihren physischen Trainingszustand, die Vera Atkins in zunehmende Sorge versetzten.

Noor war genau 1,60 Meter groß, sie wog unter 50 Kilogramm, wirkte zerbrechlich und eher noch kindlich, und sie hasste körperliche Anstrengung. Zwar gab sie sich alle erdenkliche Mühe, die Trainingseinheiten im Gelände zu überstehen: Sie kletterte über Zäune und Mauern, die doppelt so hoch waren wie sie selbst, balancierte über schmale Holzbalken, robbte durch tiefe, mit Wasser gefüllte Gräben. Doch es half nichts. Das Urteil, das die Ausbilder an Vera Atkins sendeten, war vernichtend: »Sie versucht ihr Bestes und ist motiviert, aber sie besitzt eine angeborene Ungeschicklichkeit.«

Jede Agentin musste eigentlich mindestens fünf Fallschirmsprünge absolvieren: einen aus einem Fesselballon heraus, danach vier aus einem Flugzeug. Bei Khan wurde darauf von vornherein verzichtet – aus körperlichen Gründen. Auch was ihre Waffenausbildung betraf, wuchsen bei Vera Atkins die Zweifel gegenüber der jungen, sensiblen Rekrutin, die auf die Soldaten, die sie trainierten, einen zunehmend fatalen Eindruck hinterließ. Knapp hieß es: »Hat ziemliche Angst vor Waffen. Tut aber alles, um darüber hinwegzukommen.«

Das Gesamturteil war zwiespältig: »Nimmt alles sehr wörtlich. Ist nicht sehr schnell. Eher fleißig als schlau. Sehr gewissenhaft.«[4]

Lediglich in einem Bereich gab es ermutigende Fortschritte. Ende Mai, nach neun Wochen Zusatz-Training als Funkerin, sendete Khan 18 Wörter pro Minute und konnte 22 Wörter pro Minute empfangen. Eine relativ gute Leistung, wie die Ausbilder vermerkten.

Sie wurde jetzt noch genauer beobachtet. Auch weil zum Abschluss des Trainings ein restlos vernichtendes Urteil an Vera Atkins und Maurice Buckmaster geschickt worden war. Darin hieß es kurz und knapp über die junge Frau: »Leidet nicht an übermäßiger Intelligenz. (…) Es ist sehr zweifelhaft, ob sie wirklich für einen Einsatz im Feld geeignet ist.«

Atkins und Buckmaster hielten eisern an ihrer Kandidatin fest. Voller Zorn schrieb der Leiter der F-Sektion mit Bleistift auf diesen Bericht: »Wir wollen gar nicht, dass sie an übermäßiger Intelligenz leiden. (…) Nonsens. (…) Das macht mich wütend.«[5]

Khan bekam von alldem nicht viel mit. Sie gab nicht auf. Wie vorgesehen, wechselte sie nach einiger Zeit die Ausbildungsstätte. Ihre letzte Station lag im New Forest, einem urwaldartigen und düsteren Waldgebiet im Süden Englands. Dort lag das winzige Dorf Beaulieu, das zum Sperrgebiet erklärt worden war. Hier erwarben die Agentinnen im Schatten eines der ältesten Klöster Großbritanniens, das 1204 erbaut worden war, die letzten entscheidenden Kenntnisse. In dem Wald mit seinem uralten Baumbestand und den weiten, rot schimmernden Heideflächen und Sümpfen, liefen seltsame Dinge ab. In den Teichen und Flüssen trainierten Froschmänner, wie sie möglichst lautlos an Land gehen konnten. Manchmal wurde die Stille von lauten Explosionen und emporschießenden Wasserfontänen zerrissen, denn andere Einheiten probierten neuartige Unterwasserwaffen aus.

Am Morgen nach ihrer Ankunft erhielt Khan Frühstück und ihren Codenamen. Innerhalb der SOE hieß sie fortan nur noch »Madeleine«. Auf ihren gefälschten Papieren stand der Name »Jeanne Marie Renier«. Ihre neue Identität und ihr fiktiver Lebenslauf, die Vera Atkins für sie entworfen hatte, ähnelten der Wahrheit. Wie in der Realität hatte »Jeanne Marie Renier« eine amerikanische Mutter. Sie hatte an der Sorbonne Kinderpsychologie studiert, nun war sie angeblich als Kindermädchen tätig. Atkins wob immer einige Elemente des echten Lebens ihrer Agentinnen in die Legenden. Das sollte ihnen helfen, glaubhafter zu wirken, und verhindern, bei Verhören oder Folter plötzlich in Widersprüche zu geraten.

Von Zeit zu Zeit reisten Maurice Buckmaster und Vera Atkins in die verschiedenen SOE-Trainingscamps. Manchmal, nur um ihren Agentinnen Mut zu machen, manchmal, um sie weiteren Tests zu unterziehen. Das war in Schottland so gewesen, als Atkins die erst 17-jährige Rolande Colas auf die Eisenbahnschienen gefesselt hatte, um zu prüfen, ob die junge Medizinstudentin angesichts des heranrasenden Zugs die Nerven behalten würde. Jetzt war dies auch bei Noor der Fall, die nicht davor verschont blieb, eine letzte Härteprobe zu überstehen.

Die Nacht war bereits über Beaulieu hereingebrochen. Alle Rekruten waren längst im Bett, und Noor hatte keine Ahnung, was ihr bevorstand. Sie riss die Augen auf. Plötzlich stand vor ihrem Bett ein Gestapo-Offizier. »Raus!«, schrie er sie an und zerrte sie in einen Verhörraum. Das grelle Licht blendete sie, Noor fand sich plötzlich vor mehreren Gestapo-Männern in schwarzer Kluft wieder. Kurz überlegte sie, ob sie träumte und wo genau sie war. War das noch Beaulieu? War sie noch sie selbst?

»Wer sind Sie?«, schrie einer der Männer. »Was tun Sie hier?«, bellte ein anderer. Khan begriff allmählich und riss sich zusammen. »Mein Name ist Jeanne Marie Renier«, sagte sie kaum hörbar mit ihrer sehr hohen Stimme. Unablässig wiederholte sie alle Details ihrer falschen Identität. Und genau das war das Ziel dieses beklemmenden nächtlichen Schauspiels, das alle Agentinnen durchleben mussten. Die SOE simulierte mit ihnen ein Gestapo-Verhör. Ziel war es, dass die Frauen im Ernstfall 48 Stunden lang kein Geheimnis preisgeben würden, damit ihre Mitagenten bei Gefahr einen genügend großen Vorsprung besaßen und fliehen konnten. Immer wieder wurden die Rekrutinnen während ihrer Ausbildung nach ihrer Deckgeschichte befragt, manchmal mehrere Stunden ohne Pause. Geschlagen oder gefoltert wurden sie nicht. Wer nicht einbrach und diesen finalen Test bestand, hatte

Aussichten, in den Einsatz geschickt zu werden. Khan verlangte das nicht enden wollende Verhör alles ab, wie sich Joan Sanderson, eine ihrer Ausbilderinnen, an diese Nacht erinnerte: »Noor musste sich ausziehen, stand stundenlang im Lichtkegel und zitterte vor Furcht. Sie verstummte regelrecht, als die angeblichen Gestapo-Männer sie zusammenbrüllten. Sie war zutiefst verschreckt. Einmal sagte der Offizier, nur um sie zu verwirren: ›Stell dich auf diesen Stuhl!‹ Sie war so überwältigt, dass sie fast ihre Stimme verlor. Manchmal flüsterte sie nur noch. Als sie rauskam, zitterte sie und war kalkweiß.«[6]

War die junge Inderin wirklich die Richtige, um unauffällig in Paris eingesetzt zu werden? Die Mitagentin Yvonne Cormeau beschrieb die exotisch aussehende Noor als »verträumtes Wesen, das viel zu auffällig war und niemals nach Frankreich gehen darf«. Cormeau warnte: »Wenn du sie zwei Mal gesehen hattest, hast du sie niemals mehr vergessen.«[7]

Andere überraschte Noors fast kindliche Naivität. Als sie in Beaulieu von einer Funkübung mit dem Fahrrad zurückfuhr, stoppte ein Polizist sie und fragte sie, was sie gerade treibe. »Ich trainiere, um eine Agentin zu werden. Hier ist mein Funkgerät. Soll ich es Ihnen zeigen?«, bekannte sie erschreckend offenherzig. Die Ausbilder schlugen die Hände über dem Kopf zusammen. Einer bekannte resigniert: »Wenn dieses Mädchen eine Agentin ist, dann bin ich Winston Churchill!«[8]

Wenige Wochen bevor ihr Einsatz begann, schrieben zwei Rekrutinnen, die mit Noor ausgebildet wurden, einen Brief an Vera Atkins. Auch die beiden waren in großer Sorge und fragten sich, ob Noor jemals in den Einsatz geschickt werden sollte. Plötzlich befand sich auch Khan in einer Phase des größten Zweifels. War es richtig, sich auf dieses ungewisse Abenteuer einzulassen?

Vera Atkins handelte rasch. Sie befahl der jungen indischen Prinzessin, unverzüglich zu ihr nach London zu kommen. Die beiden trafen sich bei Manetta's, einem italienischen Restaurant in Mayfair, unweit des Hydeparks. Dort bestellte Atkins öfter ihre Agentinnen ein. Das Lokal mit seinen roten Ledersesseln war verwinkelt und bot die Möglichkeit, vertraulich zu reden, ohne dabei von allzu vielen Gästen beobachtet zu werden. Khan saß schon an einem der Tische, als Atkins eintraf. Die junge Inderin hatte bereits von dem Brief der zwei Frauen an Atkins gehört. Sie sah mitgenommen aus und war tief getroffen. Atkins wollte sie wieder aufrichten und ihre Zweifel zerstreuen.

»Bist du glücklich mit dem, was du tust?«, fragte Atkins die junge Frau.

Khan richtete sich auf.

»Aber ja! Natürlich.«

Atkins erzählte ihr ausführlicher vom Inhalt des Briefs, den sie erhalten hatte.

»Wenn du Zweifel hast, ist es nicht zu spät, jetzt umzukehren. Wenn du – aus welchen Gründen auch immer – nicht gehen willst, dann musst du es mir jetzt nur sagen. Für uns gibt es nur ein Verbrechen: Dort rauszugehen und dann seine Kameraden im Stich zu lassen.«

Noor schüttelte den Kopf.

»Meine einzige Sorge gilt meiner Familie.«

»Kann ich denn etwas in dieser Sache tun?«, fragte Atkins.

»Sollte ich als vermisst gelten, dann kümmern Sie sich bitte darum, dass sich meine Mutter so wenig wie möglich um mich sorgt.«

Atkins wusste genau, was Noor damit meinte. Ihre Aufgabe war es, den Verwandten der Agentinnen hin und wieder zu melden, dass es den Frauen im Einsatz gut gehe. Wenn eine Agentin als vermisst galt, wurde auch die Familie verständigt. Mit ihrer indirekten Bemerkung hatte Khan ihr soeben vorgeschlagen, dass ihre Mutter nur dann Nachricht erhalten sollte, wenn ohne Zweifel feststand, dass sie tatsächlich tot war.

»Wenn du das so willst, bin ich damit einverstanden«, sagte Atkins.[9]

Khan war sichtlich erleichtert. Nach dem Mittagessen verließen die beiden Frauen das Restaurant kurz nacheinander. Beide wussten, dass sie schon bald wieder aufeinandertreffen würden. Der Agentenring *Prosper*, für den Noor arbeiten sollte, hatte der SOE verzweifelt gemeldet, wie dringend die neue Funkerin gebraucht wurde. Atkins sah keine andere Wahl. Es war höchste Zeit, Khan nach Frankreich zu schicken, und die Vorbereitungen liefen bereits. Khan würde in einer der nächsten Vollmondnächte, wenn das Licht am hellsten war und die Piloten sich orientieren konnten, hinter den feindlichen Linien abgesetzt werden. Buckmaster und Atkins schätzten, dass sie in ihrem Versteck im besetzten Paris rund sechs Wochen überleben würde.

Von ihrer Mutter und ihrer Schwester Clare konnte sich Noor noch verabschieden. Ihren älteren Bruder Vilayat, der selbst in der Armee diente, sah sie nicht mehr. Kurz bevor sie England verließ, schrieb sie ihm zum Abschied:

»*Mein liebster Bruder,*
nichts macht mich wütender, als nun aufzubrechen, ohne Dich
noch einmal gesehen zu haben. Vielleicht werden wir uns eines
Tages treffen. Irgendwo. Irgendwie. Die Pflicht kann uns bis an
die Enden der Welt auseinanderbringen. Aber sie kann unser
Band nur stärken – und der Bruder ist mir lieber als jemals zuvor.
Wir werden weitermachen, alter Junge.
Wünsch mir Glück.
Noor.«[10]

Am Nachmittag des 16. Juni 1943 machten sich zwei dunkle, schwere Cabriolets auf den Weg von London zum Flugplatz von Tangmere. In den Autos saßen Vera Atkins und drei ihrer Agentinnen: Noor Inayat Khan, Cecily Lefort und Diana Rowden. Außerdem noch ein männlicher Agent. Im internen SOE-Jargon hatten die Autos, die für den Transport der Agenten zu den Flugplätzen benutzt wurden, eine eindeutige Bezeichnung: »die Leichenwagen«.

Die kleine Lysander brauchte wenig Platz,
um starten und landen zu können.

Es war ein sonniger Tag, als die Fahrt in Richtung englische Südküste begann. Die Autos fuhren zügig durch die Alleen, vorbei an schwarzen Heckenkirschen und Weizenfeldern. Khan sprach nicht viel auf der Reise. Auf Atkins machte sie einen gelassenen, konzentrierten Eindruck.

Nachdem sie den Flugplatz erreicht hatten, bekamen sie in einem kleinen Cottage ein Abendessen serviert. Die Flugzeuge, zwei Westland-Lysander-Maschinen standen schon bereit. Die Lysander war ein sehr kleines Flugzeug. Mit ihren kurzen Flügeln konnte diese Maschine für Augenblicke fast bewegungslos in der Luft stehen und sogar auf kleinsten Feldern und Wiesen starten und landen.

Die Piloten erläuterten ihren Passagieren nach dem Essen die Flugroute und erklärten auch, dass die Agentinnen in dieser Nacht gut die Schleifen des kleinen Flusses Loir sehen könnten. In einem Tal in der Nähe des Ufers sollten sie landen. Noch einen Hinweis gab der Kommandant: Vor den Sitzen der Frauen war jeweils ein Flachmann mit Whisky verstaut.

Die Schneiderei der SOE. Dort wurden für die Agenten
unter anderem Kleidungsstücke im französischen Stil gefertigt,
inklusive gefälschter Etiketten französischer Modehäuser.

Dann war es an Vera Atkins, die letzten Vorbereitungen zu beginnen. Noch einmal ging sie mit den Frauen ihre Deckgeschichten durch. Sie durchsuchte akribisch alle Taschen der Frauen, nichts durfte deren britische Herkunft verraten. Die Kleidung, die die Frauen trugen, war meistens von Claudia Pulver genäht worden, einer Schneiderin, die aus Wien geflohen war. Röcke, Blusen und auch die Unterwäsche waren im französischen Stil maßgeschneidert und künstlich gealtert worden – eine englische Kragenform oder ein falsch angenähter Knopf hätten die Frauen sofort in Gefahr gebracht. In die Kleidung wurden Etiketten von Schneidern eingenäht, die rund um den Pariser Place de l'Étoile ihre Geschäfte hatten.

Atkins gab allen noch ein Päckchen französischer Zigaretten und eine französische Zeitung mit. Sie mussten nach ihrer Landung sofort als Einheimische durchgehen und ihre neue Identität leben. Mit

Grauen erinnerte sich Atkins an einen Agenten, der, kaum dass er in Frankreich gelandet war, von der Gestapo auf offener Straße enttarnt worden war. Er hatte beim Überqueren einer Straße zuerst nach rechts und nicht nach links gesehen.

Zur Ausrüstung jeder Agentin gehörten auch vier Kapseln. Sie waren für mögliche Notsituationen gedacht. Eine enthielt ein starkes Schlafmittel, das sechs Stunden wirkte. Das weiße Pulver in der zweiten führte zu Magenschmerzen und Verdauungsproblemen. In der dritten war ein aufputschendes Amphetamin – sollte die Agentin unter allen Umständen wachbleiben müssen. Auch eine vierte Kapsel wurde allen Agentinnen angeboten. Sie war mit einer dünnen Wachsschicht überzogen und enthielt Blausäure. Sie herunterzuschlucken blieb ohne Folgen. Sie zu zerbeißen führte zum sofortigen Tod. Jede Frau bekam auch noch eine Pistole mit in den Einsatz, allein Khan lehnte das ab. Sie war sich sicher, wegen ihrer pazifistischen Einstellung auf niemanden schießen zu können, und ließ die Waffe in England zurück.

Selbst die stets so kontrolliert wirkende Atkins ergriffen an diesem Abend kurz Zweifel. Nicht allein wegen Noor Khan – sie war die letzten Wochen ohnehin ein steter Quell ihrer Sorgen gewesen. Atkins grübelte: War Cecily Leforts Französisch gut genug, um den Einsatz überstehen zu können? Sie hatte noch immer einen deutlichen Akzent. Und was war mit der dritten Agentin, Diana Rowden? Sie sah einfach unverkennbar britisch aus. Atkins wischte ihre Bedenken beiseite und gestattete sich keine Unsicherheit mehr. Der Rest war Routine.

Mit jeder der Frauen führte Atkins ein kurzes Einzelgespräch, in dem sie letzte Worte an die Agentinnen richtete. Khan schien entspannt zu sein. Sie redeten kurz über das, was nach der Landung in Frankreich zu geschehen hatte. Khan fand sogar noch Zeit für Komplimente.

»Sie sind so clever, Miss Atkins. Sie tragen immer etwas Schönes.« Sie zeigte auf Atkins' Kostüm und ihr Revers, an dem ein kleiner silberner Vogel befestigt war. Atkins zögerte keinen Moment.

»Hier für dich.«[11]

Sie löste die Brosche von ihrer Jacke und drückte sie Noor mit einem festen Blick in die Hand. Beide schwiegen.

Die Dämmerung setzte ein – kurz vor 22 Uhr fuhr ein Lastwagen am Cottage vor, der die Männer und Frauen zu den Flugzeugen brachte. An das Flugzeug wurde eine Leiter gestellt, als Erstes stiegen die Piloten ein, dann folgten die Frauen. Noor war die Letzte, die ins Flugzeug klettern sollte. Sie fühlte sich patriotisch, nervös und ungeduldig – aber vor allem ihre beständig wachsende Flugangst. Schon als sie versuchte einzusteigen, begannen die Probleme.

Noor war zu klein, um ihren Fuß auf die unterste Sprosse der Flugzeugleiter setzen zu können. Ohne die Hilfe eines Soldaten schaffte sie es nicht.

Die Piloten ließen die Motoren an, im Dröhnen der Maschinen bewegten sich die drei Propellerblätter immer schneller. Die beiden Flugzeuge standen am Anfang der Startbahn. Vera Atkins winkte den Frauen ein letztes Mal zu, dann gaben die Piloten Schub. Die Dunkelheit sog sie auf – nun gab es kein Zurück mehr. Ihre Landung war geplant in der Nähe der Stadt Angers. Dort wurden die drei bereits erwartet, von Henri Déricourt, einem französischen Mitagenten des *Prosper*-Rings. Schon jetzt befanden sie sich in höchster Gefahr.

Atkins fuhr zum Cottage zurück. Sie sammelte noch die Sachen ein, die sie den Frauen abgenommen hatte. Ein zerlesenes Romanheft, einen Mantel und einen Schminkkoffer. Dann brachte sie ein Fahrer in einem der »Leichenwagen« zurück nach London. Ihr blieb nur noch übrig abzuwarten, wann sich Khan und die anderen Agentinnen bei ihr melden würden. Wieder zu Hause in Chelsea angekommen, dachte Vera Atkins noch eine Zeit lang darüber nach, wann und ob sie Khan und die anderen wiedersehen würde. Eine letzte Zigarette, dann löschte sie das Licht.

6

JASMIN SPIELT FLÖTE

Angers, Frankreich,
16./17. Juni 1943

Die beiden Lysander-Maschinen flogen in einer Höhe von knapp 2 500 Metern durch die Nacht. Die drei Agentinnen an Bord – Noor Inayat Khan und Cecily Lefort in der einen, Diana Rowden in der anderen Maschine – blickten angespannt in das Dunkel der Nacht. Endlich überquerten sie den glitzernden Ärmelkanal. »Jetzt, Madame, nähern wir uns Ihrem schönen Land«, sagte einer der Piloten und drehte sich zu Khan um.

»Ist es nicht wunderschön im Mondlicht?«

»Ja, ich finde es himmlisch«, sagte sie leise, aber ohne zu zögern.

Über Funk war die Unterhaltung zwischen dem Piloten und Khan auch in der zweiten Maschine hörbar.[1] Und auch die deutschen Abhörstellen in Frankreich, die den Funkverkehr überwachten, hatten diese Sätze wahrscheinlich mitbekommen. Es war nur noch eine knappe halbe Stunde bis zur Landung.

Dann ging alles rasch. Die beiden Flugzeuge landeten auf einem abgelegenen Feld nordöstlich von Angers, im Loir-Tal. Ihre Ankunft war bereits am Abend zuvor über die BBC bekanntgegeben worden. Das französische Hörfunk-Programm der BBC hatte in einer »persönlichen Botschaft« vermeldet, dass die drei Frauen bald eintreffen würden. »Jasmin spielt Flöte«, lautete die kurze Nachricht an die Widerstandsgruppen, die die Ankunft von Noor Inayat Khan und den anderen Frauen ankündigte.

Am Rand eines Feldes, im Schatten einiger Bäume, hatte sich ein Mann versteckt, der auf die Frauen wartete. Er war Anfang 30, hatte dunkelblondes, gewelltes Haar und eine sportliche Figur. Es war Henri Déricourt – Codename »Gilbert«, der Mitagent der SOE, der sich stets um die Neuankömmlinge kümmerte, wie auch um die Agenten, die Frankreich rasch verlassen mussten. Déricourt war auch für den Austausch aller Briefe und geheimen Dokumente verantwortlich.

Die beiden Flugzeuge setzten sanft auf dem Boden auf und kamen nach wenigen Sekunden zum Stehen. Déricourt rannte blitzschnell zu den Maschinen und half den drei Agentinnen beim Aussteigen. Im Dunkel der Nacht hatten sich fünf SOE-Passagiere versteckt, die im Austausch nun in die Flugzeuge kletterten und zurück nach London gebracht wurden. Die Zeit drängte, nur drei bis vier Minuten sollten die Flugzeuge am Boden bleiben. Sonst wurde die Gefahr zu groß, dass sie von den Deutschen entdeckt werden würden. Schnell drehten die Piloten ihre Maschinen und starteten wieder.

Déricourt hatte für die Frauen Fahrräder besorgt. Cecily Leforts Ziel war der Süden Frankreichs. Diana Rowden sollte sich bis zum Jura-Gebirge durchschlagen und in der Nähe von Dijon Kontakt mit anderen Agenten aufnehmen. Khans Ziel war Paris. Sofort trennten sich die drei. Die indische Prinzessin fuhr erst los, als sie sicher war, dass niemand ihr folgte. Dann radelte sie unbeobachtet zum nächsten Bahnhof, um von dort einen Zug in die Hauptstadt zu nehmen. Aus Noor Inayat Khan war endgültig die Agentin »Madeleine« geworden. Als Funkerin sollte sie von nun an den größten SOE-Agentenring in Frankreich unterstützen, das *Prosper*-Netzwerk.

Drei Jahre nachdem sie aus Paris hatte fliehen müssen, kehrte sie zurück. Sie fühlte sich innerlich zerrissen. Einerseits empfand sie große Freude, ihr geliebtes Paris wiedersehen zu können. Andererseits war da das beständig wachsende Gefühl der Furcht. Überall in der Stadt marschierten deutsche Soldaten durch die Straßen, und auch die Gestapo hatte ihre Männer postiert. Die Präsenz der Deutschen in Paris im Sommer 1943 war unübersehbar. An allen öffentlichen Gebäuden und Denkmälern wehte die blutrote Hakenkreuzfahne. Selbst am Eiffelturm prangte sie. In den Straßen und in allen Metrostationen gab es Kontrollpunkte. Die Deutschen suchten nach jungen Leuten, die sich der Zwangsarbeit in Deutschland entziehen wollten und auch nach Schwarzmarkthändlern, die Lebensmittel nach Paris schmuggelten. Wer immer eine Tasche oder einen Koffer mit sich trug, lief Gefahr, sofort von den unzähligen Wehrmachts- und SS-Soldaten durchsucht zu werden.

Die Gefahr konnte hinter jeder Ecke lauern. Khans wichtigster und dringendster Auftrag lautete, dem französischen Agenten Emile Henri Garry zu helfen. Mit Garry, hatte ihr Vera Atkins eingeschärft, sollte sie so schnell wie möglich Kontakt aufnehmen, und so war ihr Ziel an diesem Abend die Rue Erlanger in der Nähe des Bois de Boulogne. Dort lebte Garry mit seiner Verlobten. Er leitete einen Teil von *Prosper*, das *Cinema*-Netzwerk, das so genannt wurde, weil Emile Henri Garry dem gutaussehenden Hollywood-Star und Frauenliebling Gary Cooper ähnelte. *Cinema* und der *Prosper*-Ring waren zu dieser Zeit sehr erfolgreich. Allein im April 1943 hatten die Mitglieder dieses Rings um ihren Anführer Francis Suttill, der selbst den Codenamen »Prosper« trug, 63 Sabotageakte verübt. Sie hatten ein Elektrizitätswerk lahmgelegt, Züge entgleisen lassen, 43 Deutsche getötet und 110 verwundet.[2] Das Netzwerk war in zwölf Départements aktiv und sollte weiter wachsen.

Wie mit Buckmaster und Atkins besprochen, meldete sich Khan bei ihren Kontaktpersonen in Paris. Zwei Tage nach ihrer Ankunft machte sie sich zu ihrem nächsten Ziel auf. Am 20. Juni traf sie in der nationalen Landwirtschaftsschule in Grignon ein. Sie diente dem *Prosper*-Netzwerk und ihrem Anführer Francis Suttill als zentrales Versteck, und die junge Inderin sollte dort weitere Mitglieder des Netzwerks kennenlernen. Es dauerte aber nur kurze Zeit, bis sie die ersten haarsträubenden Fehler beging. So bemerkten die Mitglieder von *Prosper* bereits kurz nach ihrer Ankunft, dass Khan erst die Milch in eine Tasse gab und danach Tee einschenkte. Eine typisch britische Art, Tee zu trinken: In Frankreich war es genau andersherum, und somit war Khans Vorgehen ein verräterisches Signal für jeden aufmerksamen Beobachter. Ebenso ungewöhnlich für Frankreich war, dass Khan sofort damit begonnen hatte, an einem offenen Feuer einige Scheiben Toast zu rösten. Noch schlimmer war jedoch, dass sie ihre Aktentasche in der Eingangshalle liegen ließ und sich darin all ihre Funkcodes befanden.

In London wuchs die Nervosität. Wie bei vielen anderen Landungen und Absprüngen auch, konnte Vera Atkins nur mühsam ihre Ungeduld verbergen. Nach jedem Abflug fragte sie sich, wann sich ihre Agentinnen endlich per Funk melden würden. In diesen Phasen des Bangens verbrachte Atkins so viel Zeit wie möglich in Raum 52, dem Funkraum der SOE, wo alle Signale der Agenten eintrafen. Selten kam sie vor 10 Uhr ins Büro, aber niemals verpasste sie die tägliche Besprechung der einzelnen Sektionschefs, die von Buckmaster geleitet wurde. Oft blieb sie bis spätabends im Büro. Nur für wenige Stunden fand sie in einen unruhigen Schlaf. Auch Buckmasters Nerven waren zum Zerreißen gespannt. Manchmal, wenn er die Spannung nicht mehr aushielt, griff Buckmaster sich sein Fahrrad, fuhr nach Hause für ein frühes Abendessen, kehrte gegen 20 Uhr in die Baker Street oder den Orchard Court zurück und arbeitete dann bis 4 Uhr am Morgen durch. Bis zu 18 Stunden arbeiteten Atkins und Buckmaster am Tag.[3]

Agentin »Madeleine« sorgte schon bald für Erstaunen bei den beiden. Wie an jedem Tag ging aus ganz Europa Meldung nach Meldung im Funkraum ein. Aber keiner hatte damit gerechnet, dass es weniger als 72 Stunden dauern würde, bis sich Khan bei ihnen meldete. Ihr Lebenszeichen war die schnellste Antwort, die es bis dahin nach einer Landung gegeben hatte. Ihre erste Meldung funkte sie aus der nationalen Landwirtschaftsschule aus einem Gewächshaus. Die Spannung der beiden Agentenführer in London legte sich vorerst ein wenig.

In den folgenden Tagen funkte Khan regelmäßig und meldete wichtige Informationen nach London. Alles lief wie mit Atkins geplant und Khan fühlte sich wohl in ihrer Rolle. Durch Paris bewegte sie sich mühelos, ihre Meldungen funkte sie fehlerlos, und auf einige ihrer neuen Mitagenten blieben ihre exotische Ausstrahlung und Schönheit nicht wirkungslos.

Ihr Funkgerät war in einem Reisekoffer verstaut und wog knapp 14 Kilo. Für die grazile und zerbrechlich wirkende Agentin war das ein beachtliches Gewicht, und die Schwierigkeiten begannen für sie schon damit, mögliche Beobachter nicht Verdacht schöpfen zu lassen, wie schwer dieser Koffer war. Khan hielt sich nie allzu lange an einem Ort auf – vor allem, um den deutschen Peiltrupps zu entgehen, die mit ihren Lastwagen durch die Straßen fuhren und ihr Funksignal zu orten versuchten. Hatten sie ein Signal aufgenommen, fuhren sie vor das Haus, von dem das stärkste Signal ausging. Bevor sie dann ein Gebäude stürmten, schalteten sie häufig für einige Sekunden den Strom ab. Wenn dann das Funkgerät nach dieser kurzen Pause wieder zu orten war und von derselben Stelle aus sendete, waren sie sich sicher und schlugen zu.[4] Die SOE wusste über die Fähigkeiten ihrer Gegner genau Bescheid: Es dauerte exakt 20 Minuten, bis die Deutschen den Standort eines Funkgeräts herausgefunden hatten.[5] Die goldene Regel für alle Funker lautete deshalb, das Signal niemals länger als 15 Minuten aufrechtzuerhalten.

In ihrer Arbeit war Khan entweder vollkommen unerschrocken oder grenzenlos einfältig. Eines Abends, als sie London per Funk erreichen wollte und vor ihrem Versteck mit dem Funkgerät im Koffer auf der Straße stand, sprach sie einen Wehrmachtssoldaten an, ob er ihr helfen könne, ihr Antennenkabel in einem Baum am Straßenrand zu befestigen. Der junge Soldat tat wie gebeten und half ihr dabei, die

21,3 Meter lange Antenne um einen dicken Ast hoch oben im Baum zu wickeln. Zum Glück für Khan hatte er keine Ahnung, was die junge Frau damit vorhatte. Nach erfolgreicher Hilfe verabschiedete er sich, ohne Verdacht zu schöpfen.[6]

Die Fehler und ihr Leichtsinn nahmen zu. Noch ein zweites Mal ließ die Agentin ihre Mappe mit allen Geheimcodes im Flur einer konspirativen Wohnung offen liegen. Dann übergab sie Nachrichten an *Prosper*-Agenten in aller Öffentlichkeit, wo sie feindliche Agenten jederzeit beobachten konnten. Hatte die indische Prinzessin jeden Sinn für Gefahr verloren? War sie vollends von Sinnen oder schlicht außer sich vor Freude, endlich wieder in Paris zu sein? Denn Khan begab sich auch auf die Spuren ihrer Kindheit. Im Vorort Suresnes besuchte sie Fazal Manzil (wörtlich: »Das Haus der Segen«) – das verwunschen wirkende Haus mit seinen schmiedeeisernen, gewundenen Gittern vor den Fenstern und den bunten Fensterbögen. Es war das Zentrum des Sufismus und der Ort, an dem sie als Kind gelebt hatte. Die neue Funkerin schien keine Ahnung davon zu haben, in welche Gefahr sie sich und die anderen *Prosper*-Mitglieder mit solchen Ausflügen brachte. Und sie ahnte auch nicht, wie nah ihr die Gestapo bereits gekommen war.

Nur wenige Tage lang ging für Khan in Paris alles gut. Dann stellte sich heraus: Der Zeitpunkt ihrer Ankunft hätte nicht schlechter liegen können. Der gesamte *Prosper*-Ring war an die Gestapo verraten worden. In den nächsten Monaten wurden Hunderte lokaler Agenten in Frankreich verhaftet. Es war die größte Verhaftungswelle der Gestapo in Frankreich, und der Verräter hatte ganze Arbeit geleistet. Die Deutschen hoben nicht nur geheime Wohnungen aus, sondern wussten auch alles über existierende Waffenlager und beschlagnahmten Tonnen von Sprengstoff und Munition. Die völlig verängstigten verbliebenen *Prosper*-Mitglieder versuchten unterzutauchen. Francis Suttill, der Anführer des Netzwerks, wurde am 24. Juni 1943 verhaftet – nur eine Woche nachdem Khan begonnen hatte, ihm zu helfen.

Der Verrat hatte schreckliche Folgen, die die deutsche Seite trium-
phierend nach Berlin vermeldete:

»Fast alle Briefe, die von ›Prosper‹ an (...) das Hauptbüro in London geschickt wurden, konnten durch unseren Dienst abgefangen
und kopiert werden. Danach wurden sie weitergeleitet. (...) Das hat
uns ermöglicht, fast alle Mitglieder der Organisation auf einen Schlag
festzunehmen.«[7]

Unter dem Druck endloser Verhöre und brutaler Folter verriet
Francis Suttill weitere Agenten und Waffenlager. Suttill war völlig
demoralisiert und kam nicht darüber hinweg, dass ihm die Deutschen auch Kopien von Briefen vorzeigten, die er an seine Frau geschrieben hatte. Sie schienen alles über sein Netzwerk zu wissen.
Suttill verbrachte die kommenden zwei Jahre im Konzentrationslager Sachsenhausen in Einzelhaft, im März 1945 wurde er hingerichtet.

Wenigen *Prosper*-Agenten gelang es noch, aus Frankreich zu fliehen. Sie waren es auch, die London über den Zusammenbruch des
Agentennetzwerks informierten. Auf einmal gab es in ganz Paris nur
noch eine einzige Funkerin, die weiter Meldungen absetzen konnte:
Noor Inayat Khan. Vorher hatte es sechs weitere Funker gegeben, die
alle verhaftet worden waren. Die Jagd der Deutschen konzentrierte
sich jetzt auf Khan, denn Sicherheitsdienst (SD) und Gestapo waren
begierig, der SOE auch ihren letzten Kommunikationskanal in Paris
abzuschneiden.

Waffen-SS Sturmbannführer Hans Josef Kieffer leitete die Aktivitäten des SD in Paris. Er war ursprünglich Polizist in Karlsruhe gewesen und 1940 nach Paris versetzt worden. Kieffer galt als extrem intelligent, gerissen und durchtrieben, und der Zusammenbruch von
Prosper hatte seinen ohnehin großen Ehrgeiz weiter befeuert. Jetzt galt
seine ganze Aufmerksamkeit der Suche nach Khan. Sie war für ihn
das letzte Puzzleteil, und Kieffer setzte alles daran, die junge Inderin
zu finden.

In London führten die Nachrichten aus der französischen Hauptstadt zu wachsender Panik. Vera Atkins und Maurice Buckmaster ergriff tiefe Sorge. Die morgendlichen Besprechungen der F-Sektion drehten sich nur noch um den Zerfall des *Prosper*-Rings und darum, wer bereits gefangen genommen worden und wer noch frei war. Da Ende Juni Khans Funkgerät das einzige der gesamten F-Sektion war, das noch aus Paris sendete, war gewiss: Agentin »Madeleine« schwebte nun in akuter Lebensgefahr. Noch war Khan frei, eine neue Meldung per Funk hatte das bewiesen. Aber wer war der Verräter, und wer würde sein nächstes Opfer werden?

Khan bewegte sich wie ein gehetztes Tier durch Paris. Die Deutschen hatten eine detaillierte Beschreibung der gesuchten Agentin veröffentlicht. In den kommenden zwei Monaten rettete sie manchmal nur das Glück vor einer Festnahme. Bei anderer Gelegenheit verhielt sich Khan mehr als gerissen. Die Gestapo war ihr auf den Fersen – aber noch konnten die Männer sie nicht fassen, denn Khan wechselte ständig ihren Aufenthaltsort. Paris war ihre Stadt und nicht die der Deutschen.

Mit ihrem Koffer in der Hand legte Khan von Versteck zu Versteck große Strecken zurück. Auf einem dieser Wege machte sie eines Tages eine Entdeckung, die sie fürchterlich erschrecken ließ. Kurze Zeit nachdem sie in einen Metrowaggon eingestiegen war, bemerkte sie, wie zwei deutsche Soldaten sie immer wieder durchdringend ansahen. Die Türen der Bahn fielen mit einem lauten Schlag hinter ihr zu. Zu spät, um aus diesem Waggon noch herauszukommen.

Einer der Soldaten ging direkt auf Khan zu. »Was tragen Sie da mit sich herum?«, wollte der Mann von ihr wissen. Die junge Frau versuchte ruhig zu bleiben – eine andere Wahl besaß sie nicht mehr. »Darin ist ein kinematografischer Apparat«, log sie.

»Öffnen Sie den Koffer«, befahl der Soldat. Khan tat, wie befohlen, und ließ den Koffer einen Spalt weit aufstehen.

»Da können Sie sehen, was das ist«, sagte sie und zeigte auf ihr Funkgerät. »Hier sind überall die kleinen Glühlampen.« Die Soldaten hatten offenbar keine Ahnung, wie ein kinematografischer Apparat, also ein Filmprojektor, gebaut war und aussah. Aber sie wollten vor Khan ihr Unwissen auch nicht eingestehen.

»Wir dachten, es ist etwas anderes«, sagte einer der Soldaten und bedeutete Khan, dass sie den Koffer wieder schließen könne.[8] Noch einmal war die junge Agentin davongekommen.

Khan hatte inzwischen zwölf Wochen in Paris überlebt – doppelt so lange, wie Atkins es prognostiziert hatte. Aber je mehr Tage und Stunden verstrichen, desto unerbittlicher lief die Zeit gegen sie. Khan war zunehmend demoralisiert und ausgelaugt. Das ständige Wechseln der Verstecke, die dauernde Anspannung und hohe Konzentration, die sie brauchte, um die chiffrierten Meldungen zu funken oder zu empfangen, und die Tatsache, dass sie jederzeit damit rechnen musste, von den Peiltrupps aufgespürt zu werden, erschöpften sie und ließen sie fahrig werden.

Atkins und Buckmaster drängten ihre Agentin, die Mission abzubrechen und so schnell wie möglich nach England auszufliegen, spätestens im Oktober. In einem internen SOE-Memorandum hieß es rückblickend:

»Man kam in dieser Zeit zu dem Schluss, dass die Risiken, die sie auf sich nahm, zu hoch waren, da die Gestapo genug wusste, um sie innerhalb weniger Tage festnehmen zu können. Sie wurde deshalb aufgefordert, nach England zurückzukehren.«[9]

Doch einen solchen Flug gab es für Khan nicht mehr. Sie wusste um die Bedeutung ihrer Aufgabe, und es war ihre eigene Entscheidung, weiter in Paris auszuharren. Sie lehnte das Angebot der SOE ab und funkte an Atkins und Buckmaster:

»Vielen Dank! Es ist großartig, für Sie zu arbeiten. Es sind die besten Momente, die ich bisher je gehabt habe.«[10]

Statt Paris zu verlassen, so teilte sie knapp mit, wolle sie entweder

Prosper wieder zu alter Stärke verhelfen oder einen neuen Agentenring aufbauen.

Auch Vera Atkins versuchte, den Zusammenbruch des *Prosper*-Netzwerks mit umso härterem Einsatz auszugleichen. Sie verbrachte noch mehr Zeit auf den Flugfeldern und kümmerte sich noch intensiver darum, neue Agenten auf die bevorstehenden Einsätze in Frankreich vorzubereiten und sie persönlich zu verabschieden. Nach dem Desaster um *Prosper* war ihr Einfluss in der F-Sektion eher noch gewachsen. An Buckmaster übte sie während dieser schweren Tage keine Kritik, sie unterstützte ihn weiter rückhaltlos.

Khan besaß für die SOE immense Bedeutung, wohl mehr als Buckmaster und Atkins zugeben wollten. Als einziges Verbindungsglied zwischen London und Paris war sie die letzte und größte Hoffnung der beiden. Und so ließen sie »Madeleine« weiter in Paris arbeiten. Sie war diejenige, die sicherstellen konnte, dass die Hoffnungen aller SOE-Agenten nicht völlig erstarben. Die Funker waren die Einzigen, die Nachrichten ent- und verschlüsseln konnten. Hatte ein Agentenring seine Funker verloren, war er abgeschnitten von der Welt. Würde nun auch noch Khan gefangen genommen, wären alle Mitglieder des Rings und alle Agenten in größter Gefahr. Wenig verwunderlich, dass der Leiter der SOE, der inzwischen zum General beförderte Sir Colin Gubbins, zur Einschätzung kam, dass Khans Auftrag auf einen Schlag »der wichtigste und gefährlichste Posten in Frankreich« geworden war.[11]

Atkins plagte ihr schlechtes Gewissen, denn sie wusste, dass Khan in akuter Todesgefahr schwebte. Zusammen mit Buckmaster warnte sie Khan, dass sie zumindest eine Weile darauf verzichten sollte, Nachrichten nach London zu senden. Denn eines war sicher: Mit nur noch einem übriggebliebenen Funkgerät in Paris war es für Kieffer und seine Mitarbeiter fortan ein Leichtes, sich auf dieses Signal zu konzentrieren und ihren Standort aufzuspüren. In den Straßen von Paris hatte die entscheidende Jagd auf Khan begonnen.

Wie sehr die junge Frau unter Anspannung stand, konnte Atkins immer wieder selbst im Funkraum beobachten. Ihre Meldungen trafen nur sehr unregelmäßig ein, selten hielt sie sich an die vereinbarten Übertragungszeiten. Ständig schien sie weiterzuhetzen und ihre Verstecke wechseln zu müssen.

Und mit ihrer Vermutung lag Atkins richtig. »Madeleine« begann in ihrer wachsenden Verzweiflung auch, alte Freunde ihrer Familie aus der Zeit zu kontaktieren, als die Khans in Paris gelebt hatten. Es war ein unermessliches Wagnis, denn die Spitzel der Gestapo überwachten genau diese Anlaufstellen. Ende August kam es auf der Straße für Khan zu einer Begegnung, die sie sehr verunsicherte.

»Noor! Bonjour, Noor! So bleib doch endlich stehen!«, rief eine ältere Frau ihr hinterher und winkte ihr zu. Khan erstarrte vor Angst und drehte sich langsam um. Wer hatte sie erkannt und nannte ihren richtigen Namen? War das eine Falle? Schnell löste sich das Rätsel. Es war Madame Salmon, eine alte Nachbarin, die in der Nähe von Fazal Manzil gewohnt hatte. Rasch zog Khan ihre ehemalige Nachbarin in eine Seitengasse und ins Vertrauen. Sie erzählte ihr von ihrer jetzigen Aufgabe in Paris und dass niemand sie unter ihrem richtigen Namen kennen durfte.[12]

Es beunruhigte Khan zutiefst, dass sie erkannt worden war. Hatte sie in letzter Zeit nicht alles versucht, sich zu tarnen und möglichst unauffällig zu wirken? Seit einiger Zeit färbte sie sich ihre Haare rot, manchmal auch blond und hatte meist ein leichtes Strandkleid an. Um nicht erkannt zu werden, trug sie außerdem auf der Straße stets eine dunkle Sonnenbrille. Doch ihre Mühe schien vergebens. Sie war zu einer irrlichternden Erscheinung in den Straßen von Paris geworden.

In der Baker Street war man erstaunt, dass Agentin »Madeleine« so unbeugsam blieb. In einem ihrer Briefe an Vera Atkins schrieb Khan, wie sehr sie sich noch immer über das Geschenk freute, das Vera Atkins ihr kurz vor dem Abflug gemacht und ans Revers geheftet hatte, die kleine Brosche mit dem Vogel:

»Liebe Miss Atkins (bitte entschuldigen Sie, dass ich mit Bleistift schreibe),

Ihr Vogel hat mir Glück gebracht. Ich denke so oft an Sie. Sie haben mich so nett aufgemuntert, bevor ich gegangen bin. Seither sind viele Dinge geschehen, und ich hatte noch keine Gelegenheit, mich ordentlich niederzulassen. Trotzdem sind meine Kontakte sehr regelmäßig, und ich bin schrecklich glücklich.«[13]

Doch sie konnte sich auf niemanden mehr verlassen. Ende September hatte sie ein Treffen mit einem anderen Agenten vereinbart. Aber der Helfer tauchte nicht auf. Zunächst ergriff Agentin »Madeleine« die Furcht, dass der Mann verhaftet worden sei, dann aber beschloss sie, ihn in seinem Appartement anzurufen. Der Mann hob auch den Hörer ab und versuchte Khan zu überreden, direkt zu ihm zu kommen. Instinktiv ergriff Khan der Verdacht, dass hier etwas nicht stimmen konnte, und sie schlug stattdessen vor, sich an einem anderen Tag auf der Straße zu treffen – auf der Kreuzung der Avenue Mac-Mahon und der Rue de Tilsitt. Der Agent stimmte zu und legte auf.

Dann kam der Tag des geplanten Treffens. Khan stand wenige hundert Meter entfernt, in der Nähe des Triumphbogens, und wartete, was geschehen würde. Von dort besaß sie einen guten Überblick, während eine Frau, die für die Résistance tätig war und der Khan ihren Verdacht geschildert hatte, die Straßen auf und ab ging und den verdächtigen Mann beobachtete. Was die Résistance-Kämpferin Khan berichtete, bestätigte die schlimmsten Befürchtungen: Der Mann saß auf einer Bank, doch er war nicht allein. Den gesamten Häuserblock entlang waren weitere Männer postiert. Nachdem sie rund 40 Minuten gewartet hatten, stiegen der vermeintliche Mitagent Khans und die Männer zusammen in ein Auto und fuhren davon. Aller Wahrscheinlichkeit nach war der Mann zu den Deutschen übergelaufen und die junge Inderin nur knapp dem Hinterhalt entkommen.

Schließlich kam für Khan der Augenblick, an dem es keinen Weg zurück mehr gab. Ihre Verhaftung durch die Deutschen war ein Akt beißender Ironie. Denn nicht die Gestapo kam Khan auf die Spuren und entdeckte sie. Die junge Inderin wurde verraten – wahrscheinlich durch Renée Garry, die Schwester des *Cinema*-Leiters Emile Henri Garry. Sie wollte ebenfalls für das *Cinema*-Netzwerk arbeiten, war jedoch abgelehnt worden und brannte außerdem vor Eifersucht. Ihr ganzer Zorn traf Noor Inayat Khan, die in ihren Augen alles hatte, was sie nicht besaß. Denn Renée war in France Antelme verliebt, einen Agenten des *Cinema*-Rings, der aus ihrer Sicht aber wiederum Khan in den vergangenen Wochen zu schöne Augen gemacht hatte. Renée Garry informierte die deutsche Gegenspionage, den SD, und verriet Khan für eine Summe von 100 000 Francs. Es war ein Zehntel des Betrags, den Hans Kieffer für die Ergreifung Khans festgesetzt hatte.

Renée Garry hatte dem SD verraten, dass sich Khan im ersten Stock einer Wohnung in der Rue de la Faisanderie 96 aufhielt. Sie hatte sich beinahe direkt unter den Augen ihrer größten Feinde versteckt. Das Hauptquartier der Gestapo lag in der Avenue Foch 84 – nur knapp 800 Meter von ihrem Versteck entfernt.

Der Sicherheitsdienst unter Hans Josef Kieffer war im vierten und fünften Stock des Gebäudes untergebracht. Bei seinen Verhören setzte Kieffer nicht ausschließlich auf Brutalität, obwohl er im Keller des Gebäudes einen Folterkeller eingerichtet hatte, in dem es zu unvorstellbaren Grausamkeiten kam. Kieffers Gefängnis war ungewöhnlich. Die Zellen, die er in den beiden obersten Stockwerken des Gebäudes hatte bauen lassen, waren relativ komfortabel, und die Insassen wurden meist gut behandelt. Und Kieffer zeigte sich überaus geduldig. Er war zuvorkommend, wenig drohend und aggressiv und versuchte zu lächeln. Diese Methode brachte häufig erstaunliche Ergebnisse, denn sie führte dazu, dass einige der Gefangenen tatsächlich mit ihm kooperierten. Andere, die sich weigerten, zwang Kieffer zu endlosen Verhören. Aus der Vielzahl der so herausgefundenen Details setzten Kieffer und seine Leute dann ein Mosaik zusammen, um in anderen

Verhören die Moral weiterer Verdächtiger zu zerstören. Sie gaben vor, fast alles über die SOE zu wissen, und behaupteten, auch direkt in der Londoner Zentrale einen Maulwurf untergebracht zu haben.[14]

Die deutschen Agenten lauerten vor Khans Versteck. Als am wahrscheinlichsten gilt, dass es der 13. Oktober 1943 war, an dem sie zuschlugen. Sie hatten sich in kleine Gruppen aufgeteilt. Am späten Vormittag ging plötzlich die Eingangstür einen Spalt auf. Heraus kam eine junge Frau, die sich kurz umsah, um dann sofort in eine Bäckerei im selben Gebäude zu gehen. Sie hatte ein blau-weißes Kleid an und trug einen dunklen Hut. Kurze Zeit später kam sie wieder heraus und ging die Straße entlang. Einer der SD-Mitarbeiter, Werner Ruehl, war sich sicher, dass es Khan gewesen sein musste, und folgte ihr zusammen mit einem Kollegen. Blitzartig drehte sich Khan um, sie hatte die beiden entdeckt, sie rannte um eine Hausecke und hängte die beiden ab.[15] Doch auch aus anderen Straßen kamen plötzlich Männer auf sie zu und folgten ihr. Aber noch einmal konnte Khan entkommen. Dann aber beging sie einen entscheidenden Fehler: Nur zwei Stunden später kehrte sie in die Wohnung zurück.

Sie öffnete die Tür des Appartements, doch hinter der Tür lauerte bereits ein deutscher Agent auf sie. Khan war unbewaffnet, leistete aber so starken Widerstand, dass der Mann mit ihr nicht fertigwurde. Sie biss ihm in die Hände und zerkratzte ihm so heftig das Gesicht, dass er vor Schmerzen laut aufschrie. Er sah keinen anderen Ausweg mehr, zog seine Pistole und drohte ihr, sie auf der Stelle zu erschießen. Dann nahm er das Telefon und rief nach Verstärkung. Khan hatte keine Chance mehr, als weitere SD-Männer in die Wohnung stürmten. Völlig entkräftet, angsterfüllt und resigniert wurde sie in die Avenue Foch 84 geschleppt. Die Jagd auf »Madeleine« war zu Ende.

Nachdem die britische Agentin in die Gestapo-Zentrale gebracht worden war, überraschte sie Kieffer und seine Männer mit einer sonderbaren Forderung, mit der die SD-Männer am allerwenigsten gerechnet hatten. Khan verlangte, ein Bad nehmen zu dürfen, und Kieffer erlaubte es ihr nach einigem Zögern. Als sie merkte, dass Kieffers Männer die Tür zum Badezimmer nicht schlossen, um sie keine Sekunde aus den Augen zu lassen, legte Khan einen so ohrenbetäubenden Wutanfall hin, dass schließlich doch die Entscheidung getroffen wurde, die Tür hinter ihr zu schließen und die gefangene Agentin ungestört und unbeobachtet baden zu lassen. Endlich war Khan allein im Badezimmer, sie war sicher, dass die Männer nach ihrem markerschütternden Gezeter nicht mehr wagen würden, nach ihr zu sehen. Khan nutzte die kurze Chance der Einsamkeit. Nur eine knappe Stunde nach ihrer Ankunft unternahm sie den ersten Fluchtversuch. Sie ging, nachdem die Tür hinter ihr verschlossen worden war, direkt an das Fenster des Badezimmers, öffnete es und versuchte, herauszuklettern. Aber es dauerte nur wenige Augenblicke, bis Kieffers Männer sie entdeckt hatten und sie mit aller Gewalt wieder in das Zimmer hineinzuziehen versuchten. Einer der Verhörbeamten aber stoppte die Männer.

»Madeleine, sei nicht dumm! Du bringst dich um. Denk an deine Mutter! Gib mir deine Hand!«, beschwichtigte er Khan.[16] Sie sah ein, wie ausweglos ihre Lage war. Ihr erster Fluchtversuch war gescheitert. Sie wurde in eine der Zellen im fünften Stock der Avenue Foch gezerrt und in ein ehemaliges Dienstmädchenzimmer eingesperrt. Ihr Schicksal war ungewiss.

Für Kieffer war es in den folgenden Tagen ein Leichtes, Khan zu überführen und weitere Agenten festzunehmen. Denn seine Gegenspielerin hatte einen fatalen Fehler begangen. Bei ihrer Verhaftung fanden SD und Gestapo nicht nur ihr Funkgerät und ihr Codebuch mit den Verschlüsselungen, sondern in einem kleinen Aufgabenheft auch all ihre bisher nach London gesendeten Nachrichten – zum Unglück vieler Menschen waren sie ohne Ausnahme unverschlüsselt.

In den vergangenen Monaten hatten sich viele ihrer Mitagenten darüber beschwert, wie unverantwortlich es von ihr sei, dieses Heft immer bei sich zu tragen. Aber Agentin »Madeleine« war einem Missverständnis aufgesessen und hatte darauf bestanden. Als Vera Atkins und die SOE sie auf ihren Einsatz vorbereitet hatten, hatten sie ihr stets eingeschärft, wie wichtig es sei, »extrem sorgfältig beim Senden« (Englisch: *to file*) ihrer Meldungen zu sein. Khan aber verstand diese Warnung ganz anders – denn *to file* kann auch bedeuten, etwas zu den Akten zu legen, es zu archivieren. Und genau das hatte sie getan und damit zum Verhängnis vieler bewiesen, was einer ihrer Ausbilder in seiner Beurteilung prophezeit hatte: »Sie nimmt alles sehr wörtlich.«[17]

Einige Zeit lang herrschte völlige Stille im Äther. Khan funkte keine Meldung mehr. Noch immer schöpfte Vera Atkins nicht den geringsten Verdacht und wartete gespannt, wann sich Khan wieder melden würde. Dann war es so weit. Am 17. Oktober 1943 ging bei der SOE wieder ein Signal von Khans Funkgerät ein. Atkins war wie elektrisiert: »Madeleine« sendete wieder und meldete offenbar, dass sie in Schwierigkeiten steckte:

»MEIN VERSTECK IST UNSICHER.«[18]

In der SOE-Empfangszentrale sorgte diese Meldung ihrer Agentin für weiteres Stirnrunzeln. Denn in ihrer Meldung verzichtete Khan darauf, die normalerweise übliche doppelte Sicherheitskennung zu benutzen. Agenten sollten in ihren Nachrichten zur Sicherheit absichtlich Rechtschreibfehler einbauen, zum Beispiel jeden siebten Buchstaben falsch schreiben, jeden zehnten Buchstaben des Alphabets durch den elften ersetzen, oder aber bestimmte Wörter ganz falsch schreiben.

Mit Khan war außerdem vereinbart worden, dass sie in wichtigen Sätzen niemals die genaue Anzahl von 18 Buchstaben benutzen durfte. Die 18 war ihre Glückszahl. Leo Marks, der SOE-Chefkryptograf, hatte ihr eingeschärft, dieses Signal zu nutzen, damit London wisse, dass sie gefangen genommen worden sei. Dann galt es auch als wahrscheinlich, dass die Deutschen ihr Funkgerät benutzen würden. Nun erreichte die SOE Khans nächste Meldung – ohne die doppelte Sicherheitskennung und einer der Sätze war, zur Bestürzung von Marks, exakt 18 Buchstaben lang. Es war der erste tiefe Schatten, der Atkins und Buckmaster auf das Schicksal von Noor Khan hätte hinweisen können. Doch die beiden beschlossen, ihn zu ignorieren.

In Wahrheit waren es die Männer von Kieffer, die fortan Khans Funkgerät bedienten und der SOE falsche Nachrichten schickten. Und das in perfekter Verschlüsselung, denn sie hatten ja auch Khans Codebuch erbeutet. Sie hofften darauf, dass London nichts merken und im Gegenzug weitere Informationen schicken würde. Die Deutschen nannten diesen Austausch falscher Meldungen mit dem Feind das »Funkspiel«. Ab Juli 1943 spielten sie vier »Funkspiele« mit den von ihnen erbeuteten Funkgeräten der F-Sektion und das über die Dauer der nächsten zehn Monate. Die vorangegangene Stille, in der sich Khan drei Wochen lang nicht mehr gemeldet hatte, hatte die Glaubwürdigkeit der deutschen Seite in diesem Spiel sogar noch erhöht. Denn es war ja Vera Atkins selbst gewesen, die Noor Inayat Khan vorgeschlagen hatte, einige Zeit lang nicht mehr zu funken.

Doch es gibt noch eine andere Version für den Zeitpunkt der Gefangennahme von »Madeleine«. Möglich erscheint, dass sie schon früher festgenommen worden war, als die SD-Mitarbeiter wie Werner Ruehl später in ihren Verhören behaupteten. Fest steht: Bereits am 2. Oktober hatten Atkins und Buckmaster ein Telegramm erhalten, in dem eine lokale Agentin namens Sonja Olschanezky die beiden gewarnt hatte, dass Khan »einen schweren Unfall« gehabt habe und nun »im Krankenhaus« sei.[19] Es war die unmissverständliche Warnung dafür, dass Khan in akuter Gefahr schwebte und in Gefangenschaft geraten war. Diese Meldung bedeutete also, dass Khan deutlich früher festgenommen worden war, als der SD-Mann Ruehl später aussagte. Die Absenderin – die aus Chemnitz stammende Sonja Olschanezky – war eine in Frankreich angeworbene Agentin, in London aber nicht bekannt, da sie nicht direkt von der SOE rekrutiert worden war.

Aus diesem Grund entschieden sich Buckmaster und Atkins, diesen unmissverständlichen Fingerzeig zu ignorieren, der sie von einem anderen Netzwerk erreicht hatte. Es war die zweite fatale Entscheidung beim Ringen um Khans Schicksal.

Buckmaster notierte in einem Vermerk:

»Hatte offensichtlich echte Nachrichten von ›Madeleine‹ seit dem 25. (September, Anm. d. Verf.) erhalten. Betrachte Sonjas Nachrichten deshalb mit einigem Zweifel.«[20]

Schon bald schien wieder alles in Ordnung zu sein. In den folgenden Wochen funkte Khan wieder sehr regelmäßig ihre Nachrichten nach London – stets mit beiden Sicherheitskennungen. Khan berichtete, dass sie mit der Résistance zusammenarbeite, und Atkins und Buckmaster glaubten ihr ohne den Hauch eines Zweifels, als ihre Agentin stolz vermeldete, dass sie mit Hilfe ihrer Kontakte den *Prosper*-Ring wieder aufgebaut habe. Aber plötzlich gab es in Khans Meldungen eine dritte, winzige Spur, dass sich etwas geändert hatte. Denn obwohl die Sicherheitszeichen wieder benutzt wurden, bemerkte der Empfangsraum der SOE, dass Khans charakteristische Funk-»Handschrift« auf einmal ganz anders war, also der Rhythmus und die Kraft des Anschlags, mit dem sie die Buchstabenkombinationen morste. Es war das dritte düstere Zeichen, dass etwas nicht stimmen konnte. Doch Buckmaster und Atkins verfolgten es nicht weiter.

Trotz der schweren Fehler, die sie begangen hatte: Agentin »Madeleine« hatte vieles bewirkt. Von Juli an hatte sie vier Monate lang insgesamt 20 sehr wichtige Meldungen an die SOE gesendet. Sie sorgte dafür, dass an die französische Résistance Waffen und Geld geliefert werden konnten und in strategisch wichtigen Regionen Frankreichs Waffen und Munition abgeworfen wurden. Durch ihre Hilfe gelang es auch 30 alliierten Luftwaffensoldaten, die über Frankreich abgeschossen worden waren, zu fliehen. Und nicht zuletzt sorgte die indische Prinzessin immer wieder dafür, dass SOE-Agenten sicher nach England zurückgebracht werden konnten. So arrangierte es Khan, dass im September vier Agenten falsche Papiere bekamen und es zurück nach London schafften.[21] Dennoch gibt es über keine andere SOE-Agentin rückblickend so geteilte Meinungen wie über Khan. Für die einen war sie eine Heldin, die unerschrocken ihren Dienst versah. Für die anderen war sie grenzenlos naiv und beging so schwere Fehler, dass ihre Gefangennahme zwangsläufig war.

Atkins und Buckmaster erlagen weiter der Illusion, dass sich Agentin »Madeleine« in Paris frei bewegte. Im Januar 1944 wurde Khan in Abwesenheit zum Fähnrich befördert. Noch im Februar 1944 empfahl Buckmaster, ihr für ihre großen Verdienste die Georgs-Medaille zu verleihen.

Für Adolf Hitler war das »Funkspiel« mit der SOE von höchster Bedeutung. Berlin hielt die F-Sektion für besonders gefährlich. Wiederholt diskutierte Hitler mit Heinrich Himmler und Hermann Göring, wann die deutsche Seite ihren Gegnern aufdecken sollte, dass sie einige ihrer Agenten gefangen genommen hatte und ihre Funkgeräte bediente. In seinem Hass auf die britischen Agenten war Hitler fast grenzenlos.

»Wenn ich nach London komme, weiß ich nicht, wen ich zuerst hängen werde. Churchill oder diesen Mann Buckmaster«, soll Hitler gesagt haben.[22] Über das, was Vera Atkins leistete, schien dem »Führer« nichts bekannt gewesen zu sein.

Doch Atkins war seit Anfang des Jahres 1944 für die SOE unentbehrlich geworden. Am 24. März hatte sie ihre Einbürgerungsurkunde erhalten, nachdem ihr Antrag zwei Jahre zuvor noch abgelehnt worden war, auch weil einflussreiche SOE-Kreise geargwöhnt hatten, dass ihre rumänische Herkunft und ihr jüdischer Glauben verdächtig erschienen. Beim zweiten Versuch hatte Buckmaster selbst sie unterstützt. Und er sorgte noch auf weitere Art für das berufliche Weiterkommen seiner engsten Mitarbeiterin. Zwei Wochen später wurde Atkins befördert – auf Buckmasters Empfehlung. Offiziell war sie nun die Nachrichtenoffizierin der F-Sektion.

Am 6. Juni 1944 deckte die Gestapo das »Funkspiel« schließlich auf. Die Nachricht, die an diesem Tag aus dem Fernschreiber ratterte, erreichte Buckmaster und Atkins blitzschnell. Sie trauten ihren Augen nicht, als sie die ersten Sätze lasen. Die Nachricht war unverschlüsselt gesendet worden:

»VIELEN DANK FÜR DIE GROSSEN LIEFERUNGEN AN WAFFEN UND MUNITION. WIR SCHÄTZEN DIE GUTEN HINWEISE ZU ABSICHTEN UND PLÄNEN. FALLS SIE UM DIE GESUNDHEIT EINIGER BESUCHER BESORGT SIND, DIE SIE UNS GESCHICKT HABEN, SEIEN SIE SICHER, DASS SIE MIT DER NOTWENDIGEN SORGFALT BEHANDELT WERDEN.«[23]

Als sie den Absender lasen, verfinsterten sich ihre Mienen:

»GEHEIME STAATSPOLIZEI.«

Und wenig später ging noch eine zweite Meldung ein. Darin hieß es:

»EINIGE AGENTEN MUSSTEN ERSCHOSSEN WERDEN.«

Andere, jedoch, so hieß es weiter, seien eher dazu bereit gewesen, das zu tun, was die Deutschen von ihnen verlangt hatten. Auch diese Meldung war von der Gestapo unterzeichnet worden.

Buckmaster erschien hilflos. Drohend funkte er ebenfalls unverschlüsselt zurück:

»TUT UNS LEID ZU SEHEN, DASS IHRE GEDULD AM ENDE ZU SEIN SCHEINT UND IHRE NERVEN NICHT SO GUT SIND WIE UNSERE. ABER FALLS ES EIN TROST FÜR SIE IST: SIE WERDEN AUS IHRER MISSLICHEN LAGE IN NAHER ZUKUNFT BEFREIT WERDEN. BITTE GEBEN SIE UNS DIE ABWURFPOSITIONEN (für alliierte Bomben, Anm. d. Verf.) IN DER NÄHE VON BERLIN.«[24]

Von Noor Inayat Khan kamen keine Meldungen mehr, ihr Schicksal schien völlig ungewiss. Vera Atkins hielt es bei all den verheerenden Nachrichten nicht länger in der SOE-Zentrale. Der D-Day war angebrochen – am frühen Morgen des 6. Juni hatte die Landung der Alliierten in der Normandie begonnen. Einen Tag später verabschiedete Vera Atkins Violette Szabo, eine weitere SOE-Agentin, die zum zweiten Mal nach Frankreich geschickt wurde, um dabei mitzuhelfen, dass deutsche Panzer die Strände der Normandie nicht mehr rechtzeitig erreichen würden.

7

EIN HAUCH
VON FRANKREICH

London,
Sommer 1943

Sie war jung, sie war hübsch und sie war scheinbar zu allem entschlossen. Und genau das machte Selwyn Jepson skeptisch. Suchte diese Frau den Tod? Würde sie notfalls sogar andere mit ins Verderben reißen?

Einige Tage zuvor hatte der erfahrene Rekrutierungsoffizier der SOE Violette Szabo geschrieben. Unter dem Decknamen »E. Potter« hatte er sie zu einem Vorstellungsgespräch geladen. Den Tipp hatte er möglicherweise von einem Kontaktmann im Kriegsministerium erhalten[1]. Nun saß ihm in dem kahlen Raum eine zierliche Frau mit gewellten, brünetten Haaren gegenüber. Jepson, der sich im Zivilleben als Autor erfolgreicher Kriminalromane hervortat, von denen einer später von Alfred Hitchcock verfilmt wurde, hatte im Laufe seiner Tätigkeit für die SOE Hunderte solcher Interviews geführt und war einer der besten Fachleute auf diesem Gebiet.[2] Doch die Frau, die ihn nun im funzeligen Licht einer einzigen von der Decke baumelnden Glühbirne aus großen, dunklen Augen ruhig anblickte, konnte er nicht sofort einschätzen.

Es fing bereits mit dem Alter an. Er wusste, dass sie erst 22 war, doch sie wirkte auf ihn älter, reifer. Er hätte sie auf Ende 20 geschätzt. Er wusste auch, dass sie von ihrem Dienst beim *Auxiliary Territorial Service* (ATS), der Frauenabteilung des britischen Heeres, aus familiären Gründen freigestellt worden war. Den Grund kannte er aber nicht. Als er sich erkundigte, antwortete sie knapp: »Mein Mann ist bei El Alamein gefallen. Das hat mir ziemlich zu schaffen gemacht.«

Er sprach ihr sein Beileid aus, erkundigte sich nach ihrer Familie, ihrem Leben vor dem Krieg. Plötzlich fragte sie: »Was wollen Sie von mir?«

»Sie kennen sich gut mit Frankreich aus und sprechen fließend Französisch. Das könnte sehr nützlich sein.«

»Inwiefern?«

»Na ja, es handelt sich um eine gefährliche Tätigkeit.«

Sie zeigte keine Anzeichen von Beunruhigung. »Spionage, meinen Sie?«

»Nein. Etwas anderes. Aber die Einsatzbedingungen sind in gewisser Hinsicht ähnlich. Sie brauchen eine spezielle Ausbildung und besondere Qualifikationen und anschließend werden sie viel in Bewegung sein, im feindlich besetzten Ausland leben und diese Arbeit dort verrichten.«

»In Frankreich?«

»Ja, in Frankreich.« Er erklärte ihr, dass es darum ging, den deutschen Besatzern dort größtmögliche Schwierigkeiten zu bereiten, Sabotageakte zu begehen, ihre Nachschublinien zu unterbrechen. »Das gefällt denen natürlich nicht. Sie reagieren mit Gewalt und großer Brutalität.«

Ihre ohne das leiseste Zögern vorgebrachte Antwort war es, die in ihm den ersten Zweifel aufkommen ließ: »Das würde mir ausgezeichnet passen.«

»Tatsächlich? Warum?«

Nun besann sie sich doch kurz, bevor sie entgegnete: »Ich hätte nichts dagegen, so zu sterben wie er.«

Diese Antwort gefiel ihm gar nicht. Das Letzte, was die SOE brauchte, waren Selbstmordkandidaten. »Da scheint mir der Schwerpunkt doch stark auf dem Sterben zu liegen«, wandte er ein. »Wir wollen, dass unsere Leute leben, nicht sterben. Leben und kämpfen. Sie werden einsehen, dass es dann problematisch wäre, jemanden dabeizuhaben, der die Situation als möglichen Weg sieht, einem Verstorbenen nachzufolgen.«

»Das habe ich nicht gemeint. Ich wollte lediglich sagen, dass ich bereit bin, mich einer derartigen Gefahr auszusetzen (…). Wenn die Arbeit, die Sie mir anbieten, in ähnlicher Weise sinnvoll ist wie die meines Mannes als Soldat, gibt mir das viel Grund zu leben. Sollte es dann aber so enden wie bei ihm, wäre auch das in Ordnung.«

Das Gespräch zog sich noch eine Weile hin. Schließlich brachte er es zu dem üblichen Abschluss, indem er sie aufforderte, ernsthaft darüber nachzudenken, ob diese Arbeit etwas für sie sein könnte, und ihr in Aussicht stellte, sich in etwa einer Woche wieder zu melden.

»Darüber muss ich nicht nachdenken, das kann ich Ihnen bereits jetzt sagen.«

»Schön, ich muss aber selber auch überlegen. Sie bekommen von mir in ungefähr einer Woche Post.«

Sie erbat seine dienstliche Telefonnummer. Tags darauf rief sie ihn tatsächlich an. »Und, haben Sie sich entschieden?«

»Noch nicht«, antwortete Jepson. »Wie ich Ihnen bereits sagte, werde ich Sie in etwa einer Woche wissen lassen, wie es steht.«[3]

Frankreich, England,
1921 – 1943

Violette Szabo, die mit Mädchennamen Bushell hieß, wurde in Frankreich geboren. Ihr Vater, Charles, hatte im Ersten Weltkrieg in der britischen Armee als Kraftfahrer gedient, war nahe Etaples in Frankreich stationiert gewesen und hatte dort seine künftige Frau, Reine Blanche Leroy, kennengelernt. Sie war zwar Französin, jedoch teilweise nordenglischer Abstammung, da einige ihrer Vorfahren aus Lancashire stammten. Kurz vor Kriegsende heirateten die beiden in

Pont Rémy. Nach dem Krieg siedelten sie nach England um, wo im Jahr 1920 ihr erster Sohn, Roy, geboren wurde. Angesichts der wachsenden Arbeitslosigkeit beschloss Charles Bushell jedoch, mit seiner jungen Familie nach Frankreich zurückzukehren. Die Familie ließ sich im Städtchen Levallois-Perret am nordwestlichen Rand von Paris nieder, das Anfang der zwanziger Jahre mehr Einwohner hatte als heute und das unter anderem dafür bekannt ist, dass hier am 7. Oktober 1948 der erste Citroën 2 CV vom Band lief. Charles Bushell erwarb mit seiner vom Militär erhaltenen Abfindung einen repräsentativen Gebrauchtwagen und machte sich als Taxifahrer selbständig, wobei er auch vor Fernfahrten nicht zurückschreckte, die ihn teilweise bis nach Venedig führten. Zu seinen Kunden gehörte wohl auch der eine oder andere Prominente der Zeit, wie etwa die schillernde amerikanische Filmschauspielerin Peggy Hopkins Joyce.[4]

Am frühen Morgen des 26. Juni 1921 kam Violette in Levallois-Perret, vermutlich im Haus ihrer Familie, zur Welt.[5] Drei Jahre später siedelte die Familie jedoch wieder nach England um, wo sie sich zunächst im ländlichen Hampstead Norreys niederließ und Charles Bushell unter anderem als Busfahrer in einem von seinem Vater gegründeten kleinen Fuhrunternehmen arbeitete.[6] Es folgte wieder ein Umzug nach London und eine Tätigkeit als Autoverkäufer. Hier wurde der zweite Sohn geboren. 1926 folgten der dritte Sohn und eine weitere Umsiedlung nach Frankreich.[7] Weitere Umzüge sollten folgen: nach West Kensington, Leicester, Bayswater und schließlich Brixton.[8]

Das Migrantenleben der Bushells erfolgte unter dem Diktat wirtschaftlicher Zwänge. Dennoch durchlebten Violette und ihre Geschwister wohl keine völlig freudlose Kindheit.[9] Über ihren Vater sagte Violettes älterer Bruder Roy später, er sei »sehr streng« gewesen, »eigentlich ein Zuchtmeister. Es war nur Mutters mäßigender Einfluss, der so etwas wie häusliches Glück in unserem Haushalt ermöglichte. Wir hatten ihn damals nicht sonderlich gern, aber fairerweise muss man sagen, dass er kein so schlechter Vater war und dass gut für uns gesorgt wurde.«[10] Der wiederholte Wechsel zwischen Frankreich und England sorgte dafür, dass Violette sich in beiden Ländern zu Hause fühlte und beide Sprachen sprach, wobei interessanterweise die Briten meinten, sie spreche Englisch mit hörbarem französischem Akzent, während ein französischer Kollege später behauptete, ihr Französisch sei stark englisch gefärbt.[11] Da die Bushell-Kinder untereinander häufig Französisch sprachen, wurden sie von anderen Kindern als »frogs« bezeichnet – eine scherzhafte, aber nicht übermäßig liebevolle Bezeichnung für Franzosen – und Violettes Spitzname war sogar »Froggy«.[12] Zumindest ihr schriftliches Französisch war aber wohl nicht fehlerfrei, wie ein von ihr am 11. März 1944 an einen Mitagenten der SOE geschriebener Brief erkennen lässt.[13]

Trotz aller Wechsel kam sie aber in der Schule mit und war bei Mitschülern wie Lehrkräften beliebt. So erinnerte sich eine ihrer Lehrerinnen später: »Sie hatte eine freundliche Art und ein fröhliches und lebhaftes Naturell und mit ihren großen, hübschen Augen sah sie aus wie ein Geschöpf aus einer anderen Welt. Sie konnte Französisch sprechen und hatte in Frankreich auf dem Land gelebt – worüber sie oft redete – und schien so für viele Kinder den Schlüssel zu zwei Welten zu besitzen. Dennoch blieb sie ganz und gar bescheiden und war keineswegs anmaßend. Ganz so, als wäre es für sie vollkommen natürlich, anders zu sein.«[14]

So mädchenhaft und hübsch die kleine Violette aber auch aussah, sie war zugleich ein echter Wildfang. Beide Eltern meinten übereinstimmend, an ihr sei »ein Junge verloren gegangen«.[15] Schon als kleines Kind war sie furchtlos. Sie erklomm mit ihrem älteren Bruder die Bäume der Nachbarschaft, doch während Roy auf halber Höhe der Mut verließ und er nach den Eltern rief, damit sie ihn herunterholten, kraxelte Violette bis in die obersten Äste – und alleine wieder herab. Blessuren nahm sie gelassen hin. Einen Sturz von einer Mauer bezahlte sie mit einer Platzwunde am Kopf und einem gebrochenen

Nasenbein. Offenbar litten ihre Eltern mehr als die kleine Verletzte, die vom Bett aus feststellte: »Es tut nicht so schlimm weh. Eigentlich nicht.«[16] Violette übertraf in manchen sportlichen Disziplinen durchaus ihre Brüder und Cousins und deren Freunde. Mit 14 begleitete sie diese gelegentlich in die Stadt, wo sie an den damals weit verbreiteten Schießständen miteinander wetteiferten. Die bei weitem beste Schützin war jedoch Violette, die es schließlich dahin brachte, dass die Schießbudenbetreiber ihr kein Gewehr mehr in die Hand drücken wollten, da sie stets alle Preise abräumte.[17]

Trotz ihres sonnigen und liebenswürdigen Naturells war sie zudem äußerst dickköpfig. Ihre Cousine erinnerte sich, dass man schon die kleine Violette unmöglich zu etwas zwingen konnte, was sie nicht wollte. Sie weigerte sich rundheraus mit den Worten: »Das mach ich nicht. Das mach ich NICHT!«[18]

Mit 14 verließ sie die Schule und begann, als Verkäuferin zu arbeiten. Die Arbeit langweilte sie und sie beschloss schließlich eines Tages ohne Vorwarnung, sich auf eigene Faust zu ihrer Tante Marguerite nach Pont Rémy abzusetzen. Zudem war der Flucht von England nach Frankreich wohl eine der zahlreichen heftigen Streitigkeiten mit ihrem Vater vorausgegangen.[19] Die Eltern ahnten nichts, die Polizei wurde eingeschaltet, doch es dauerte einige Tage, bis die Vierzehnjährige in Frankreich ausfindig gemacht wurde. In Pont Rémy hatte sie jedoch vor verschlossener Tür gestanden, da Marguerite für einige Tage zu Freunden nach Valenciennes gereist war. Violette – inzwischen nahezu mittellos, aber unverzagt – hatte die Spur aufgenommen und die Freunde der Tante in der nahezu 170 Kilometer entfernten Stadt ausfindig gemacht. Hier endete der Ausflug und Violette fand sich alsbald in London wieder.[20] Ihre Anstellung allerdings hatte sie verloren, so dass sie eine kaum weniger öde Stelle bei Woolworth's an der Oxford Street annahm. Der Tristesse des Jobs entfloh sie nun unter anderem, indem sie Tanzunterricht nahm und mit ihrem älteren Bruder, ihren Cousins oder befreundeten jungen Männern tanzen ging. Lesen war nicht ihr liebster Zeitvertreib, doch gelegentlich fand man sie dennoch völlig vertieft in ein Buch. Meist – diese Leidenschaft teilte sie mit ihrer späteren Führungsoffizierin Vera Atkins – waren es Spionagegeschichten, die sie nicht aus der Hand legen konnte, vorzugsweise über Spioninnen wie etwa Mata Hari.[21]

Einen Luxus genoss Violette, den sich andere junge Frauen ihrer Schicht nicht leisten konnten: Jeden Sommer verbrachte sie einige Wochen bei ihrer Tante in Frankreich. So war es auch im Sommer 1939. Als die Deutschen am 1. September in Polen einfielen, befand sich Violette mit ihrem jüngsten Bruder Dickie wieder in Pont Rémy. Da Frankreich und Großbritannien Polen für den Fall eines deutschen Angriffs militärische Unterstützung zugesichert hatten, war absehbar, dass nach Frankreich auch England dem Deutschen Reich in Kürze den Krieg erklären würde. Es war klar, dass die achtzehnjährige Violette und der erst knapp dreizehnjährige Dickie schleunigst die Heimreise antreten mussten. Mit Mühe gelang es ihrer Tante, zwei Plätze auf einer Fähre von Calais nach England zu ergattern. Wenige Stunden nach ihrer Rückkehr befand sich auch England offiziell im Krieg.[22]

Für Violette Bushell aber änderte sich zunächst nicht allzu viel. Noch verlief das Leben in London in einigermaßen normalen Bahnen. Violette arbeitete mittlerweile in der Parfümabteilung des Kaufhauses Bon Marché in Brixton. Auch hier war sie bei Kolleginnen und Kundschaft gleichermaßen sehr beliebt. Man war außerdem beeindruckt von ihrer Fähigkeit, die Namen der französischen Düfte richtig auszusprechen.[23] Doch: »Niemand hätte vorhersagen können, dass diese hübsche junge Verkäuferin einmal die erste Frau sein würde, die mit dem Georgs-Kreuz ausgezeichnet werden würde, der höchsten Auszeichnung, die Großbritannien für heldenhaftes Handeln und Mut angesichts schwerwiegender Gefahr an Zivilisten vergibt.«[24]

Im Frühjahr 1940 beschloss sie immerhin, dem Kaufhaus den Rücken zu kehren und sich, gemeinsam mit einer Freundin, bei der

Women's Land Army zu verpflichten. Die Organisation, die Vera Atkins aufgrund ihrer rumänischen Staatsangehörigkeit den Zugang verweigert hatte, schickte Violette und ihre Freundin Winnie Wilson zur Erdbeerernte an die südenglische Küste in die Nähe von Portsmouth. Hier erlebte sie einen Luftangriff der Deutschen – den sie fast komplett verschlief. Während ihre Kolleginnen sich sinnvollerweise in einen Luftschutzbunker zurückzogen, blieb sie in ihrem Zelt und musste selbst nach einem Bombeneinschlag in einem nahen Öldepot noch von der Luftschutzwartin geweckt werden, die sie nochmals aufforderte, sich in Sicherheit zu bringen. Vergeblich. Violette drehte sich um und schlief weiter.[25]

Nachdem im Juni 1940 auch Frankreich von den deutschen Invasoren unterjocht war, hielt es sie jedoch nicht mehr beim Erdbeerpflücken. Sie kehrte nach London zurück, um sich dem ATS, der Frauenabteilung des britischen Militärs, anzuschließen. In der britischen Hauptstadt fand aus Anlass des französischen Nationalfeiertags am 14. Juli 1940 – auf den Tag einen Monat nach dem Fall von Paris – eine Parade der nach England evakuierten *Freien Französischen Streitkräfte* (*Forces françaises libres*, FFL) unter General de Gaulle statt. Violettes Mutter hatte ihre Tochter aufgefordert, aus diesem Anlass einen der anwesenden französischen Soldaten ins Haus Bushell zu einem Abendessen einzuladen. Tatsächlich machte sie sich mit ihrer Freundin Winnie in die Stadt auf, und tatsächlich lernten sie dort einen jungen Fremdenlegionär kennen, mit dem die Familie Bushell noch am selben Abend beim Dinner auf die künftige Wiederauferstehung Frankreichs anstieß. Dabei aber blieb es nicht.

Etienne Michel René Szabo war ein dreißigjähriger Oberstabsfeldwebel der Fremdenlegion, der bereits in Nordafrika, Syrien und Indochina gedient hatte, bevor er mit den Alliierten Expeditionskräften im norwegischen Narvik gegen die Deutschen gekämpft hatte und schließlich nach dem überstürzten Abzug des Expeditionskorps nach Großbritannien zurückverlegt worden war.[26] Violette und der französische Unteroffizier fanden sofort Gefallen aneinander und er warb »wirbelwindartig« um sie.[27] Bereits Anfang August 1940 hielt er bei Charles Bushell um die Hand seiner Tochter an. Der leicht überrumpelte, aber wohl nicht völlig ablehnende Vater gab sich geschlagen, nachdem Violette ihm eröffnet hatte: »Papa, entweder gibst du deine Zustimmung, oder ich heirate Etienne ohne deine Zustimmung.«[28]

Die Zeit drängte nun. Etienne Szabos Regiment stand in Kürze ein Einsatz in Übersee bevor. Am 21. August 1940 wurden die neunzehnjährige Violette und ihr elf Jahre älterer Bräutigam in Aldershot getraut – wobei die Zeremonie durch einen deutschen Luftangriff für zwei Stunden unterbrochen wurde. Für Flitterwochen blieb keine Zeit. Nur wenige Tage in Aldershot waren den frisch Verheirateten vergönnt, bevor das Regiment Etienne Szabos den Marschbefehl erhielt und nach Afrika verlegt wurde.[29]

Die in England zurückgebliebene Violette nahm eine Stelle als Telefonistin in der Londoner City an. Im Sommer 1941 erhielt ihr Mann, der in Abessinien gekämpft hatte, Urlaub und kehrte überraschend nach England zurück. Dem Ehepaar war eine wie im Flug vergehende Woche in Liverpool vergönnt, bevor Etienne Szabo zu seinem Regiment – diesmal nach Nordafrika – zurückkehren musste.[30]

Am 11. September 1941 wurde Violette Szabo dann tatsächlich in den ATS aufgenommen und einer Flakbatterie zugeteilt. Auch hier teilten die männlichen Kameraden nicht durchweg die Auffassung, dass ein derartiger Einsatz für Frauen passend sei. Besonders deutlich machte dies ein Oberstabsfeldwebel, der sich trotz mehrfacher Ermahnungen seiner Vorgesetzten bis Kriegsende hartnäckig weigerte, die weiblichen Offiziere des ATS mit »Ma'am« anzusprechen und selbst noch die femininste Offizierin als »Sir« bezeichnete.[31] Dennoch wurden Frauen bei der Luftabwehr, den Nachweis entsprechender Eignung vorausgesetzt, auch mit Aufgaben betraut, die traditionell den Männern vorbehalten gewesen waren.

Szabo, die sich ohnehin wohl auch aufgrund der Tatsache, dass sie als Kind und Jugendliche viel Zeit in der Gesellschaft ihrer Brüder und Cousins verbracht hatte, in dem männlich geprägten Umfeld der Armee gut zurechtfand,[32] erbrachte den Eignungsnachweis und bediente fortan eine Feuerleitanlage. Sie durfte sich daher anstatt »Gefreite Szabo«, wie es ihrer Dienstgradbezeichnung bei der ATS entsprach, »Richtkanonierin Szabo« nennen.[33] Dass sie zur Ausübung ihrer Funktion aufgrund ihrer relativ geringen Körpergröße nahezu auf Zehenspitzen stehen musste, tat ihrer Leistung keinen Abbruch.[34] Auch hier zeichnete sie sich durch Tüchtigkeit aus und war zugleich beliebt. Ihr Kommandeur, Major J. W. Naylor, beschrieb sie wie folgt: »Sie war ein fröhliches kleines Ding und ihre Fröhlichkeit war äußerst ansteckend. Egal was wir taten, in jeder neuen Phase, die unsere Batterie durchlebte, und in all ihren vielfältigen Aktivitäten war Violette immer die Hauptakteurin. Dennoch drängte sie sich nie in den Vordergrund oder versuchte irgendwie besser dazustehen als die anderen. Was immer getan werden musste, sie wollte, dass sie es alle zusammen angingen und dass es wirklich gut gemacht wurde. Aus alldem kann man erkennen, dass sie, so fröhlich sie auch war, auch Ernsthaftigkeit und Zielstrebigkeit mitbrachte.«[35] Aufzuhalten war sie jedenfalls so leicht nicht. Naylor erinnerte sich später an den Anblick der Richtkanonierin Szabo bei einem nächtlichen Fliegeralarm, der die Besatzungen überstürzt an die Geschütze gezwungen hatte: In hellblauem Schlafanzug und roten Hausschuhen, den Uniformmantel über die Schultern geworfen und den Stahlhelm auf dem Hinterkopf, machte sie sich an ihrem Feuerleitgerät zu schaffen.[36] In der Freizeit wirkte sie an Tanz- oder Bühnenaufführungen mit oder erteilte Französischunterricht.[37]

Bereits im April 1942 schied Violette aber wieder aus dem ATS aus, da sie schwanger war. Am 8. Juni 1942 wurde ihre Tochter Tania geboren. Etienne Szabo, der zu dieser Zeit mit seiner Truppe im mörderischen Hin und Her der Kämpfe in Nordafrika dem Deutschen

Afrikakorps gegenüberstand, war euphorisch, als er von der Geburt seiner Tochter erfuhr. Das Ehepaar hoffte, dass er bald Fronturlaub erhalten und Violette und Tania in die Arme schließen würde. Doch der Krieg in Afrika gewann weiter an Intensität und der geplante Urlaub verzögerte sich immer wieder. Im Oktober 1942 brachte die zweite Schlacht von El-Alamein in Nordafrika die Wende zugunsten der Alliierten. Etienne Szabo brachte sie den Tod. Er fiel am 24. Oktober, dem zweiten Tag der alliierten Offensive.

»Unberechenbar, mutig, ein wunderbarer
Mensch«: SOE-Agentin Violette Szabo

Violette Szabo erfuhr hiervon zunächst nichts. Es vergingen quälende Wochen, in denen sie täglich auf ein Lebenszeichen von ihrem Mann hoffte. Sie nahm eine Arbeit in der Flugzeugfabrik auf, in der auch ihr Vater arbeitete. Als sie schließlich von Etienne Szabos Tod erfuhr, erschütterte die Nachricht sie bis ins Mark. Auf eine Phase tiefster Niedergeschlagenheit und völliger Passivität folgte eine Zeit, in der sie ihre Trauer in hektischem Nachtleben zu ertränken suchte.[38] Dann aber reifte in ihr ein Entschluss: Sie wollte den Tod ihres Mannes rächen und einen größeren Beitrag zum Kampf gegen die ihr so verhassten Deutschen leisten, einen Beitrag »mit der Waffe in der Hand«.[39]

8

LA PETITE ANGLAISE

Großbritannien,
Sommer 1943 – Frühjahr 1944

Selwyn Jepson, der Rekrutierungsoffizier der SOE, der das erste Gespräch mit ihr geführt hatte, entschied sich letztlich für Violette Szabo, und auch Maurice Buckmaster und Vera Atkins gaben ein positives Votum ab.[1] Und es stellte sich bald heraus, dass ihr Instinkt die drei Profis nicht getrogen hatte. Sie wurde zu »einer der großen Heldinnen unter den Frauen, die in der Special Operations Executive dienten«.[2]

Ihre Ausbilder allerdings waren zunächst – ähnlich wie bei Prinzessin Noor Khan – nicht durchweg von ihr überzeugt. Ihre Fähigkeiten im Morsen und ihre Fertigkeiten im mechanischen Bereich wurden als lediglich durchschnittlich eingestuft.[3] Die Schlussbewertung nach der ersten Ausbildungsphase lautete: »Ein ruhiges, körperlich zähes, eigensinniges Mädchen von durchschnittlicher Intelligenz. Sie ist auf Spannung und Abenteuer aus, aber nicht gänzlich frivol. Sie hat viel Selbstvertrauen und versteht sich gut mit anderen. Sie geht an alles, was sie unternimmt, beherzt und mit Ausdauer heran. Nicht leicht aus dem Konzept zu bringen. In begrenzter Kapazität und dort, wo nicht allzu viel Intelligenz und Verantwortung erforderlich sind, und bei Aufgaben, die nicht zu langweilig sind, könnte sie sich wahrscheinlich als nützlich erweisen, möglicherweise als Kurierin.«[4]

In der aufreibenden zweiten Phase des Trainings in Schottland fiel sie zwar unter anderem durch ihre Treffsicherheit im Gebrauch von Schusswaffen auf (möglicherweise machten sich hier auch ihre zahlreichen Schießbudenbesuche als Jugendliche bezahlt). »Sie war ein echtes Adlerauge«, erinnerte sich ihre damalige Führungsoffizierin. »Als ich dies eines Tages anmerkte, meinte sie: Ich möchte nur ein paar Deutsche haben, mit denen ich kämpfen kann, und wenn ich einige von ihnen mitnehmen könnte, würde ich glücklich sterben.«[5] Sie war, wie die Führungsoffizierin weiter feststellte, sehr weiblich und zugleich ritterlich, dabei lässig und unverfälscht.[6] Ebenfalls aus dieser paramilitärischen Phase der Ausbildung existieren jedoch auch Bewertungen, die große Zweifel an Szabos Befähigung durchblicken ließen. Man bescheinigte ihr ein widersprüchliches Naturell, das man – insoweit deckte sich der Befund mit dem ersten Eindruck Jepsons – nicht ohne weiteres einschätzen konnte. Eine Beurteilung vom 7. September enthielt folgenden Kommentar: »Ich frage mich ernsthaft, ob diese Schülerin für unsere Zwecke geeignet ist. Es scheint ihr an Verantwortungsgefühl zu mangeln, und obwohl sie mit anderen gemeinsam gut arbeitet, scheint sie keine Initiative oder Ideale zu haben. Sie spricht Französisch mit englischem Akzent.«[7] Eine weitere Bewertung zwei Wochen später fiel kaum positiver aus: »Für dieses Gruppenmitglied hat man zwangsläufig gemischte Gefühle. Charakter schwer zu beschreiben: Angenehme Persönlichkeit, kontaktfreudig, einnehmend, gewissenhaft, sie möchte gefallen, ist verwegen, einerseits reif für ihr Alter, andererseits sehr kindisch. Sie möchte die Ausbildung unbedingt fortsetzen, aber ich fürchte, es geht ihr nicht darum, ihr Wissen zu verbessern, sondern sie will es darum, weil ihr der Kurs und der Wettbewerbsgeist, die Neuigkeit des Ganzen, Spaß machen, außerdem auch, dass man dabei sehr fit wird, der körperliche Aspekt der Ausbildung. Sie ist sehr gutherzig, verbirgt dies aber.«[8] Der Ausbilder listete sodann in aller Ausführlichkeit folgende fünf Punkte auf, die ihn an Violettes Eignung zweifeln ließen: Scheinbar mangelndes Interesse an der Situation im Einsatzgebiet, mangelnde Zielstrebigkeit, mangelnde Initiative und Unfähigkeit, alleine zu arbeiten, englischer Akzent im Französischen und eine Launenhaftigkeit, die sie ohne erkennbaren Grund zwischen himmelhoch jauchzend und zu Tode betrübt pendeln ließ. Dennoch erkannte er nun an ihr auch Qualitäten, die er ihr zunächst nicht zugetraut hatte, und empfahl, ihre Ausbildung fortzusetzen.[9] Am Ende dieser Ausbildungsphase wurde ihr aber wiederum, unter anderem wegen einer zu fatalistischen Einstellung und der Befürchtung, dass sie das Leben anderer gefährden könnte, Untauglichkeit attestiert, wobei der Bewerter anfügte: »Es ist sehr bedauerlich, bei einer solchen Schülerin zu diesem Entschluss zu kommen, die während der gesamten Zeit durch ihre Fröhlichkeit und ihr Bestreben, es richtig zu machen, für die gesamte Gruppe ein Beispiel gesetzt hat.«[10]

Bemerkenswerterweise blieb diese Bewertung letztlich ohne Wirkung und Violette wurde in die letzte Stufe der Ausbildung, die *Finishing School* in Beaulieu befördert, die sie von November 1943 bis Februar 1944 besuchte. Auch hier blieb ihre Widersprüchlichkeit nicht unbemerkt. Ihr Ausbildungsleiter beschrieb sie noch 1992 wie folgt: »Violette Szabo war fantastisch (…) aber man musste sie im Auge behalten, denn sie war so verwegen, dass bei ihr alles passieren konnte (…). Sie war so unberechenbar, (…) sie war ein wunderbarer Mensch.«[11]

Ihre Ausbildung ging im Übrigen natürlich nicht gänzlich ohne Blessuren ab. Kratzer, blaue Flecken und Mückenstiche gehörten zum Alltag, wurden aber von Violette als Lappalien abgetan. Dann aber erlitt sie einen Unfall. Wie alle angehenden SOE-Agentinnen musste auch sie ein Fallschirmspringertraining absolvieren. Dieser Teil des Trainings gehörte zu den letzten Phasen der Ausbildung und mancher SOE-Anwärter, der die Strapazen der vorausgehenden Wochen und Monate erfolgreich hinter sich gebracht hatte, schied zu dieser späten Stunde noch aus. Nicht so Violette. Ohne mit der Wimper zu zucken, übte sie zunächst das korrekte Fallen und Abrollen, sprang – zunächst noch ohne Fallschirm, aber bereits mit angeschnallten Gurten – von einer erhöhten Plattform, dann mit Fallschirm von einem Turm und aus einem Fesselballon. Endlich stand der Sprung aus einem Flugzeug an. Die angehenden Agenten sollten idealerweise fünf solcher Probesprünge meistern. Violette Szabo jedoch verstauchte sich beim zweiten Durchgang ernsthaft den Knöchel und musste die Ausbildung für einige Wochen aussetzen.[12] Ein kleiner Zwischenfall, wie es schien. Doch hatte er später möglicherweise schwerwiegende Folgen. Am 25. Februar 1944 schloss sie ihre Ausbildung ab.[13] Nun war die »feurige Violette Szabo«[14] bereit für ihren ersten Einsatz.

England, Normandie, März – April 1944

Charles Staunton hieß eigentlich Philippe Liewer. Man hielt ihn für einen Briten, doch er war Franzose. Er arbeitete für die SOE, doch er war gelernter Journalist. Er hatte 1939/40 als französischer Verbindungsoffizier beim Britischen Expeditionskorps in Frankreich gedient, später im Süden Frankreichs eine der ersten Résistance-Gruppen aufgebaut, war vom Vichy-Regime inhaftiert worden, konnte fliehen und war über Spanien und Portugal nach England gelangt. Maurice Buckmaster hatte ihn nach Frankreich geschickt, wo er im Raum Rouen zusammen mit dem kanadischen Leutnant Chartrand erneut einen großen Agentenring unter dem Codenamen *Salesman* (Verkäufer) aufgebaut hatte. Die 80 Mitglieder des *Salesman*-Rings in Rouen (weitere 40 agierten in Le Havre) standen unter dem Kommando von Claude Malraux, Codename »Cicero«, dem Halbbruder des Schriftstellers und späteren Kultusministers André Malraux. Stauntons kongenialer Partner dabei war der junge Franzose Robert (»Bob«) Mortier gewesen. Im Zuge der Operation war Mortier von den Deutschen gestellt worden und hatte auf der Flucht einen Lungenschuss erlitten, den er nur mit viel Glück überlebte. Violette kannte Liewer von der gemeinsamen Fallschirmspringerausbildung, er hatte sie auch mit Mortier bekannt gemacht.[15] Nun sollten Liewer und sie gemeinsam einen Einsatz absolvieren.

Es ging darum, im Vorfeld der bevorstehenden alliierten Landung in der Normandie auszuloten, ob der von Staunton aufgebaute, zwischenzeitlich aber durch Verhaftungen dezimierte Agentenring noch einsatzbereit war und wo eventuell nachgebessert oder Veränderungen vorgenommen werden mussten, damit die Widerständler die Deutschen nach der Landung hinter den Linien angreifen konnten. Liewer selber konnte sich nach dem Zwischenfall, der Mortier fast das Leben gekostet hatte, nicht unmittelbar in das Gebiet wagen und brauchte einen absolut verlässlichen Kurier. Er selber brachte Szabo ins Gespräch. Auf die Frage Buckmasters, ob er ihr sein Leben anvertrauen würde – denn darauf, so der Führungsoffizier, laufe es schließlich hinaus –, erklärte Liewer: »Ich vertraue ihr uneingeschränkt.«[16] Damit stand die Entscheidung fest.

Szabo erhielt eine neue Identität als »Corinne Reine Leroy«, ausweislich ihrer gefälschten Papiere tätig als Wirtschaftskorrespondentin und wohnhaft in der Rue Thiers 64 in Le Havre.[17] Der Wohnsitz war von entscheidender Bedeutung, da er ihr Zugang zu der von den Deutschen streng gesicherten Küstenzone gewährte. Mit Hilfe von Karten und Fotos der Gegend machte sie sich mit der Topografie sowie den Orts- und Straßennamen ihres künftigen Einsatzgebietes vertraut und prägte sich die Namen von Kinos, Cafés und Geschäften, die Fahrpläne von Bussen und andere Details ein, die sie als Einheimische kennen musste. Nachdem auch dieser Teil der Vorbereitung abgeschlossen war, konnte es losgehen.

Es ging aber nicht los. Am Tag ihrer Abreise ging in London eine Nachricht ein, aus der hervorging, dass die Deutschen den Funker des Agentenrings und ein weiteres Mitglied verhaftet und sich in den Funkverkehr eingeschaltet hatten und wussten, dass in Kürze neue Agenten eingeschleust werden sollten. Die Operation wurde daher auf den nächsten Vollmond verschoben. Szabo nutzte die ihr unerwartet geschenkte Zeit dazu, möglichst viel mit ihrem Töchterchen Tania zusammen zu sein.[18] Sie traf auch Verfügungen im Hinblick auf die

Erziehung ihrer Tochter im Falle ihres Todes. Ihr Testament hatte sie bereits im Januar 1944 verfasst und dies unter anderem von Vera Atkins bezeugen lassen.[19]

Außerdem ließ Maurice Buckmaster sie an einem Auffrischerkurs im Codieren teilnehmen, den ihr der legendäre Codemaster der SOE und spätere Theater- und Drehbuchautor Leo Marks selber verabreichte. Bei Szabo überwand Marks, der in seiner im hohen Alter geschriebenen und indirekt auch ihr gewidmeten Autobiografie anmerkte, dass er sich in Gegenwart der weiblichen SOE-Agenten »unwohl« gefühlt habe, offenbar rasch sein Unbehagen. »Alles an ihr war unmittelbar, besonders ihre Wirkung. (…) Ich beobachtete sie verstohlen, obwohl ich den Verdacht hatte, dass sie es merkte.«[20] Als sie ihm das von ihr beschriebene Papier zurückgab, berührten sich ihre Hände und er »war versucht ›Oh, Entschuldigung‹ zu sagen, aufgrund dessen, was mir dabei durch den Kopf ging. (…) Ich merkte, dass sie sowohl intelligent als auch geistesgegenwärtig war, und hoffte nur, dass sie nicht auch Gedanken lesen konnte.« Für die SOE-Agenten gab es zwei Arten zu codieren, den sogenannten WOK (*Worked-Out Key*) sowie das Codieren mit Hilfe eines zuvor gelernten Gedichts. Ersteres erledigte Szabo schnell und fehlerfrei, doch die Codierung auf der Basis des Gedichts misslang ihr wiederholt – ein Problem, das sie offenbar bereits kannte. Nicht ganz altruistisch beruhigte Marks sie, indem er ihr erklärte, er hätte den ganzen Tag Zeit – und stellt später fest: »Und ich hoffte, dass ich ihn brauchen würde.« Nach einigem Hin und Her stellte sich heraus, dass das Problem darin lag, dass sie Probleme mit der Rechtschreibung des ihr zugeteilten französischen Gedichts hatte. Die Lösung lag also darin, der Codierung ein neues Gedicht zugrunde zu legen. Und Marks tat einen erstaunlichen Schritt: Er schlug ihr ein Gedicht vor, das er selbst geschrieben hatte, als er wenige Monate zuvor vom Tod seiner heiß geliebten Verlobten bei einem Flugzeugabsturz erfahren hatte. Tatsächlich gelang es Szabo, dieses Gedicht in kürzester Zeit auswendig zu lernen. Es begann mit den Worten:

The life that I have
Is all that I have
And the life that I have
Is yours.

(Das Leben, das ich habe
Ist alles, was ich habe
Und das Leben, das ich habe
Ist dein.)

Szabo wollte wissen, wer es geschrieben hatte, und Marks versprach ihr, es herauszufinden und es ihr zu sagen, wenn sie von ihrem Auftrag zurückkehrte. Doch merkt er in seiner Autobiografie an: »Mein Bauchgefühl sagte mir, dass sie nicht zurückkehren würde.« Das Codieren mit Hilfe des Gedichts gelang einwandfrei. Leo Marks hatte für sie ein schwerwiegendes Problem aus dem Weg geräumt, wofür sie ihm ihre große Dankbarkeit bezeugte. Welche persönliche Bedeutung diese Geste aber für den Codierexperten hatte, sollte sie nie erfahren.[21]

Dann schließlich, Anfang April 1944, war es so weit.[22] Vera Atkins brachte Szabo zum Flugfeld. Über den anschließenden Flug nach Frankreich gibt es voneinander abweichende Darstellungen. Nach einer davon sprangen Szabo und Liewer von einer Consolidated B-24 Liberator-Maschine aus mit dem Fallschirm ins Zielgebiet.[23] Einer anderen Version zufolge erwartete sie auf dem Flugfeld eine Lysander-Maschine. In Fliegeranzügen – aber ohne Fallschirm, da sie nicht absprangen, sondern abgesetzt werden sollten – und versehen mit der üblichen Ausstattung der SOE-Agenten sowie einer größeren Menge französischer Francs, bestiegen sie das kleine Flugzeug, das sie in die Nähe von Orléans bringen sollte. Die Lysander hob ab und der Pilot zog die Maschine in Richtung Ärmelkanal. Unterwegs wurden sie jedoch von einem deutschen Jagdflieger entdeckt und mussten abdrehen. Es folgten haarsträubende Minuten, die sich wie Stunden anfühlten. Immer wieder schoss das weitaus schnellere und wendigere deutsche Flugzeug über sie hinweg. Wenn es wendete, war im Mondlicht deutlich das verhasste Balkenkreuz der Luftwaffe auf Rumpf und Tragflächen zu erkennen. Doch der Deutsche eröffnete nicht das Feuer und ließ schließlich wieder von ihnen ab. Nach einigen Minuten wechselte der Lysander-Pilot erneut den Kurs und sie setzten ihre Reise Richtung Süden fort. In den frühen Morgenstunden sahen sie unter sich die Landelichter, der Pilot wagte den Anflug und wenig später holperte die Maschine über das improvisierte Flugfeld.[24] Zum ersten Mal seit fast fünf Jahren befand sich Violette Szabo wieder auf französischem Boden.

Mit dem Fahrrad fuhren sie mehr als 30 Kilometer durch die mondhelle Landschaft, bis sie ihr Ziel, das Haus eines Résistance-Mitarbeiters, erreichten. Nach einem Nachtessen und einigen Stunden Schlaf setzten sie tags darauf die Reise mit dem Zug fort. Ihr Ziel war Paris.[25]

Nach einigen Übernachtungen in Paris bestieg Szabo an der Gare St. Lazare einen Zug nach Rouen. Auf den Bahnsteigen und in den Waggons dominierte das Feldgrau der Wehrmachtsuniformen. Violette wusste, dass manche Abteile den Besatzungstruppen vorbehalten waren. Sie versuchte, sich so unauffällig wie möglich an diesen Abteilen vorbeizudrängen, doch plötzlich stand sie im Gang einem deutschen Offizier gegenüber, der eine Verbeugung andeutete, auf sein Abteil wies und in schnarrendem Französisch eine Einladung aussprach: »Kommen Sie doch hier herein, Mamsell, Sie werden ansonsten keinen Sitzplatz finden.« Die bereits im Abteil sitzenden Offiziere erhoben sich, um der hübschen jungen Mitreisenden einen Platz anzubieten, auch Zigaretten wurden ihr offeriert. Szabo spielte mit und die Zugfahrt verging unter unverbindlichem Geplauder zwischen Besatzungsoffizieren und Agentin.[26]

Nachdem sie diese Feuerprobe überstanden und ihre Verstellungskünste erfolgreich unter Beweis gestellt hatte, galt es für Szabo, in Rouen möglichst unauffällig und diskret auszuloten, was vom *Sales-*

man-Netzwerk noch übrig und wie die Résistance dort aufgestellt war. Dies war leichter gesagt als getan. Das Rouen, in dem sie an diesem Tag aus dem Zug stieg, war vom Krieg gezeichnet und ein gefährlicher Ort. Die 100 000-Einwohner-Stadt in diesem küstennahen Gebiet unweit der von den Deutschen zur Festung ausgebauten Hafenstadt Le Havre und des Atlantikwalls hatte bereits 1940 erheblichen Schaden genommen, als die Altstadt durch einen Großbrand weitgehend vernichtet worden war. Die schwersten Luftangriffe standen noch bevor, doch seit Beginn des Jahres 1944 wurde die Stadt von den Alliierten verstärkt bombardiert, wobei auch die berühmte Kathedrale nicht verschont blieb. Die deutschen Besatzungstruppen hier waren nervös. Die Résistance musste daher ebenfalls besonders auf der Hut sein, auch vor Kollaborateuren. Hier traute keiner keinem. Dies machte die Arbeit für Violette Szabo noch gefährlicher und schwieriger. Sie wurde zweimal verhaftet und von der Gestapo verhört, doch jedes Mal gelang es ihr, die Geheimpolizisten von ihrer Harmlosigkeit zu überzeugen. Harmlos aber war sie keinesfalls. Vorsichtig tastete sie sich vor. Sie wagte sich sogar nach Le Havre. Und es gelang ihr, die Informationen zu sammeln, die sie suchte. Der Befund war ernüchternd: Von den 98 Widerständlern, die Liewer organisiert hatte, waren über 90 in die Fänge der Deutschen gegangen. Das Netzwerk war zerrissen, und bis zur vorgesehenen Landung der Alliierten in der Normandie würde keine Zeit mehr sein, es neu zu knüpfen. Für Szabo eine bittere Enttäuschung.[27]

Nach zwei Wochen kehrte sie nach Paris zurück. Ihr blieben einige Tage, bis sie und Liewer damit rechnen konnten, wieder ausgeflogen zu werden. Sie nutzte sie unter anderem zum Einkaufen. Auch in Paris herrschte Knappheit, doch noch immer ließen sich hier feine Bekleidung und einige Luxusgegenstände erstehen. Szabo erwarb drei Kleider, einen Pullover und Parfüm für sich selbst. Sie kaufte die Kleider bei *Molyneux*, einem Geschäft, dessen Inhaber nach London geflohen war, weshalb es sich nunmehr in deutschen Händen befand.

Ironischerweise kaufte sie damit also, worauf verschiedene Autoren hingewiesen haben, ausgerechnet in einem deutschen Geschäft ein.[28] Neben ihren eigenen Kleidern erstand sie in Paris des weiteren Souvenirs für drei Damen unterschiedlichen Alters in England: Ihre Mutter erhielt ebenfalls Parfüm sowie schwarze Lederhandschuhe, einen Schal und eine Puderdose. Für Töchterchen Tania fand sie einige Kleinigkeiten und ein bunt geblümtes Seidenkleidchen, das sie notgedrungen einige Nummern zu groß kaufen musste. Und auch Vera Atkins wurde mit einigen kleinen Geschenken bedacht.

Solchermaßen bepackt nahm sie einige Tage später einen Zug nach Blois und radelte von dort mit Liewer aufs Land, wo sie zwei verschiedene, im Schutz der Dunkelheit gelandete Lysander-Maschinen Richtung England bestiegen.[29] Der Rückflug war kein reines Vergnügen. In unmittelbarer Nähe des von den Deutschen genutzten Militärflugplatzes Châteaudun wurde die Lysander von Flakscheinwerfern erfasst und kurz darauf beschossen. Mit Mühe und gewagten Manövern gelang es dem Piloten, sein Flugzeug aus der Schusslinie zu bringen. Um sich besser konzentrieren zu können, hatte er die Gegensprechanlage, über die er mit seiner Passagierin hätte kommunizieren können, aus- und anschließend wohl versehentlich nicht wieder eingeschaltet. Die Landung in England verlief holprig, da beim Beschuss durch die Deutschen ein Reifen des Fahrwerks beschädigt worden war. Als der Pilot von außen die Tür öffnete, um Szabo von Bord zu lassen, wurde er von ihr zunächst wüst auf Französisch beschimpft, weil sie irrtümlich davon ausgegangen war, dass sie in Frankreich notgelandet waren und nun von den Deutschen verhaftet wurden. Erst als sie seine Uniform erkannte und sich ihres Irrtums bewusst wurde, beruhigte sie sich, umarmte und küsste ihn. Wie er sich später erinnerte, war er außerordentlich froh, dass Violette in diesem Moment keine Schusswaffe bei sich trug, da er davon ausging, dass sie ihn sonst erschossen hätte. Doch um des Kusses willen, so meinte er, hätte sich die ganze Geschichte gelohnt.[30]

In England hatte Szabo nun eine kurze Atempause, um sich von den Strapazen des Einsatzes in Frankreich zu erholen. Sie machte einige Tage Urlaub bei ihren Verwandten in Herefordshire.[31] Ende Mai 1944 wurde sie für ihren erfolgreichen Einsatz in der Normandie zum Fähnrich befördert.[32]

Bis zur geplanten alliierten Landung in der Normandie blieben inzwischen jedoch nur noch wenige Wochen und auch die F-Sektion arbeitete daher auf Hochtouren. So dauerte es nicht lange, bis Maurice Buckmaster sie wissen ließ, dass ein weiterer Einsatz in Planung war, für den man sie ins Auge gefasst hatte. Zugleich erklärte er ihr, dass er die Entscheidung ihr überlasse. »Du musst das nicht machen. Du hast bereits deinen Beitrag geleistet und du hast deine Sache sehr gut gemacht, hast Mut bewiesen, einen kühlen Kopf bewahrt und dich äußerst findig gezeigt.« Auch Liewer warnte sie wenig später vor den Gefahren des neuen Auftrags und stellte ihr frei, es sich anders zu überlegen. Doch Szabos Entschluss stand bereits fest: Sie wollte dabei sein.[33]

Der Einsatz sollte mit dem Juni-Vollmond zusammenfallen. Bis dahin verblieben noch rund zwei Wochen. Szabo nutzte die Zeit. Sie ging zu einem Fotografen und ließ ein Foto von sich anfertigen, das sie ihrer Mutter schenkte. Sie verabschiedete sich von Freunden, Eltern und natürlich von Tania. Szabos Mutter fragte sich, ob eine böse Vorahnung ihre Tochter bewegte. Doch die zeigte keinerlei Zeichen von Anspannung oder Angst. Im Gegenteil: Vera Atkins erinnerte sich, dass die Anspannung der Männer vor ihren Einsätzen mit Händen zu greifen war, während Szabo vollkommen ruhig blieb.[34]

Diesmal bedurfte es dreier Anläufe. In der Nacht vom 4. auf den 5. Juni wurde die Mission, noch während die Maschine zur Startbahn rollte, abgebrochen, da die Wettervorhersage extrem schlecht war. In der folgenden Nacht waren die Witterungsbedingungen etwas günstiger. Diesmal flog die B-24 mit den Agenten nicht allein. Es war die Nacht vor dem D-Day, dem Beginn der *Operation Overlord*, der alliierten Landung in der Normandie. Unablässig starteten in Großbritannien Militärflugzeuge, unter ihnen bahnten sich über 6000 Schiffe, die größte Schiffsflotte der Weltgeschichte, auf dem Weg an die französische Küste ihren Weg durch die Wellen des Ärmelkanals. Im Bauch des Bombers sahen Szabo und ihre Begleiter – Liewer, der inzwischen vollkommen genesene Bob Mortier und ein amerikanischer

Das letzte Foto von Violette Szabo, aufgenommen vor ihrem Einsatz im Frühjahr 1944. Sie schenkte es ihrer Mutter.

Funker – hiervon nichts und die Besatzung des Flugzeugs ließ sie, sehr zu ihrem späteren Ärger, offenbar auch nicht wissen, was tief unter ihnen und um sie herum vor sich ging.[35] Ihre Reise sollte nach Mittelfrankreich, ins Limousin gehen. Doch am Ziel waren keine Signallichter erkennbar und so drehte der Pilot wieder um. Erst beim dritten Versuch waren sie erfolgreich. Erneut stand eine B-24 Liberator der US-Luftwaffe bereit. Der für das Einschleusen von Agenten umgebaute Bomber mit dem markanten Doppelseitenleitwerk war ein gänzlich anderes Kaliber als die Lysander. Es war gar nicht daran zu denken, dass die 20 Meter lange, viermotorige Maschine mit ihrer Spannweite von über 30 Metern auf einer Wiese oder einem Feld landen konnte. Die Agenten mussten daher durch eine eigens hierfür in den Rumpf geschnittene Öffnung aussteigen und am Fallschirm einschweben. Nach etwa vierstündigem Flug, in den frühen Morgenstunden des 8. Juni 1944, konnten die Piloten am Zielort die erwarteten Lichtpunkte unter sich ausmachen. Wie sich der amerikanische Funker erinnerte, bestand Szabo darauf, zum Abschied sämtliche Besatzungsmitglieder zu küssen.[36] Dann sprang sie ab. Neben den vier Agenten transportierte das schwere Flugzeug auch noch Ausrüstung für die französischen Widerstandskämpfer, die, in entsprechenden Containern ebenfalls an Fallschirmen befestigt, abgeworfen wurden, bevor die Liberator den Rückflug antrat.[37] Die vier eingeschleusten Agenten verbrachten die erste Nacht in Frankreich im Dorf Sussac, etwa 50 Kilometer von Limoges.[38]

Limousin,
Juni 1944

Das Limousin lag strategisch wichtig. Viele Verbände, die die Deutschen zur Verstärkung ihrer nun durch die *Operation Overlord* schwer bedrängten Truppen in der Normandie nach Norden verlegen wollten, mussten die Region durchqueren. Der Auftrag Liewers bestand daher darin, die in diesem Gebiet zahlreichen, aber schlecht organisierten Partisanen zu einer kampfkräftigen Truppe zu formen. Kein Kinderspiel, wie er rasch merken und in einem Bericht festhalten sollte: »Bei meiner Abreise aus London gab man mir zu verstehen, dass ich bei Ankunft einen sehr gut organisierten, von politischen Intrigen völlig freien Maquis (Anm. d. Verf.: Französische Partisanengruppe) vorfinden würde, der eine gute Basis dafür bieten würde, den Widerstandsring auf das gesamte Gebiet auszudehnen. Bei Ankunft traf ich tatsächlich auf einen etwa 600 Mann starken Maquis und 200 französische Gendarmen, die am D-Day hinzugestoßen waren. Aber diese Männer waren vollkommen untrainiert und standen unter dem Kommando der unfähigsten Leute, die mir je begegnet sind. Auch hatten die meisten beschlossen, nicht zu kämpfen, was eindrücklich dadurch bewiesen wurde, dass erstens keines der für den D-Day anvisierten Ziele angegriffen worden war und dass ich, zweitens, in den kommenden drei Wochen jedes Mal mehrere Stunden diskutieren musste, um einige Wenige dazu zu bekommen, sich an die Bahnlinien oder die Telefonkabel heranzumachen.«[39]

Liewer wusste, dass er keine Zeit verlieren durfte, unter anderem, weil die bis dahin in Toulouse stationierte 2. SS-Panzerdivision *Das Reich* auf dem Weg in den Norden in Kürze sein Gebiet durchqueren würde. Wichtig war jedoch, dass auch die Partisanen in den angrenzenden Gebieten an einem Strang zogen, wenn man das Vorrücken der Deutschen aufhalten oder zumindest verlangsamen wollte. Hierzu musste man Kontakt mit den anderen Gruppen aufnehmen, ihnen die Situation erläutern und sie für ein gemeinsames Vorgehen gewinnen. Diese Aufgabe fiel Szabo zu.

Am Morgen des 10. Juni 1944 bestieg sie mit dem Partisanen und ehemaligen Gendarmen Jacques Dufour, genannt »Anastasie«, einen schwarzen Citroën. Sie wollten in das knapp 50 Kilometer entfernt in der Corrèze gelegene Pompadour fahren. In dem kleinen Ort mit seinem Renaissance-Schloss, dem die als Bürgerliche geborene Mätresse Ludwigs XV. ihren Adelsnamen verdankte, da der König sie zur Marquise de Pompadour erhob, sollte Violette Kontakt mit den Maquisards (Partisanen aus der Corrèze) aufnehmen. Anastasie war mit einer britischen Maschinenpistole, einer sogenannten *Tommy Gun* bewaffnet und auch Violette führte eine Sten-Maschinenpistole mit sich, die in merkwürdigem Kontrast zu ihrem leichten Sommerkostüm stand.[40] Ihre Biografin Susan Ottaway weist darauf hin, dass das Mitführen der Maschinenpistole wenig sinnvoll erschien, denn die Waffe passte nicht zu ihrer Tarnung als französische Zivilistin und wäre im Fall einer deutschen Kontrolle kaum zu verstecken gewesen. Doch hatte sie die Waffe offenbar von Liewer ertrotzt, was, wie auch Ottaway mutmaßt, möglicherweise im Zusammenhang mit ihrer wiederholt geäußerten Absicht stand, so viele Deutsche zu töten wie möglich.[41]

Die Fahrt begann unspektakulär. Zunächst holten sie noch Jean Bariaud ab, einen weiteren Partisanen aus einem Nachbardorf.[42] Der Weg führte über kurvige, wenig frequentierte Landstraßen. Allerdings mussten sie, um nach Pompadour zu gelangen, an einer Stelle die von den Deutschen für Truppentransporte genutzte Fernstraße von Toulouse in Richtung Norden überqueren. Anastasie entschied sich, dies in der Gemeinde Salon-la-Tour zu wagen, da er dort aufgewachsen war und darauf vertraute, dass die Dorfbewohner ihn warnen würden, wenn Gefahr drohte. Als sie sich dem Örtchen näherten, erzählte Anastasie Geschichten aus seiner Jugend und zeigte Szabo, wo er früher gelebt hatte.[43]

Plötzlich aber sahen sie an der vor ihnen liegenden Straßenkreuzung eine Straßensperre der Deutschen. Es handelte sich um SS-Soldaten der Panzerdivision *Das Reich*, die den Auftrag hatten, den tags zuvor verschwundenen SS-Sturmbannführer Helmut Kämpfe, Bataillonskommandeur des 4. SS-Panzergrenadierregiments *Der Führer*, zu finden.

Über das, was unmittelbar darauf sowie in den folgenden Wochen geschah, gehen die Berichte in mancherlei Hinsicht auseinander. Liewer soll später berichtet haben, dass ihm die Situation von Anastasie wie folgt geschildert wurde: Auf den Haltebefehl der Deutschen hin winkte Anastasie mit dem Arm aus dem Fenster, verlangsamte die Fahrt und wies Szabo an, aus dem Wagen zu springen, sobald sie halten würden. Dann brachte er den Wagen rund 30 Meter vor der Straßensperre zum Stillstand. Als Erster sprang der unbewaffnete und damit schutzlose Bariaud aus dem Wagen und suchte das Weite. Anastasie warf sich neben dem Auto zu Boden und eröffnete das Feuer auf die Deutschen, Szabo aber ergriff nicht die Flucht, sondern tat es ihm gleich. Einer der Deutschen wurde getroffen, die beiden anderen feuerten massiv zurück.[44]

In Details abweichend beschrieb Minney, der erste Biograf von Violette Szabo, in den fünfziger Jahren die Situation.[45] Vera Atkins hingegen meinte sich später, allerdings wohl eher schemenhaft, zu erinnern, dass Anastasie ihr gegenüber die Lage erheblich anders geschildert habe. Demnach hatte der junge Partisan, als die Straßensperre sichtbar wurde, bei einem Bauernhof gehalten, um sich zu verstecken. Violette aber eröffnete das Feuer und löste so den Beschuss und die Verfolgung durch die Deutschen aus.[46]

Wiederum übereinstimmend gehen alle Darstellungen davon aus, dass Szabo und Anastasie anschließend durch ein Mais- oder Kornfeld zu flüchten versuchten. Die Deutschen nahmen die Verfolgung auf, zu den Wachen von der Straßensperre kamen weitere hinzu, auch zwei Panzerwagen kamen jetzt zum Einsatz. Szabo und Anastasie hatten einen knappen Vorsprung, aber sie waren nicht außer Schussweite – die Kugeln der SS-Soldaten pfiffen ihnen um die Ohren.[47]

Dann passierte etwas Fatales. Szabo konnte nicht weiter. Möglicherweise gab der beim Fallschirmspringertraining verletzte Knöchel nach, vielleicht erhielt sie einen Streifschuss, vielleicht übermannte sie die Erschöpfung.[48] Jedenfalls forderte sie Anastasie dazu auf, nicht bei ihr zu verharren, sondern die Flucht fortzusetzen, was dieser schließlich tat. Sie kroch zum Rand des Feldes, legte ein Magazin in ihre Sten-Maschinenpistole ein und erwiderte das Feuer der immer näher heranrückenden Deutschen. Tatsächlich gelang es Anastasie mit knapper Not, zu entkommen. Er verbarg sich unter einem Heuhaufen oder einem Holzstapel auf dem Hof einer ihm bekannten Bauernfamilie. Allerdings ragte einer seiner Füße noch ins Freie und die Deutschen näherten sich bereits dem Hof. Geistesgegenwärtig setzte sich eine der Töchter des Bauern – Anastasie war mit ihr gemeinsam zur Schule gegangen – so auf den verräterischen Fuß, dass er den alsbald eintreffenden SS-Soldaten verborgen blieb. Anastasie wurde nicht gefasst.

Anders erging es Szabo. Wie durch ein Wunder wurde sie nicht schwerer verletzt und hielt ihre Stellung, bis das letzte Magazin leer geschossen war. Als die Waffen-SS-Soldaten sie packten, leistete sie erhebliche Gegenwehr, wurde aber natürlich rasch überwältigt und schließlich ins Gefängnis nach Limoges gebracht. Den Einwohnern der Region nötigte es höchsten Respekt ab, dass sich eine einzige Frau – »la petite anglaise« (»die kleine Engländerin«), wie sie sie nannten – mit einer eher minderwertigen Waffe einem ganzen Trupp weitaus besser bewaffneter SS-Soldaten in den Weg stellte, um einem französischen Résistance-Kämpfer die Flucht zu ermöglichen.[49]

Der verschwundene SS-Sturmbannführer Kämpfe tauchte nicht wieder auf. Er war von den französischen Partisanen gefangen genommen und später exekutiert worden. Am selben Tag, als Szabo gefangen genommen wurde, dem 10. Juni 1944, verübten Angehörige der Division *Das Reich* im nahe gelegenen Oradour-sur-Glane das zahlenmäßig größte Massaker der Deutschen in Westeuropa. Von den knapp 650 Einwohnern des Dorfes – überwiegend Frauen und Kinder – überlebten nur sechs. Während die Männer erschossen wurden, pferchte die SS Frauen und Kinder in der Kirche ein und setzte diese in Brand. Diese und weitere Gräueltaten der Deutschen vermochten nicht zu verhindern, dass die Partisanen den Vormarsch der Panzerdivision so weit verlangsamten, dass sie zu spät in der Normandie anlangte, um den Vormarsch der Alliierten dort noch aufzuhalten.

Der vor Ausbruch des Schusswechsels entkommene Bariaud hatte Liewer sofort berichtet, dass seine Begleiter und er in eine Straßensperre geraten waren, und Liewer hatte wohl relativ rasch herausbekommen, dass Szabo ins nahe Limoges gebracht worden war. Er beschloss, seine Kurierin zu befreien. Wie weit diese Pläne gediehen, ist jedoch wiederum umstritten. Laut Ottaway blieb keine Zeit mehr, tatsächlich aktiv zu werden, da Violette zwar im Gestapo-Hauptquartier von Limoges verhört, dann aber bereits zwei Tage später, am 12. Juni 1944, wieder aus der Stadt verlegt wurde.[50] Andere wiederum gehen davon aus, dass Liewers Leute tatsächlich einen Befreiungsversuch unternahmen, der jedoch scheiterte. Demnach blieb die britische Agentin mehrere Tage im Gefängnis der französischen Provinzstadt. Zweimal täglich – um 11 Uhr morgens und 16 Uhr nachmittags – wurde sie zu Fuß vom Gefängnis ins Gestapo-Hauptquartier geführt, dort verhört und anschließend ins Gefängnis zurückgebracht. Sie fürchtete, gefoltert zu werden, doch dies geschah nicht. Der verhörende Geheimpolizist gab sich leutselig, ließ durchblicken, dass man ihr helfen könne und auch wolle. Doch sie ließ sich nicht einlullen und gab außer ihrer grenzenlosen Verachtung nichts preis.[51] Die Gänge zwischen Gefängnis und dem Gebäude der Deutschen boten die einzige Möglichkeit zu einer Befreiung. Die Operation wurde generalstabsmäßig geplant. Systematisch kundschafteten die Widerstandskämpfer die Lokalitäten und die Zeiten aus, an denen die Gefangene jeweils durch die Stadt geführt wurde. Dann wurde der Tag für die Befreiung festgelegt. Am Morgen des 16. Juni 1944 stand in Limoges ein gestohlenes Fluchtfahrzeug bereit, Bob Mortier und vier Maquisards lagen auf der Lauer. Doch an diesem Morgen öffnete sich die kleine Nebentür des Gefängnisses nicht, durch die Szabo normalerweise ins Freie geführt wurde. Die Befreier harrten bis 12 Uhr aus, doch nichts passierte. Später erfuhren sie, dass Szabo in den frühen Morgenstunden desselben Tages von Limoges ins Gefängnis von Fresnes südlich von Paris verlegt worden war.[52]

Bald nach ihrer Ankunft in Fresnes wurde sie aus ihrer Zelle geholt, über endlose Gänge und Treppen in den Gefängnishof geführt und in eine grüne Minna gesetzt. Das Polizeifahrzeug bahnte sich einen Weg durch die Straßen von Paris und bog schließlich in die Einfahrt des Hauses Avenue Foch 84 ein.[53] Was ihr dort möglicherweise bevorstand, ahnte sie. Die Folter, die ihr in Limoges wohl noch erspart geblieben war, drohte nun erneut. Ob sie jedoch tatsächlich gefoltert wurde, bleibt ebenfalls umstritten. Die Frage gab in den sechziger Jahren sogar Anlass zu einem vor Gericht ausgefochtenen Streit zwischen dem frühen Szabo-Biografen Minney und der Ex-SOE-Agentin und Ravensbrück-Überlebenden Odette Sansom (später Churchill) auf der einen und dem offiziellen SOE-Chronisten M.R.D. Foot auf der anderen Seite. Foot hatte für die Behauptung, Szabo sei gefoltert worden, keine eindeutigen Beweise gefunden. Er wurde jedoch schließlich, ebenso wie das *Royal Stationery Office*, das sein Buch »SOE *in France*«, in dem er die These von der Folter verwarf, gedruckt hatte, Minney gegenüber wegen schriftlicher Verleumdung zu Schadensersatz verurteilt und entschuldigte sich noch im Gerichtssaal bei seinem Widersacher.[54] Die Biografin Ottaway, die sich der Auffassung anschließt, dass es für eine Folter keine schlüssigen Beweise gibt, weist indessen zugleich darauf hin, dass die Behandlung, die Violette in Fresnes erdulden musste, gleichwohl einem Leidensweg gleichkam, den sie mit großer Kraft ertrug.[55] Sie wurde in der Avenue Foch »gnadenlos verhört«, und die »mentale Folter, die die Haft, wiederholte Verhöre und die ständige Angst, dass jeder Tag ihr letzter sein könnte, bedeuteten, dürfte gewaltig gewesen sein«.[56]

Während Violettes Haft in dem Pariser Gefängnis rückte die Dritte US-Armee unter General Patton rasch auf die französische Hauptstadt vor, es zeigten sich auf deutscher Seite deutliche Auflösungserscheinungen. Am 8. August wurden einige Gefangene in den Gefängnishof von Fresnes gebracht und auf bereitstehende Busse verteilt. Unter ihnen waren Szabo sowie vermutlich zwei weitere SOE-Agentinnen, die Französin Denise Bloch und die Britin Lilian Rolfe. Beide waren als Funkerinnen eingesetzt gewesen. Unter den für den Abtransport vorgesehenen Männern befand sich als höchstrangiger SOE-Offizier Oberstleutnant Edward Yeo-Thomas, der im Februar 1944 zum zweiten Mal über Frankreich abgesprungen und den Deutschen ins Netz gegangen war, und ein weiterer SOE-Agent und Bekannter von Szabo, Harry Peulevé. Staunton, Mortier und er waren noch vor wenigen Monaten in London mit Szabo um die Häuser gezogen.[57] Peulevé hatte sich wohl in Szabo verliebt und gehofft, mit ihr gemeinsam einen Einsatz zu bestehen, was aber seiner Ansicht nach von Vera Atkins, die seine Gefühle und die daraus resultierenden Gefahren bei einem gemeinsamen Einsatz erkannt hatte, verhindert worden war.[58]

Die Busse setzten sich in Bewegung und schlugen den Weg zum Pariser Ostbahnhof ein, wo die Gefangenen in einen einzigen Eisenbahnwaggon gepfercht wurden. Die Männer waren jeweils zu zweit mit Handschellen aneinandergefesselt. Die Frauen waren mit Fußketten aneinandergebunden. Dennoch waren die Frauen insofern besser dran, als sie die zahlenmäßig kleinere Gruppe darstellten und in ihrem Abteil wenigstens sitzen konnten, während die Männer mit 18 oder 19 Gefangenen je Abteil selbst zum Stehen kaum genug Platz hatten.[59]

Der Zug setzte sich in Bewegung und fuhr durch die Nacht. An Schlaf war nicht zu denken. Das vom Roten Kreuz zur Verfügung gestellte Wasser war in der Augusthitze bald aufgebraucht. Die Wachen ließen sich nicht erweichen, den Gefangenen Wasser zu bringen. Und die Fahrt ging quälend langsam voran. Dann kam der Zug ganz zum Stillstand: Tieffliegeralarm. Flugzeuge der RAF dröhnten über die Bahnstrecke hinweg. Nachdem sie ihre Bomben abgeworfen hatten, eröffneten sie das Feuer aus ihren Bordkanonen. Die deutschen Wachen sprangen von Bord, verriegelten die Türen des Zuges und flüchteten sich in umliegende Gräben, nicht ohne zuvor den Gefangenen gedroht zu haben, jeden zu erschießen, der zu fliehen versuchen würde. Im Zug herrschte Chaos. Das Dach eines weiter vorne liegenden, deutsche Verwundete transportierenden Waggons wurde von den Maschinengewehrsalven zerfetzt, die Schreie der Verletzten mischten sich in den Lärm des Fliegerangriffs. Auch in dem Gefangenenwaggon herrschte Panik.[60]

Was dann geschah, konnte kaum jemand fassen. Auf allen vieren kamen Szabo und die an sie gefesselte Mitgefangene zu den Männerabteilen gekrochen, in der Hand einen Krug, den sie in der Bordtoilette mit Wasser gefüllt hatte. Wieder und wieder kroch sie vom Abteil zur Toilette und zurück und versorgte die vor Durst halb Wahnsinnigen mit Wasser. Yeo-Thomas erinnerte sich später: »Wir alle haben uns unglaublich geschämt, als wir Violette Szabo sahen, die mitten während des Luftangriffs mit einem in der Toilette gefüllten Wasserkrug den Gang entlanggekrochen kam. Sie reichte ihn uns durch die Gitterstäbe, (…) Mein Gott, das Mädchen hatte Mumm.«[61]

Da der Zug nach dem britischen Fliegerangriff seine Fahrt nicht mehr fortsetzen konnte, wurden die Gefangenen schließlich auf Lastwagen verladen und nach Metz gebracht, wo sie die Nacht in den Ställen einer Kaserne verbrachten. Hier gelang es Szabo und Harry Peulevé laut Minney, sich die Nacht hindurch zu unterhalten. »Sie war«, so zitiert Minney Peulevé, »fröhlich, ja fast übermütig. Sie war sicher, dass der Sieg nahe war, und fest entschlossen, zu entkommen, wo immer man sie auch hinbrachte.«[62]

Was ihr bevorstand, ahnte sie zu diesem Zeitpunkt noch nicht. Zunächst ging die Reise weiter von Metz nach Straßburg und von dort nach Saarbrücken.

9

DIE POLNISCHE GRÄFIN

Polen,
1908 – 1939

Sie war die erste Agentin im Geheimdienst Seiner Majestät. Doch sie war keine Britin und nicht Vera Atkins hatte sie angeworben. Krystyna Skarbek hatte sich selber ins Spiel gebracht und vielleicht bereits 1938, spätestens aber im Jahr darauf – und damit noch vor Gründung der SOE.[1] Die Amateurin entwickelte sich rasch zu einer Topagentin, die ihren Mangel an Untergrunderfahrung durch eine kaum zu übertreffende Kühnheit und bedingungslosen Einsatzwillen auszugleichen verstand, und wurde so »möglicherweise die faszinierendste und bestimmt die längstgediente Agentin des Zweiten Weltkriegs«.[2]

Äußerungen von Atkins über Skarbek lassen allerdings erkennen, dass sie der polnischen Kollegin nicht unkritisch gegenüberstand. So merkte sie an, Skarbek sei »sehr mutig, sehr attraktiv, aber eine Einzelgängerin und sie macht, was sie will.«[3] Dabei hatten die beiden Frauen manches gemeinsam: das Geburtsjahr, eine privilegierte Jugend in einem zum Untergang verdammten Mitteleuropa, jüdische Wurzeln, die Suche nach ihrer Identität und Rolle in einer aus den Fugen geratenen Welt und ihr Außenseitertum in einer Gesellschaft, in der eine solide britische Abstammung oft mehr zählte als Können und Leistung.

Dass aus dem zarten kleinen Mädchen, das am 1. Mai 1908 in einem gutbürgerlichen Haus an der ulica Zielna in Warschau geboren und auf den Namen Marija Krystyna Janina Skarbek getauft wurde, einmal eine Untergrundkämpferin werden sollte, vor der gestandene Geheimdienstoffiziere zitterten, hätte wohl niemand geahnt.[4] Krystyna und ihr acht Jahre älterer Bruder Andrzej entsprangen einer Verbindung von Adel und Vermögen. Ihr Vater Jerzy Skarbek entstammte einer polnischen Adelsfamilie, die auf eine lange Geschichte und manche Familienlegende zurückblickte. Zu Letzteren gehört die angebliche Abstammung von dem Schuhmachergesellen, der dem gefürchteten Wawel-Drachen der polnischen Legende den Garaus gemacht und dafür eine Königstochter zur Gattin erhalten haben soll. Zudem zählte die Familie Jan Skarbek z Góry zu ihren Vorfahren, der im Jahr 1109 als Gesandter des Königs Boleslaws III. den Kaiser Heinrich V. bei einem Bestechungsversuch grandios abblitzen ließ[5], sowie einige Helden der Schlacht bei Grunwald[6], in der der Deutsche Orden 1410 eine entscheidende Niederlage gegen ein polnisch-litauisches Heer erlitt.

Zu den illustren Familienangehörigen aus jüngerer Zeit gehörte Fryderyk Florian Skarbek, der sich als Ökonom, Sozialreformer, Strafwissenschaftler, Historiker und Autor hervortat und 1849 von Zar Nikolaus I. den Grafentitel verliehen bekam. Er wurde Pate des auf dem Skarbek'schen Anwesen geborenen und nach ihm benannten Fryderik Chopin, der wiederum sein erstes gedrucktes Werk der Schwester des Grafen widmete[7]. Eine Ironie der Geschichte bestand darin, dass er als Strafreformer in den neunzehnhundertdreißiger-Jahren das Pawiak-Zuchthaus bauen ließ, das ein Jahrhundert später zu einem Gestapo-Gefängnis wurde, in dem sich die Spur der von den Nazis verschleppten Mutter Krystyna Skarbeks, Stefania, verlieren sollte.[8]

Jerzy Skarbek entstammte also einer ruhmreichen Familie, war charmant und attraktiv, zugleich aber »ein rücksichtsloser aristokratischer Schurke, wie er im Buche steht«.[9] Der Preis für das Leben, das er führte, war eine rasche Abnahme des Familienvermögens. Der Ausweg fand sich in einer Zweckehe mit Stefania, der katholisch getauften Tochter der jüdischen Bankiersdynastie Goldfeder. Bei der Heirat der beiden hatte »niemand in Warschau (…) den leisesten Zweifel über die Motive des Bräutigams«.[10]

Die Rechnung ging jedoch auf. Jerzy konnte weiter seinen aufwendigen Lebensstil genießen und etablierte sich als Gutsbesitzer. Nachdem die Familie lange Jahre auf einem stattlichen Anwesen im mittelpolnischen Młodzieszyn gelebt hatte, erwarb Jerzy 1912 einen anderen Landsitz in Trzepnica, unweit von Łódź. Auf diesem Gut, einem Herrenhaus im klassischen polnischen Stil mit einem Säulenportikus, verlebte Krystyna eine unbeschwerte Kindheit. Trotz ihrer Zierlichkeit entwickelte sie sich zu einem sehr temperamentvollen und wilden Kind und damit zum Liebling ihres Vaters, der ihr bereits in frühester Kindheit das Reiten, den Umgang mit Messern und sogar mit Schusswaffen beibrachte. Und schon in zartem Alter begriff sie, dass sie durch Einsatz von Charme von anderen Menschen jeweils genau das bekommen konnte, was sie wollte.[11] Auch ihre lebenslange Liebe zu Hunden nahm in Trzepnica ihren Anfang, wozu unter anderem mit Dackeln ausgeführte Hindernisrennen beitrugen.[12]

Auf die Wirren des Ersten Weltkriegs folgte der Polnisch-Sowjetische Krieg, in dem die Polen unter Marschall Piłsudski in der Schlacht von Warschau, dem »Wunder an der Weichsel«, die bis vor die Tore Warschaus vorgedrungene Rote Armee zurückschlugen. 1921 erstand das lange geteilte Polen wieder als eigenständiger Staat auf. Im Vertrauen auf stabile politische Verhältnisse schickten ihre Eltern die vierzehnjährige Krystyna in das Internat der bekannten Klosterschule von Jazłowiec. Aus Sicht Krystynas war dies wohl keine ganz glückliche Wahl. Jazłowiec war ein Elite-Institut der polnischen Aristokratie. Nicht alle Mitschülerinnen sahen in Krystyna, der Tochter einer jüdischen Mutter, jedoch eine Ebenbürtige. Zudem fand sich die temperamentvolle, selbstbewusste und Disziplin eher abgeneigte Vierzehnjährige in der streng reglementierten Welt des Internats nicht gut zurecht. Schon bald verstärkte sie daher, trotz guter Schulnoten, die Reihen derjenigen, die der Schule verwiesen wurden. Das Ende ihrer Zeit in der Klosterschule kam, als sie während einer Messe die Soutane des Priesters in Brand setzte – um seine Glaubensfestigkeit zu prüfen.[13] Zwar half sie sofort, das Gewand wieder zu löschen, als dieses lichterloh in Brand zu geraten drohte, und der Priester selber nahm den Zwischenfall mit Milde und Humor. Die Oberin hingegen nicht. Krystyna musste gehen. Weitere Wechsel von einer namhaften Schule zur nächsten sollten folgen, bevor sie mit 18 Jahren ihren Abschluss erlangte und sich künftig jeder weiteren Bildungseinrichtung fernhalten konnte.[14]

Während sie nun von der Last des Schullebens befreit war, traf sie und ihre Familie jedoch ein weitaus härterer Schlag. Die Parallele zu den Jugendjahren der Vera Atkins ist frappierend. Denn was Jerzy Skarbek trotz seines luxuriösen Lebensstils nicht vermocht hatte, bewirkte die einsetzende Wirtschaftskrise. Die Familie verlor ihr Vermögen und war gezwungen, den Landsitz und viele Wertgegenstände zu veräußern. Jerzy verließ seine Frau, entwickelte immer stärkere antisemitische Züge und verfiel zunehmend dem Alkohol.[15] Er starb 1930. Stefania, Krystyna und Andrzej bezogen eine Wohnung in Warschau.

Die Skarbeks hatten einen wirtschaftlichen Niedergang erlebt und Krystynas Abstammung war aus der Sicht mancher Kreise nicht völlig makellos. Der mit Krystyna bekannte Schriftsteller Witold Gombrowicz schrieb: »(…) Die unseligen, aus diesen Mariagen geborenen Wesen wurden im Bereiche der Salons nie legalisiert. Man tat ganz einfach, als wüsste man nichts, der gute Ton gebot, sich in Gegenwart eines solchen Wesens auch der leichtesten Anspielung auf die Juden zu enthalten, man sprach nicht darüber, wie man im Hause des Gehenkten nicht vom Galgen spricht. Krystina Skarbek, ein hübsches Fräulein, deren Heldenrolle während des letzten Krieges bekannt ist, (…) gehörte zu dieser geradezu tragischen Kategorie von Mischlingen.«[16] Aber zu diesen Bedingungen, immerhin, bewegte sich Skarbek in der besseren Warschauer Gesellschaft. Sie genoss im Rahmen des Möglichen das Leben in der quirligen, kultur-affinen Metropole. Zudem nahm sie eine Büroarbeit in der Warschauer Fiat-Vertretung an. Dies blieb in mehrfacher Hinsicht nicht folgenlos. Zum einen zog sie sich durch die aus der Werkstatt heraufziehenden Abgase einen bleibenden Lungenschaden zu[17], der ihr aber später unerwartet das Leben retten sollte. Des Weiteren entwickelte sich dort womöglich ihre lebenslange Abneigung gegen Schreibtischjobs.[18] Zum Dritten lernte sie in der Fiat-Vertretung ihren künftigen ersten Ehemann kennen: den wohlhabenden deutsch-polnischen Geschäftsmann Gustav Gettlich, den sie 1930 heiratete.

Kurz zuvor hatte Skarbek an dem seit 1929 von zwei polnischen Zeitungen ausgelobten »Miss Polonia«-Schönheitswettbewerb teilgenommen und war in die Endrunde gelangt. Zwar machte sie nicht das Rennen, wurde aber immerhin zu einem »Star der Schönheit«. Trotz ihres Charmes und der Tatsache, dass sie nunmehr »offiziell schön«[19] war (ein Jahr später setzte sie sich in einem lokalen Wettbewerb in Zakopane durch und wurde auch noch zur »Miss Ski« gekrönt), hielt die Verbindung nicht. Wie bereits das Internatsleben, engte auch die Ehe Skarbek ein. Sie war nicht für die Rolle der brav an der Seite ihres Mannes repräsentierenden Gesellschaftsgattin geschaffen. Sie verbrachte viel Zeit beim Skifahren in Zakopane und befriedigte ihren Erlebnishunger unter anderem, indem sie auf Skiern Zigaretten über die Gebirgszüge der Tatra von der Tschechoslowakei nach Polen schmuggelte. Hierbei erwarb sie Kenntnisse und Fähigkeiten, die ihr später als Agentin sehr zupasskommen sollten.[20] Ihre Ehe aber wurde bereits 1932 geschieden. Immerhin warf die Scheidung genug ab, um ihr zu ermöglichen, eine Wohnung in der feinen Warschauer ulica Filtrowa zu beziehen und sich fortan in der hauptstädtischen Boheme zu tummeln.

Nach Zakopane kehrte sie jedoch immer wieder zurück – und lernte dort ihren zweiten Ehemann kennen. Jerzy Giżycki, Sohn einer wohlhabenden Familie und erheblich älter als Skarbek, hatte als junger Mann Polen im Zorn auf seinen Vater verlassen und sich nach Amerika eingeschifft, wo er später unter anderem in der neu eröffneten polnischen Botschaft in Washington arbeitete. Auf dem Umweg über New York, London und Westafrika, wo er als Sekretär und Fotograf an einer Expedition des polnischen Autors, Abenteurers, Forschers und »Sowjetologen« Antoni Ferdynand Ossendowski teilnahm, kehrte er 1932 nach Polen zurück. Auch ihn zog es immer wieder in die Hohe Tatra nach Zakopane und hier kreuzte sich Krystyna Skarbeks Weg mit seinem. In seinen Memoiren beschrieb er sie später als »hervorragende Reiterin, gute Skiläuferin und der furchtloseste Mensch, der mir je begegnete, egal ob Mann oder Frau«.[21] Sie war zudem »womöglich der einzige Mensch in Polen, der noch ungezähmter war als er«.[22]

Das Paar, das erst 1938 heiratete, bewegte sich fortan in polnischen Künstler-, Intellektuellen- und Diplomatenkreisen und mancher vermutete bereits, dass Skarbek für den britischen Geheimdienst arbeitete.[23] Ende 1938 übernahm Giżycki – der bereits einige Jahre zuvor ein knappes Jahr einen diplomatischen Posten in Äthiopien bekleidet hatte – erneut eine Aufgabe im polnischen Auswärtigen Dienst. Er sollte ein Konsulat in Kenia eröffnen, dessen Konsularbezirk weite Teile Ostafrikas umfassen sollte. Nach einem Zwischenstopp in London schiffte sich das Paar nach Kapstadt ein, von wo aus sie mit dem Auto die über 5 000 Kilometer lange Strecke nach Nairobi zurücklegen wollten.

Doch weiter als bis Johannesburg kamen sie wohl nicht, ehe die Deutschen am 1. September 1939 über Polen herfielen und die Katastrophe des Zweiten Weltkriegs ihren Lauf zu nehmen begann.[24] Den beiden in Südafrika gestrandeten Polen, die aus Warschau keine Anweisungen erhielten, blieb wenig übrig, als die Rückreise nach Europa anzutreten. Das Europa, das sie am 6. Oktober nach einer endlos erscheinenden Schiffsreise erreichten, war freilich ein anderes als dasjenige, das sie einige Wochen zuvor verlassen hatten. Polen, von

Westen durch den deutschen Blitzkrieg überrannt, dann von Osten durch die sowjetische Armee in die Zange genommen und von den Westalliierten Frankreich und Großbritannien sich selbst überlassen, war besetzt und dem hemmungslosen Terrorregime der deutschen Besatzer ausgeliefert. In Paris hatte sich eine polnische Exilregierung etabliert, der General Sikorski, ein Bekannter Giżyckis, als militärischer Oberbefehlshaber diente. Doch als die beiden in London eintrafen, fanden sich auch in der dortigen polnischen Botschaft keine Anweisungen für sie.[25] Dies sollte Skarbek aber nicht daran hindern, ihrem Land zu dienen. Die Stunde der Agentin Skarbek war gekommen.

Ungarn, Polen, Dezember 1939 – Januar 1941

Es war ein Himmelfahrtskommando, und wenn es überhaupt irgendjemandem gelingen konnte, dann ihr. Sie selber hatte die Idee entwickelt und dann den britischen Geheimdienst davon überzeugt, dass sie sowohl möglich als auch sinnvoll war. Wie die Akten des *Secret Intelligence Service* (SIS) vermerken, unterbreitete im Dezember 1939 »eine flammende polnische Patriotin, (…) hervorragende Skiläuferin und große Abenteurerin«, unter Hinweis darauf, dass »die Angelegenheit dringend« sei, einen Plan, wie britische Propaganda ins besetzte Warschau eingeschleust und Informationen über die Lage im besetzten Polen beschafft werden konnten.[26]

Was zunächst nach – ohnehin selten gänzlich gefahrloser – Geheimdienstroutine klingen mag, war tatsächlich eine hochriskante Mission, die vermutlich nur jemand wie Skarbek, die der SIS als »absolut furchtlos«[27] einstufte, ersinnen konnte. Denn es war selbstverständlich unmöglich, auf normalem Wege in das von den Deutschen versklavte Land einzureisen und nach Belieben in der Hauptstadt Pamphlete zu verteilen. Daher sah der Plan vor, von Ungarn aus über die Slowakei zu reisen und dort die polnische Grenze zu überschreiten. Schon die Reise durch die Slowakei barg Risiken. Ungarn war zu diesem Zeitpunkt offiziell noch neutral, die Slowakei aber, der formal unabhängige Rest der ehemaligen Tschechoslowakei, der der deutschen Besetzung durch Schaffung eines Satellitenstaates von Hitlers Gnaden entgangen war, war Feindesland. Der letzte Abschnitt der Route jedoch kam einem Wahnsinnsakt gleich: Ihr Plan war, auf Skiern über die Zweitausender der Hohen Tatra nach Zakopane vorzudringen. Und dies im kältesten Winter seit Menschengedenken, mit Temperaturen von minus 30 Grad und vier Meter tiefen Schneewehen.[28] Dass Skarbek eine ausgezeichnete Skiläuferin war, sich in der Gegend blendend auskannte und zudem unter der lokalen Bevölkerung, den Góralen, während ihrer gelegentlich halblegalen Skitouren in der Zwischenkriegszeit Freunde gewonnen hatte, machte die Aktion kaum weniger halsbrecherisch.

Wie genau Giżycki und Skarbek so schnell den Kontakt zum britischen Geheimdienst herstellen konnten, ist nicht gänzlich klar.[29] Giżycki wurde angeblich auf der Londoner Pall Mall von einem früheren Bekannten aus Afrika angesprochen, der ihm den Tipp gab: »Die suchen Trottel wie dich, um aus Flugzeugen über Frankreich abzuspringen.« Giżycki griff den Ratschlag auf, meldete sich bei der ihm gegebenen Adresse und wurde tatsächlich zu einem Interview geladen. Von Vera Atkins. »Da saß diese Frau mit versteinertem Gesicht«, erinnerte er sich später. »Attraktiv, aber so kalt wie Mildtätigkeit. Und die ist ziemlich frostig.«[30] Skarbek wiederum saß schon bald George Taylor gegenüber. Taylor gehörte der D-Sektion (D für *Destruction*, Zerstörung) des SIS an, deren Aufgabengebiet die subversive Arbeit und Sabotage war.[31] Und er glaubte an Skarbek und ihren wahnwitzigen Plan. »Ein sehr flott aussehendes Mädchen«, notierte Taylor, »schlicht gekleidet und aristokratisch. (…) Anscheinend hat sie den polnischen Winterferienort Zakopane viele Jahre lang besucht und kennt dort jeden. (…) Ich glaube, sie ist ein echter Gewinn für uns.«[32]

Diese Auffassung fand offenbar auf höherer Ebene Zustimmung. Und so gestattete man ihr unter dem Decknamen »Madame Marchand«, den Plan in die Tat umzusetzen.[33]

Skarbek wurde dem Department EH zugeteilt, das offiziell dem Außenministerium zugerechnet wurde, sich mit subversiver Propaganda beschäftigte und seine Bezeichnung von seinem Unterbringungsort, dem an der Themse gelegenen *Electra House* ableitete. Sie erhielt eine kurze Einführung in den Gebrauch von Sprengstoff, Information über Anlaufstellen in Budapest sowie eine Legende als französische Journalistin. Außerdem bekam sie 250 Pfund – ein Betrag, der heute etwa 13 000 Euro entspräche. Dann wurde sie in ein Flugzeug nach Paris gesetzt und reiste von dort mit dem Zug nach Budapest. Am 21. Dezember 1939 traf sie in der froststarrenden ungarischen Hauptstadt ein.

Zu ihren Kontaktpersonen in Budapest gehörte auch der Journalist Józef Radzimiński, den sie aus dem Vorkriegspolen kannte und der nun für die D-Sektion arbeitete. Problematischerweise verliebte sich Radzimiński rasch und unglücklich in die neue Agentin, was einige Monate später zu Problemen führen sollte. Zunächst aber erwies er sich als nützliche Anlaufstelle und verhalf Skarbek zu weiteren Bekanntschaften vor Ort.

Auch andere wichtige Kontakte knüpfte sie in Budapest. Da Ungarn die Grenzen zu Polen für Flüchtlinge offen hielt, strömten nun Zehntausende Menschen aus dem besetzten Land nach Ungarn. Unter ihnen befanden sich die Angehörigen der gescheiterten britischen Militärmission, die 1939 nach Polen entsandt worden war, um Verbindung mit dem polnischen Widerstand aufzunehmen. Zu dieser Gruppe gehörte unter anderem Oberstleutnant Colin Gubbins, der spätere Leiter der SOE.

Ebenfalls zu den Flüchtlingen von jenseits der Grenze gehörte der junge Leutnant Andrzej Kowerski, den Skarbek aus Kinderzeiten in Trzepnica kannte. Kowerski war ein attraktiver und schneidiger junger Offizier. Er hatte bei einem Jagdunfall einen Unterschenkel verloren. Trotz seiner schweren, aus Holz und Metallklammern gefertigten Prothese hatte er in einer motorisierten Einheit der *Schwarzen Brigaden* der polnischen Armee gegen die heranrückende Wehrmacht gekämpft und war mit dem höchsten polnischen militärischen Verdienstorden, dem *Virtuti Militari* ausgezeichnet worden. Nach einem Einsatz wurde Kowerski mit eingeklemmtem Bein unter einem ausgebrannten Panzer gefunden und schrie den Offizier, der ihn fand, an: »Ich brauche keinen Arzt, Sie Vollidiot, schicken Sie mir einen Schmied!«[34] Mit einem möglicherweise von der Wehrmacht entwendeten Opel gelang Kowerski schließlich die Flucht nach Ungarn, wo er in ein Internierungslager der ungarischen Behörden gelangte – das er zwei Tage später mitsamt seinem Wagen wieder verließ, um in Budapest unterzutauchen. Auf Befehl des Kommandeurs der *Schwarzen Brigaden* begann er nun, geflohene polnische Militärs aus Ungarn hinauszuschleusen, und betrieb bald eine sehr erfolgreiche Fluchtorganisation. Diese war auch erforderlich, denn immerhin entwichen allein 35 000 polnische Soldaten und Offiziere aus den ungarischen Internierungslagern.[35] Zu diesen zählten auch zahlreiche der für ihren Mut und Einsatz bekannten polnischen Flieger, die im Sommer 1940 an der Luftschlacht um England teilnahmen und durch ihre hohe Zahl an Abschüssen deutscher Flugzeuge (nach einigen Angaben 20 Prozent aller Abschüsse) entscheidend zum Erfolg des britischen Abwehrkampfes beitrugen.[36] Kowerski kam bei seinen neuen Aktivitäten seine Beinprothese zupass, aufgrund derer niemand in ihm einen geflohenen oder gar noch aktiven Offizier vermutete.

Skarbek und Kowerski lernten sich schon bald nach ihrer Ankunft in Budapest kennen, verstanden sich auf Anhieb und begannen eine Beziehung, die sie aus Sicherheitsgründen zunächst geheim hielten.[37] Sie blieben einander jedoch ein Leben lang verbunden und Kowerski sollte sich Skarbek sogar über deren Tod hinaus als treuer Gefährte erweisen.

Skarbeks Mission nahm aber einstweilen keine konkretere Gestalt an. Die auf einen Einsatz glühend erpichte, ohnehin nicht sonderlich geduldige junge Agentin war reichlich frustriert. Sie versuchte, einen Beitrag zu leisten, unterstützte eher hilflose Propagandaaktionen der Briten und schmiedete unter anderem Pläne für einen »Freiheitssender«, der von Ungarn aus alliierte Nachrichten und Propaganda nach Polen senden sollte.[38] Doch sie selber saß vorerst in Ungarn fest. Hierzu trug nicht zuletzt die Tatsache bei, dass sie von Seiten der Hauptgruppierung innerhalb des polnischen Widerstands, die der polnischen Exilregierung nahestand, als »Amateurin im Dienste der Engländer« mit Misstrauen beäugt wurde.[39] Wenig förderlich war auch das Verhalten des noch immer entflammten Radzimiński, der unerwünschte Aufmerksamkeit auf seine polnische Mitagentin lenkte. Er drohte damit, sich in die Genitalien zu schießen, sollte sie ihn weiter zurückweisen, traf dann lediglich seinen Fuß und suchte, nachdem er wieder gehen konnte, erfolglos den Tod durch einen Sprung in die halb vereiste Donau, wobei er sich das noch unverletzte Bein brach.[40] Da der britische Geheimdienst durch Aufmerksamkeit dieser Art seine Aktivitäten in Budapest zunehmend kompromittiert sah, beschloss man schließlich, Skarbek aus dem dortigen Rampenlicht zu nehmen, indem man sie endlich in die Karpaten schickte.[41]

Trotz ihres Mutes und ihrer eisernen Entschlossenheit, trotz ihrer Erfahrung auf Skiern und ihrer Kenntnis des Terrains – den Trek über die arktisch kalte, sturmgepeitschte, in mehr als mannshohen Schneewehen versunkene Tatra konnte Skarbek nicht alleine angehen. Unterstützung fand sie bei Kowerski, den die D-Sektion auf ihr Drängen als Ersatz für Radzimiński akzeptiert hatte[42], sowie einem flüchtigen Bekannten von Skarbek, der in der Zwischenkriegszeit der polnischen Ski-Olympiamannschaft angehört hatte und nun als Berg-Kurier für den polnischen Militärattaché arbeitete. Selbst dieser Profiskiläufer hielt ihr Ansinnen für selbstmörderisch, ließ sich aber zuletzt überreden, sie auf seine nächste Karpatenüberquerung mitzunehmen, bei der er eine hochrangige Persönlichkeit nach Polen einzuschleusen hatte.

Der Aufstieg dauerte zwei Tage, die die Gruppe an den Rand der Erschöpfung brachten. Die tiefverschneiten Berge ließen in diesem Jahrhundertwinter keine winterliche Idylle aufkommen. Stattdessen »froren Vögel an den Zweigen fest, auf denen sie geschlafen hatten, (…) und blutiger Schnee ließ erkennen, wo verhungernde Wolfsrudel vorübergezogen waren«.[43]

Am Abend des zweiten Tages fand das Grüppchen in einer Berghütte Schutz vor einem Schneesturm. Das erschöpfte Trio wärmte sich mit heißem, gezuckertem Tee, wie in Polen üblich mit Zitrone. Dann sanken sie in einen erschöpften Schlaf. Mitten in der Nacht wachte Skarbek auf. Ein Geräusch hatte sie aufschrecken lassen. Es war nicht der Wind. Schwächere, manchmal kaum zu vernehmende, wie aus weiter Ferne zu ihr herandringende Laute. Etwas versuchte, sich im unablässigen Heulen des Sturms Gehör zu verschaffen. Skarbek war plötzlich hellwach. Es waren verzweifelte Hilferufe, die sie hörte.

Sie rüttelte ihre Begleiter aus dem Schlaf, stürmte zur Tür, riss sie auf. Sofort wehte der Sturm wirbelnde weiße Schleier in die Hütte. »Hierher!«, brüllte Skarbek in das weiß-finstere Chaos vor der Hütte. »Hierher, hier ist eine Hütte!« Doch sie wurde nicht gehört, sie konnte im Wüten des Schneesturms kaum ihre eigene Stimme hören. Für sie war klar: Sie musste hinaus in den Sturm, die Rufenden finden und in die rettende Unterkunft führen. Doch Wind und Finsternis zerstörten jede Hoffnung, etwaigen Verirrten zu Hilfe eilen zu können. Marusarz schaffte es, mit Mühe und Not und unter Aufbietung seiner ganzen körperlichen Kraft, seine Begleiterin davon abzuhalten, sich in das jede Orientierung unmöglich machende Unwetter zu stürzen. »Um Himmels willen! Du verläufst dich da draußen, du findest die Verirrten nicht und du findest nie zurück. Und du holst uns womöglich noch die Wehrmacht an den Hals. Was, wenn es deutsche Soldaten sind, die da rufen?«

Am Morgen hatte sich das Unwetter gelegt. Skarbek und ihre Begleiter brachen früh auf und fanden unterwegs ein in lebloser Umarmung erstarrtes junges Paar, das hinter einer Tanne vergeblich Schutz vor dem Sturm gesucht hatte. Eisig zischte Skarbek Marusarz an: »Da hast du deine deutschen Soldaten!« Sie bedeckten die Leichname notdürftig mit Tannenzweigen und zeichneten über ihren Köpfen ein Kreuz in den makellosen Schnee. Tief erschüttert setzten sie den Aufstieg fort. Später sollten sie erfahren, dass allein in dieser Nacht 30 Menschen bei dem Versuch gestorben waren, über die Tatra aus Polen zu fliehen. Nach der Schneeschmelze fanden Patrouillen unzählige Leichen Erfrorener. Die Reaktion der Deutschen bestand darin, im folgenden Winter die Zahl der Bergpatrouillen zu verdoppeln.[44]

Die lange Abfahrt nach Zakopane verlief ohne Zwischenfälle und Skarbek fand dort freundliche Aufnahme bei den Eltern des Ski-Asses. Dennoch dürfte Zakopane für sie einen Schock bereitgehalten haben, denn der ihr aus den Vorkriegsjahren vertraute und liebgewordene Skiort wimmelte von deutschen Truppen. Ein Vorgeschmack auf das, was ihr noch bevorstand. Denn schließlich hieß ihr endgültiges Ziel nicht Zakopane, sondern Warschau. Der Gefahr durch die winterlichen Naturgewalten war sie knapp entronnen. Nun aber ging die Bedrohung von einem noch heimtückischeren Feind aus: dem menschlichen Bösen. Zudem musste sie nicht nur damit rechnen, ins Visier der Deutschen zu geraten. Auch von polnischer Seite war sie potenziell bedroht, denn sie war im Auftrag der Briten unterwegs und der polnische Untergrund in Budapest hatte sie gewarnt, dass »jede Bewegung in Polen, die nicht von uns ausgeht, eine feindliche Bewegung ist«.[45]

Bereits im Zug von Zakopane nach Warschau geriet Skarbek mit ihrem Rucksack voller Propagandamaterial in Lebensgefahr. Eine deutsche Patrouille bewegte sich durch den Zug und untersuchte stichprobenweise das Gepäck der Passagiere. Da ihr im Abteil ein uniformierter SS-Mann gegenübersaß, hatte sie keine Möglichkeit, aus dem Zug zu springen oder sich des Pakets rechtzeitig zu entledigen. Ihre einzige Chance bestand darin, ihren Charme spielen zu lassen. Sie begann ein Gespräch mit dem Offizier, der sich hierauf willig einließ. Als die Wachen näherrückten, riskierte sie alles. »Entschuldigen Sie bitte«, sagte sie und richtete ihre mandelförmigen braunen Augen hilfesuchend auf den Uniformierten. »Ich muss gestehen, ich habe in meinem Rucksack ein Päckchen mit Tee vom Schwarzmarkt für meine kranke Mutter in Warschau. Ich weiß ja, dass das nicht erlaubt ist, aber wären Sie vielleicht so freundlich, das Päckchen vorübergehend an sich zu nehmen …?« Sie hatte Glück. Ihr Gegenüber ließ sich nicht lange bitten. Der SS-Offizier verstaute das Päckchen voller britischer Propaganda in seinem Koffer und händigte es seiner charmanten Reisebegleiterin nach der Ankunft in Warschau wieder aus.[46]

Skarbek hatte Anweisung, sich in Warschau möglichst unauffällig zu verhalten und diskret Kontakt zum polnischen Widerstand zu suchen. Und sie hätte allen Grund gehabt, sich daran zu halten, denn der Tod lauerte hier hinter jeder Ecke. Im von den Deutschen ausgerufenen, sogenannten Generalgouvernement Polen, zu dem Warschau gehörte, hatte der von Hitler eingesetzte Generalgouverneur Hans Frank innerhalb kürzester Zeit ein Terrorregime errichtet. Die Stadt ächzte unter der Knappheit an Treibstoff und Lebensmitteln. Alle Einwohner mussten sich bei den Deutschen registrieren und wurden in verschiedene Kategorien eingeteilt, die in absteigender Hierarchie von »Reichsdeutsch« bzw. »Volksdeutsch« über »Ukrainisch« (die Ukrainer wurden, da sie als Verbündete der Deutschen galten, bessergestellt als die polnische Bevölkerung), »Polnisch« zu »Jüdisch« reichten.[47] Nach der Zugehörigkeit, die in von den Deutschen ausgegebenen Personalausweisen vermerkt war, richtete sich das Schicksal der Einwohner. So wurden 1941 deutschen Einwohnern täglich 2 310 Kalorien zugestanden, Polen 654, Juden 184.[48] Frank vermerkte hierzu: »Der Winter wird hier ein harter Winter werden. Wenn es kein Brot gibt für Polen, soll man nicht mit Klagen kommen. (…) Bei den Juden nicht

viel Federlesens. Eine Freude, endlich einmal die jüdische Rasse körperlich angehen zu können. Je mehr sterben, umso besser.«[49] Juden
wurden zudem rasch in das von der Besatzungsmacht abgetrennte
Ghetto eingepfercht.

Frank forcierte die planmäßige Zerstörung der polnischen Kultur.
Universitäten wurden geschlossen, polnische Professoren in Konzentrationslager verschleppt und ermordet. Auch höhere Schulen wurden
abgeschafft. Frank setzte damit um, was Reichsführer-SS Heinrich
Himmler bereits in seiner undatierten, von Ende 1939 oder Anfang
1940 stammenden Denkschrift *Einige Gedanken über die Behandlung der Fremdvölkischen im Osten* formuliert hatte:

»Für die nichtdeutsche Bevölkerung des Ostens darf es keine höhere Schule geben als die vierklassige Volksschule. Das Ziel dieser
Volksschule hat lediglich zu sein: Einfaches Rechnen bis höchstens
500, Schreiben des Namens, eine Lehre, daß es ein göttliches Gebot
ist, den Deutschen gehorsam zu sein und ehrlich, fleißig und brav zu
sein. Lesen halte ich nicht für erforderlich. Außer dieser Schule darf
es im Osten überhaupt keine Schulen geben.«[50]

Frank hatte hierzu bereits im Oktober 1939 unmissverständliche
Richtlinien von Hitler erhalten:

»Danach kam nur eine Ausnutzung des Landes durch rücksichts-
lose Ausschlachtung, Abtransport aller für die deutsche Kriegswirt-
schaft wichtigen Vorräte, Rohstoffe, Maschinen, Fabrikationseinrich-
tungen und so weiter, Heranziehung der Arbeitskräfte zum Einsatz
im Reich, Drosselung der gesamten Wirtschaft Polens auf das für die
notdürftigste Lebenshaltung der Bevölkerung unbedingt notwendige
Minimum (…) in Frage. Polen soll wie eine Kolonie behandelt werden. Die Polen werden die Sklaven des Großdeutschen Weltreichs werden.«[51]

Der später gut organisierte und in Europa beispiellose polnische
Widerstand befand sich Anfang 1940 noch im Aufbau, diverse Gruppen operierten oft unkoordiniert nebeneinander. Doch im General-

gouvernement Polen galt Kriegsrecht und dieses wurde gnadenlos umgesetzt. Wer sich widersetzte, musste mit drakonischen Strafen bis hin zur Ermordung rechnen. Willkürliche Erschießungen waren keine Seltenheit. Dies stand im Einklang mit dem von den Deutschen praktizierten Einsatz von »Terror als Mittel zur ›Befriedung‹ des Landes«.[52] Skarbek selber berichtete, »alleine in Warschau werden jede Nacht mehr als 100 Polen erschossen. Der Terror ist unbeschreiblich, doch der Mut der Polen ist überwältigend.«[53] Allein bis Ende 1939 fanden im sogenannten Generalgouvernement Polen 2 406 Menschen bei 155 Massenexekutionen den Tod. Einzelerschießungen sind bei dieser Zahl nicht erfasst. Zur Abschreckung wurden die Hinrichtungen öffentlich durchgeführt oder anschließend bekannt gemacht.[54] Mit beispiellosem Zynismus äußerte sich Frank in einem Interview des nationalsozialistischen Parteiorgans *Völkischer Beobachter* unter Hinweis auf die Unterschiede der Lage im Generalgouvernement Polen und der Tschechoslowakei: »In Prag waren z. B. große rote Plakate angeschlagen, auf denen zu lesen war, dass heute 7 Tschechen erschossen worden sind. Da sagte ich mir: wenn ich für je sieben erschossene Polen ein Plakat aushängen lassen wollte, dann würden die Wälder Polens nicht ausreichen, das Papier herzustellen für solche Plakate.«[55] Im polnischen Untergrund tätige Frauen hatten in der Regel eine maximale Überlebenszeit von wenigen Monaten.[56]

Grund genug also für jeden Agenten, so diskret und vorsichtig wie möglich zu agieren. Doch Skarbek war Skarbek. Ihr erster Weg in Warschau führte sie ins Haus ihrer Mutter, die sich der Zwangsumsiedlung ins Warschauer Ghetto bisher zu entziehen gewusst hatte. Der Besuch war ein Anfängerfehler, der sie und andere das Leben hätte kosten können. Zudem erzählte sie zu viel über ihren Horrortrip durch die Tatra und gab so bei weitem zu viele Details über ihren Reiseweg preis. Zwar erfüllte sie ihren Auftrag, britische Propaganda zu verbreiten und Informationen zu sammeln, mit Bravour. Doch ihre Unerfahrenheit und mangelnde Vorsicht, verbunden mit der Tatsache, dass sie im Auftrag der britischen Regierung operierte, ließ die mit der polnischen Exilregierung verbundene Widerstandsbewegung (ZWZ) zu ihr weiter auf Abstand gehen. Man betrachtete sie als Belastung.[57] Skarbek suchte daher andere Kontakte und fand Gehör insbesondere bei den sogenannten *Musketieren*, einer unabhängigen Widerstandsgruppe unter Führung von Stefan Witkowski. Der Ingenieur hatte im Vorkriegspolen Waffen für die polnischen Streitkräfte entwickelt, sich dann jedoch selber ins Abseits manövriert, als er mit einem von ihm entwickelten »Todesstrahl« Teile einer Burg zerstört hatte. Witkowski hatte danach eine neue Existenz in der Schweiz aufgebaut und dort vermutlich Kontakte zu polnischen und britischen Geheimdiensten geknüpft. Anfang 1940 hatte er bereits ein beachtliches Netzwerk aufgebaut, das unter anderem über Budapest bis nach Frankreich und in die Schweiz reichte. Witkowski und Skarbek verstanden sich auf Anhieb.[58] Doch ihre Verbindung zu ihm und den *Musketieren* sollte sich später als unvorteilhaft für ihre weitere Arbeit erweisen.

Nach drei Wochen in Warschau verließ Skarbek die Hauptstadt und begann eine zweiwöchige Reise quer durch Polen, bei der sie fortdauernd Informationen über die Lage im Land und die Situation der Besatzer sammelte. In einem Bericht nach London drückte sie später ihre Verwunderung über das »unglaubliche Durcheinander der deutschen Verwaltung« aus, das unter anderem aus dem wechselseitigen Misstrauen verschiedener Dienststellen der Besatzungsmacht resultierte.[59]

Vor der Rückreise nach Budapest erhielt sie von Witkowski Mikrofilme für den Transport ins Ausland. Zudem sorgte er dafür, dass sie mit Graf Wladimir Ledóchowski, einem ZWZ-Kurier, der Nachrichten an die polnische Botschaft in Budapest lieferte, einen verlässlichen Reisegefährten für den gefährlichen Rückweg nach Budapest erhielt. Ein Kundschafter des ZWZ begleitete die beiden. Zu Fuß durchquerten sie die Slowakei und erreichten nach mehreren Tagen Ungarn. Anstelle von Erleichterung nach überstandenen Strapazen und überlebter Gefahr machte sich bei Skarbek allerdings Enttäuschung breit. »Ich komme mir vor, als wäre der Urlaub vorbei«, kommentierte sie die Rückkehr.[60]

Doch ihre Befürchtung, nun wieder in Routine und zermürbendem Warten zu versinken, war unbegründet. Auch in Budapest blieb ihr Leben durchaus bewegt. Zum einen sorgte sie selber für Turbulenzen auf privater Ebene, indem sie eine Parallelbeziehung mit Ledóchowski und Kowerski unterhielt und darüber hinaus versuchte, ihren abwesenden und zunehmend besorgten Ehemann zu beruhigen.[61] Bereits jetzt machte sich bemerkbar, was der namenlose Rezensent einer Skarbek-Biografie Jahrzehnte später leicht despektierlich wie folgt umschrieb: »Ihre freie und lockere Einstellung zur Sexualität, verbunden mit der burschikosen Art, wie sie mit den körperlichen Herausforderungen des völlig komfortlosen Lebens im Freien umging, und ihr außergewöhnlicher Mut machten sie für den Männertyp, dem sie bei ihrer Arbeit begegnete, zum Leckerbissen.«[62] Vor allem aber war sie auch beruflich weiterhin ständig in Aktion. Zwar blieben, nachdem sie dem Vertreter der D-Sektion in Budapest, Hubert Harrison, den aus Polen eingeschmuggelten Mikrofilm ausgehändigt hatte, weitere Aufträge der Briten aus. (Hierzu trug neben ihrem gespannten Verhältnis zu Harrison vor allem die Tatsache bei, dass die polnische Exilregierung und die *Musketiere* zunehmend getrennte Wege gingen.) Unterdessen unterstützte sie aber Kowerski bei seiner Arbeit für ein weiteres Kurier- und Fluchtnetzwerk, das über Zakopane und die Tatra Flüchtlinge ins Ausland schleuste, wobei ihnen Skarbeks Freunde unter den Góralen halfen. Auch mit anderen alliierten Diensten traten sie und Kowerski in Kontakt, unter anderem über den französischen Militärattaché in Budapest, der sich brennend für panzerbrechende polnische Sturmgewehre interessierte, die in Polen nicht mehr zum Einsatz gekommen waren (und auch für Frankreich zu spät kommen sollten). Schließlich verfolgte Skarbek – allerdings erfolglos – das Projekt des Propagandasenders für Polen weiter.[63]

Damit wären andere vermutlich vollauf ausgelastet gewesen. Doch Skarbek hielt es nicht allein in der ungarischen Hauptstadt. Sie reiste noch weitere drei Male selber in die Tatra.[64] Bei einer dieser Missionen wurden sie und Ledóchowski auf slowakischer Seite verhaftet und konnten nur mit knapper Not entkommen.

Doch immer wieder kehrte Skarbek im Laufe des Jahres 1940 nach Polen zurück. Gemeinsam mit Kowerski sorgte sie weiter dafür, dass zahlreiche Kriegsgefangene und Internierte über Ungarn und den Balkan aus dem deutschen Einflussgebiet entweichen konnten, wobei Kowerski mit ihrer aktiven Unterstützung nach britischen Schätzungen innerhalb eines Jahres mehr als 5 000 Personen zur Flucht verhalf.[65] Zu ihren Helfern gehörten dabei unter anderem ein älterer Jesuitenpriester sowie der britische Gesandte in Budapest, Sir Owen O'Malley, und dessen achtzehnjährige Tochter. Skarbek und Kowerski organisierten auf britischen Wunsch auch die Überwachung des Ungarn querenden Straßen-, Bahn- und Schiffsverkehrs und unternahmen Sabotageakte, die die Belieferung der Deutschen mit Öl aus dem rumänischen Ploieşti behinderten.[66] Skarbeks letzter Einsatz in Polen fand im November 1940 statt. Erneut versuchte sie bei dieser Gelegenheit vergeblich, ihre Mutter dazu zu überreden, Polen zu verlassen. Stefania Skarbek blieb und wurde schließlich deportiert. Erfolgreich sorgte Krystyna Skarbek aber dafür, dass zwei Royal-Air-Force-Piloten, die in Warschau – mangels polnischer Sprachkenntnisse in einem Heim für Taubstumme – Zuflucht gesucht hatten, mit Hilfe der *Musketiere* und des Paters sicher nach Budapest gelangten, und transportierte dann selber Mikrofilme und anderes hochsensibles Material für Witkowski nach Ungarn.[67]

Ende 1940 kehrte sie in die Donaumetropole zurück. Doch Kowerski und sie waren längst ins Visier der Nazis und ihrer ungarischen Handlanger geraten. Kowerski hatte bereits bemerkt, dass sie unter ständiger Beobachtung standen, und auch der britische Gesandte O'Malley hatte dies vermutet. Er schrieb: »Ich bettelte und flehte, dass sie das

Land rechtzeitig verlassen solle. Doch sie war starrsinnig.«[68] Damit
verhielt sie sich kaum anders als ihre von ihr immer wieder erfolglos
zur Flucht aufgeforderte Mutter in Polen. Schließlich schnappte die
Falle zu.

10

REISE OHNE RÜCKKEHR

Belgrad, Sofia, Istanbul, Kairo, 1941–1942

In den frühen Morgenstunden des 23. Januar 1941 wurden Skarbek und Kowerski von lautem Hämmern an der Wohnungstür geweckt. Es gelang ihnen noch, einige belastende Papiere die Toilette herunterzuspülen, dann wurden sie von der ungarischen Polizei abgeführt und der Gestapo überstellt, die sie trennte und mehrere Tage brutal verhörte.

Dass sie dem Schlimmsten entgingen, war einem Trick Skarbeks zu verdanken. Sie kämpfte seit Wochen mit heftigem Husten. Nun biss sie sich während der Verhöre – in denen sie unter anderem hatte durchblicken lassen, mit dem ungarischen Staatsoberhaupt Admiral Horthy verwandt zu sein, was, wenn auch auf weitläufige Weise, zutraf – wiederholt so auf die Zunge, dass der Eindruck entstand, sie huste Blut. So wenig den deutschen Geheimpolizisten das Leben anderer galt, so wenig wollten sie ihr eigenes aufs Spiel setzen. Sie vermuteten, Skarbek könne unter Tuberkulose leiden, und ließen dies ärztlich abklären. Ein auf Anordnung eines ungarischen Arztes aufgezeichnetes Röntgenbild zeigte tiefe Schatten auf ihrer Lunge – Spätfolgen der in der Warschauer Fiat-Vertretung eingeatmeten Abgase. Ob er selber an die Diagnose glaubte oder nicht: Der Mediziner bescheinigte ihr eine TBC-Infektion und sowohl sie als auch der infolgedessen ebenfalls als potenziell infektiös angesehene Kowerski wurden unter strengen Auflagen entlassen.[1]

Nun trat erneut Botschafter O'Malley in Aktion. Er verhalf ihnen zu falschen Pässen unter den Namen »Christine Granville« und »Andrew Kennedy«. Skarbek sollte diesen Namen fortan dauerhaft verwenden – ebenso wie das falsche Geburtsdatum, das sie bei dieser Gelegenheit angegeben hatte und mit dem sie sich um sieben Jahre verjüngte. Der britische Botschafter ließ sie im Kofferraum seiner mit britischer Flagge ausgerüsteten Chrysler-Limousine über die jugoslawische Grenze bringen, während Kowerski die Strecke in seinem Opel zurücklegte. In Belgrad fanden sich die beiden polnischen Agenten bei der britischen Gesandtschaft ein. Wenige Tage später trafen sie sich in der jugoslawischen Hauptstadt mit ihrem Retter, O'Malley, der sich dafür verwandte, Skarbek weiter einzusetzen. Seiner Auffassung nach bestand die Schwierigkeit darin, für die mit einer »fast pathologischen Risikobereitschaft« ausgestattete Agentin Aufträge zu finden, »die ausreichend riskant und blutrünstig sind, um sie anzusprechen«.[2] Damit war sie eine ideale Kandidatin für die inzwischen gegründete SOE.

Von Belgrad aus reisten Skarbek und Kowerski weiter nach Sofia. Im Gepäck hatten sie offizielle Briefe und einen von einem Agenten der polnischen *Musketiere* erhaltenen Mikrofilm, der klare Hinweise auf einen bevorstehenden Einfall der Wehrmacht in die Sowjetunion enthielt und der dem britischen Luftwaffenattaché in Sofia ausgehändigt wurde.[3] Die Information wurde jedoch in London fehlinterpretiert und nicht mit der gebührenden Dringlichkeit behandelt.[4] Von Bulgarien aus ging die Reise nach Istanbul, wo Skarbek mit Giżycki zusammentraf, den sie überzeugen sollte, ihre Arbeit in Budapest fortzusetzen. Dies gelang auch, obgleich es in Istanbul zur Trennung des Ehepaars kam.

Die Stadt am Bosporus war zu dieser Zeit eine Drehscheibe der internationalen Geheimdienste und Skarbek arbeitete von dort aus für die polnische Sektion der SOE. Im Frühjahr setzte das Agentenpaar seine Odyssee – noch immer in dem in Polen organisierten Opel – fort und reiste über Syrien, den Libanon und Palästina nach Ägypten, wo es sich beim britischen Regionalkommando in Kairo melden sollte.

Der Empfang in Ägypten fiel indessen anders aus als erwartet. Zwar trafen sie dort auf alte Weggefährten aus Budapester Zeiten, doch zugleich wurden sie von den meisten britischen und polnischen Offizieren, die mit ihnen im Hotel *Continental* weilten, geschnitten. Es sollte noch schlimmer kommen: Sie wurden alsbald von ihrer eigenen Organisation, der SOE, ausgiebig verhört. Offensichtlich schlug ihnen erhebliches Misstrauen entgegen, das von polnischer Seite ausging. Die mit der Exilregierung verbundenen polnischen Geheimdienstler waren nicht sonderlich erbaut von der Tätigkeit ihrer beiden Landsleute für die Briten. Schwerer noch wogen aber die immer gespannteren Beziehungen zwischen Witkowskis *Musketieren*, denen Skarbek weiterhin nahestand, und der ZWZ, die schließlich zu einem vollständigen Bruch führten. Von polnischer Seite wurde lanciert, aufgrund von Indiskretionen Skarbeks habe zumindest ein polnischer Agent den Tod gefunden. Ferner wurde sogar gemutmaßt, Skarbek könnte eine Doppelagentin im Dienste der Deutschen sein – eine Unterstellung, die sie zweifellos und mit Recht zutiefst empört hat.[5] So wurden sie und Kowerski im heißen Kairo kaltgestellt. Zwar versorgte Skarbek – inzwischen von der SOE mit dem recht zweideutigen Codenamen »Willing« versehen – die Briten weiterhin mit Informationen über Polen und polnische Entwicklungen, doch weitergehende Aufträge blieben aus. Die stolze Krystyna Skarbek war unterdessen nicht bereit, »die Erniedrigung zu ertragen, weiter bezahlt zu werden, ohne aktiven Dienst zu leisten«.[6]

Erst mit dem Antritt eines neuen britischen Verbindungsoffiziers zu Polen schien sich das Blatt zu wenden. Patrick Howarth erkannte Skarbeks Potenzial und begann, auf Abhilfe zu sinnen. Nach dem Zweiten Weltkrieg äußerte er sogar die Meinung, die Wiederaufnahme Skarbeks in den aktiven Dienst sei sein nützlichster Beitrag zum Zweiten Weltkrieg gewesen.[7] Er ließ sie zuerst in die *First Aid Nursing*

Yeomanry (FANY) aufnehmen. Hier sollte sie als Funkerin und im Codieren ausgebildet werden, bevor ein passender Einsatz für sie gefunden wurde. Es zeichnete sich jedoch ab, dass eine Mission in Polen am fortdauernden Widerstand der polnischen Seite und ihrer vermuteten Bekanntheit bei der dortigen Gestapo scheitern würde.

Derweil überschlugen sich in und für Polen die Ereignisse. Im Februar 1943 wurden die verscharrten Opfer des Massakers von Katyn entdeckt, bei dem die Sowjets 1940 etwa 4 400 polnische Offiziere ermordet hatten. In Warschau erhoben sich am 19. April 1943 die Bewohner des Ghettos und der Aufstand wurde von den Deutschen in einer rund einen Monat dauernden Gewaltaktion mit gnadenloser Härte niedergeschlagen und das Gebiet schließlich vollständig niedergebrannt. Am 4. Juli 1943 stürzte die Royal-Air-Force-Maschine, die General Sikorski, den Oberbefehlshaber der polnischen Truppen (und »möglicherweise der einzige polnische Führer, den die Alliierten respektierten«[8]) von einer Inspektionsreise aus dem Nahen Osten nach Großbritannien bringen sollte, bei Gibraltar ins Mittelmeer und riss alle Personen an Bord außer dem Piloten in den Tod. Kowerski bekam Ende 1943 eine neue Mission außerhalb Kairos übertragen. Skarbek aber, die nach Aussage einer Kollegin »mit Leib und Seele der SOE bei der Befreiung Polens helfen wollte«[9], saß in Kairo, nahm am gesellschaftlichen Leben der dortigen Ausländer teil, führte flüchtige Beziehungen, sammelte Informationen für die Briten und lernte codieren und funken – wobei sie sich nicht als Naturtalent erwies.[10] Dann übernahm Colin Gubbins die Leitung der SOE und endlich fand sich auch für Skarbek wieder eine angemessene Aufgabe.

Sie erhielt nun eine richtige, allerdings gegenüber dem sechs- bis neunmonatigen Training in Großbritannien auf etwa ein Vierteljahr verkürzte SOE-Ausbildung.[11] Sie lernte unter anderem Fallschirmspringen, wurde ausführlich im Umgang mit Sprengstoff und Schusswaffen – insbesondere der von den britischen Kommandotruppen verwendeten Sten-Maschinenpistole – und in allgemeiner Spionagetechnik ausgebildet. Nachdem erneut ein Plan, sie in Polen abzusetzen, aufgekommen und verworfen worden war, kam man auf die bereits 1942 entwickelte Idee zurück, die fließend Französisch sprechende Polin in Frankreich einzusetzen.[12] Damit gehörte sie zu den Agentinnen der F-Sektion – und unterstand von nun an zumindest formal Maurice Buckmaster und Vera Atkins.

Im Mai 1944 wurde sie auf die »Massingham« genannte SOE-Basis in Algerien verlegt, wo sie weitere Trainingseinheiten durchlief. Bemerkenswerterweise überwand sie niemals ihre tiefsitzende Abneigung gegen Feuerwaffen, entwickelte eine womöglich noch hartnäckigere Ablehnung gegenüber Fahrrädern und lernte niemals schwimmen. Auch die Lektionen über die Zustände und das Leben im besetzten Frankreich und ihre eigene Legende, von denen ihr Überleben und der Erfolg ihrer Einsätze abhingen, erwiesen sich für sie als echte Qual.[13] Ihrem Eifer für den Einsatz tat dies aber keinen Abbruch, und nachdem sie einen Monat nach ihrer Ankunft in Algerien noch nicht über Frankreich abgesetzt worden war, fauchte sie den Kommandanten von Massingham an: »I'll kill you!« – wovon dieser sich allerdings nicht beeindrucken ließ.[14]

Es sollte noch einige Wochen dauern, doch dann war es so weit: In der mondhellen Nacht auf den 7. Juli 1944, einen Monat nach der alliierten Landung in der Normandie, sprang Krystyna Skarbek, Codename »Pauline«, mit dem Fallschirm über Südostfrankreich ab. In ihrem Gepäck befanden sich gefälschte Papiere auf den Namen »Jacqueline Armand«, Revolver, Commando-Messer und Taschenlampe, aber auch die übliche Dosis Amphetamine und eine Zyankali-Tablette.[15]

Südostfrankreich,
Juli 1944

Der Wind war heftig, die Landung unsanft. Skarbek selber sagte später, sie sei »wie ein nasses Geschirrhandtuch zu Boden gegangen«.

Jedenfalls war sie von heftigen Böen meilenweit vom angepeilten Landepunkt abgetrieben worden, bei der Landung wurde ihr Revolver zerschmettert, und sie verletzte sich einen Knöchel und das Steißbein.[16] Dennoch gelang es ihr rasch, die Verbindung zu der Widerstandsgruppe herzustellen, der sie zugeteilt werden sollte. Es handelte sich um das *Jockey*-Netzwerk, an dessen Spitze Hauptmann Francis Cammaerts stand.

Krystyna Skarbek in britischer Uniform

Cammaerts, Sohn einer Engländerin und des belgischen Dichters Emile Cammaerts, war »wie Christine (Krystyna, Anm. d. Verf.) für die SOE maßgeschneidert«.[17] Seine Aufgabe bestand darin, im Vorfeld der alliierten Landung im Südwesten Frankreichs eine geschlossene Résistance-Bewegung zu schmieden. Sein *Jockey*-Netzwerk bestand aus mehreren Hundert Agenten und erstreckte sich von Lyon entlang der Grenze zur Schweiz und zu Italien bis zum Mittelmeer und westwärts bis Marseille. Und es operierte höchst erfolgreich: »Jeder Zug mit deutschen Truppen oder Material, der nach dem D-Day Marseille in Richtung Lyon verließ, wurde von den Francis (Cammaerts, Anm. d. Verf.) unterstehenden Résistance-Gruppen mindestens einmal zum Entgleisen gebracht und allein im Juni wurden über 800 Leitungen gekappt.«[18] Skarbek sollte dieses Netzwerk nun in zwei Funktionen unterstützen: Zum einen sollte sie als Kurierin dienen, zum anderen polnische und andere nicht-deutsche Wehrmachtseinheiten in der Region zersetzen helfen.[19] Skarbek und Cammaerts fanden auf Anhieb Gefallen aneinander und es dauerte nicht lange, bis sie auch das Bett teilten. Vor allem aber waren sie »die geborenen Komplizen«.[20] Der ebenfalls im Sommer 1944 nach Südostfrankreich eingeschleuste Xan Fielding – keinesfalls ein Neuling, sondern ein erfahrener SOE-Agent, der seine Sporen unter anderem bereits auf Kreta verdient hatte – bezeichnete sie als »ein imposantes Paar« und fühlte sich ihnen gegenüber »ein wenig wie ein Novize in Gegenwart eines Priors und einer Priorin«.[21]

Skarbek landete zu einem Zeitpunkt im französischen Südosten, als sich die Situation dort gerade dramatisch zuspitzte. Nach dem Einmarsch der Deutschen in die unbesetzte Zone Frankreichs unter Marschall Pétain im November 1942 und aufgrund des Versuchs der Besatzer, Tausende junge Franzosen als Zwangsarbeiter zu rekrutieren, waren die Reihen der Résistance im Südosten stark angewachsen. Die Widerständler hatten dabei das teilweise über 2 000 Meter hohe, schroffe Vercors-Massiv als Zufluchtsstätte ausgewählt. Sie wollten dieses, mit Billigung de Gaulles, zu einer Art Bergfestung ausbauen, um von dort aus Aktionen gegen die deutschen Besatzer auszuführen. Im Vorfeld der alliierten Landung rief die Résistance am 3. Juli die Freie Republik Vercors aus. Am Vorabend der alliierten Landung in Frankreich verstanden auch die Partisanen im Vercors das vereinbarte Radiosignal der BBC, »Die Gemse springt«, als Zeichen zum Losschlagen. 4 000 Widerstandskämpfer sammelten sich im Vercors, über der Hochebene von Vassieux wurde eine weithin sichtbare Trikolore gehisst, ein Landeplatz für alliierte Flugzeuge wurde angelegt. Die Deutschen besetzten zweimal den Ort Saint-Nizier, zogen sich jedoch wieder zurück. Alliierte Flugzeuge warfen Material über der Hochebene ab, so auch am helllichten Tag des 14. Juli 1944, als im Örtchen Die der französische Nationalfeiertag gefeiert wurde.

Nun schlugen die Deutschen erbarmungslos zu. Vassieux wurde bombardiert und dem Erdboden gleichgemacht. Den Flächenbombardements folgte am Morgen des 21. Juli der Sturm durch rund 10 000 deutsche Soldaten. Der von den Franzosen und auch von Cammaerts wiederholt und immer dringlicher angeforderte Entsatz durch die Alliierten blieb aus. Auch von der französischen Exilregierung in Algier, dem *Komitee für die Nationale Befreiung* (*Comité français de la libération nationale*, CFLN), kam keine Hilfe. Zwar notierte der französische General Catroux: »Hilflos, mit erstorbener Seele, mussten wir von fern der Agonie der Résistance-Kämpfer zusehen.«[22] Doch man sah weiter zu. Neben organisatorischen Fehlern trug hierzu ein unter den Beteiligten verbreitetes Misstrauen bei: »Misstrauen gewisser gaullistischer Kreise gegen die volkstümliche Résistance, Misstrauen der regulären Armee gegen die Partisanen. Misstrauen de Gaulles gegen die Kommunisten, obwohl es keine kommunistischen Freischärler auf dem Vercors gab. Misstrauen der Kommunisten gegen den Chef des Freien Frankreich, um vom Misstrauen der Alliierten gegenüber de Gaulle ganz zu schweigen.«[23]

Dem von den Deutschen im Vercors angerichteten Gemetzel (nach einem Tagebuchvermerk des Kommandeurs der 157. Reservedivision der Wehrmacht »das größte Unternehmen gegen die Terroristen in Frankreich«[24]) fielen über 800 Menschen zum Opfer – darunter über 200 Zivilisten, denen die Deutschen teilweise einen grauenhaften Tod bereiteten. In einem Brief nach Hause kommentierte ein deutscher Soldat das Erlebte: »Mit welcher Brutalität wir diese Menschen umbrachten. Ein Partisanenlazarett haben wir komplett ausgerottet, mitsamt Ärzten und Krankenschwestern. (…) Aber diese Schweine hatten nichts anderes verdient.«[25]

Skarbek und Cammaerts waren während dieser Wochen bis zur Erschöpfung im Einsatz, um zu koordinieren, abgeworfenes Material einzusammeln und zu verteilen, Informationen zu beschaffen und die Kommunikation, auch mit Algier und London, aufrechtzuerhalten. Immer wieder gerieten sie dabei in Lebensgefahr, wie an jenem Morgen, als sie vom Fenster eines Gebäudes aus einen deutschen Kampfbomber im Tiefflug auf sich zurasen sahen. Starr vor Entsetzen beobachteten sie, wie der Pilot die Bombe ausklinkte und diese auf ihren Unterschlupf zugeschossen kam. Doch die erwartete Detonation blieb aus. Stattdessen traf der Sprengkörper mit einem dumpfen Schlag das Dach des Gebäudes, schepperte über die Dachziegel und bohrte sich hinter dem Gebäude in die Erde – ein Blindgänger. Skarbeks knapper Kommentar: »Die wollen nicht, dass wir sterben.«[26]

Mit dem Fortschreiten der deutschen Offensive im Vercors wurde jedoch deutlich, dass das Plateau gegen die feindliche Übermacht nicht zu halten sein würde. Skarbek und Cammaerts traten zusammen mit führenden französischen Kämpfern am 22. Juli 1944 den Rückzug an, was Skarbek als schändlichen Verrat an den zurückgebliebenen, dem sicheren Tod geweihten Partisanen empfand.[27] Doch wichtige Aufgaben bei der Vorbereitung der alliierten Landung in Südfrankreich warteten auf sie.

Südostfrankreich, Italien, Juli – September 1944

Zur Vorbereitung der Landung sollten unter dem Codenamen *Operation Toplink* sogenannte *Jedburgh*-Teams, bestehend aus 15 alliierten Offizieren, mit dem Fallschirm über Frankreich abgesetzt werden, um die Zusammenarbeit der italienischen und französischen Partisanen dies- und jenseits der Alpen zu koordinieren. Skarbek fiel es zu, diesen Einsatz vorzubereiten, indem sie den Kontakt zwischen den französischen Partisanenführern Gilbert Galletti und Paul Hérault und ihrem wichtigsten italienischen Pendant, Marcellini herstellte. Gekleidet wie eine Bäuerin und ausgestattet mit »einem Rucksack voller Brot,

Käse und Handgranaten«,[28] machte sich Skarbek auf den Weg über die Alpen und leistete mehrere Wochen lang Kurierdienste zwischen den französischen und italienischen Widerstandskämpfern, wobei sie stets die Truppenbewegungen des Feindes im Auge behielt und hierüber berichtete. Cammaerts und sie kümmerten sich zudem um die jetzt eintreffenden *Jedburgh*-Soldaten.[29]

Auch bei diesen Einsätzen geriet Skarbek wiederholt in brenzlige Situationen, aus denen sie sich mit Einfallsreichtum und einem gehörigen Maß an Kaltblütigkeit zu befreien verstand. Einer deutschen Patrouille entging sie, indem sie ihre auf Seide gedruckte SOE-Landkarte wie ein schickes Seidentuch nutzte, um ihre Haare zurückzubinden. Den Deutschen Schäferhund einer anderen Patrouille, der sie in einem Versteck neben der Straße aufgespürt hatte, nahm sie für sich ein, indem sie ihm zum Schutz vor Blasen an den Füßen mitgeführtes Hühnerfett zu lecken gab und beruhigend auf ihn einredete – woraufhin er die Pfiffe seines deutschen Herrchens ignorierte, bei ihr verblieb und schließlich in Galletti einen neuen Besitzer fand. Einer später von Kowerski erzählten und oft wiederholten, jedoch nicht bestätigten Geschichte zufolge, soll sie sich bei anderer Gelegenheit der Verhaftung durch eine feindliche Patrouille entzogen haben, indem sie sich, eine Handgranate in jeder Hand und mit der Drohung, sich und alle Umstehenden in die Luft zu jagen, ins Gebüsch zurückzog.[30] Kaum verwunderlich und fast schon banal erscheint angesichts derartiger Husarenstücke, dass Skarbek sich von Mitstreitern der Résistance auf den Trümmern einer soeben gesprengten Brücke sitzend ablichten ließ – wie eine Sommerfrischlerin in karierter Bluse und hellem Rock und mit einem strahlenden Lächeln.

Auch ihren zweiten Auftrag, die Unterwanderung aus – zum Teil zwangsrekrutierten – Osteuropäern bestehender Einheiten der Wehrmacht, hatte die polnische Agentin nicht vergessen. Zu absoluter Hochform lief sie bei einer Operation gegen die deutsche Garnison am

Col-de-Larche auf. Die an dem strategisch wichtigen Pass gelegene Garnison war überwiegend mit Polen besetzt. In einer hollywoodreifen Operation erklomm Skarbek zunächst, begleitet von einem freundlich gesonnenen Gendarmen, den 2 000 Meter hohen Pass und schaffte es, mit einem polnischen Wachmann Kontakt aufzunehmen. So brachte sie in Erfahrung, wann und wo die Besatzung der Garnison zum Appell antrat. Zwei Tage später kehrte sie alleine und mit einer Flüstertüte versehen zurück und erteilte von einer geschützten Position aus mit dem Megafon auf Polnisch Anweisungen, zu gegebener Zeit zu desertieren, die militärischen Einrichtungen zu sabotieren und zu den französischen Truppen überzulaufen oder zumindest ehrenhaft als Kriegsgefangene in französischen Gewahrsam zu gelangen.

Krystyna Skarbek auf den Trümmern einer von Partisanen
gesprengten Brücke, Frankreich, August 1944.

Eine weitere knappe Woche später drangen etwa 50 Maquisards mit zwei britischen Verbindungsoffizieren zu der Garnison vor und wiesen den deutschen Kommandanten auf seine prekäre Lage hin. Die Hälfte der Garnison drohte zu desertieren, ob und wann mit Entsatz aus Italien zu rechnen war, war unklar. Der deutsche Offizier lud die Briten zu weiteren Verhandlungen bei einem Abendessen ein. Währenddessen nahm die Desertion polnischer Truppen, die zudem die schweren Waffen der Garnison unbrauchbar gemacht hatten, Fahrt auf, und in den frühen Morgenstunden des 14. August 1944 wurde die Garnison übergeben.[31]

Allerdings hatte sich andernorts neues Unheil zusammengebraut. Francis Cammaerts war, mit zwei Begleitern, von deutschen Truppen verhaftet und der Gestapo in Digne überstellt worden. Zwar wusste man dort nicht, wen man vor sich hatte, doch wurde, womöglich angesichts des Vorrückens der Alliierten, beschlossen, sich der Gefangenen schnellstmöglich zu entledigen und sie am Abend des 17. August zu erschießen. Skarbek erfuhr hiervon, war jedoch zunächst unschlüssig, wie sie vorgehen sollte. Eine Befreiung der Gefangenen mit Waffengewalt erschien nicht machbar.

Daraufhin fasste sie einen anderen Plan: Sie fuhr nach Digne. Im Gestapo-Gefängnis der Kleinstadt wimmelte es von Franzosen, die hofften, etwas über ihre dort inhaftierten Angehörigen in Erfahrung zu bringen. Skarbek mischte sich unter diese Menge und gelangte so in das Gebäude hinein. Um Cammaerts wissen zu lassen, dass sie da war, summte sie laut die Melodie eines damaligen Gassenhauers, den sie beide immer wieder gemeinsam gesungen hatten, um sich bei Laune zu halten. Tatsächlich konnte Cammaerts sie hören. Damit allerdings war nicht viel gewonnen, denn noch galt es, die SOE-Agenten auch tatsächlich dem sicheren Tod zu entreißen.

In einem nächsten Schritt gab sich Skarbek als Frau von Cammaerts aus und stellte Kontakt zu einem elsässischen Gendarmen namens Schenck her. Als Franzosen und Angehörigem der paramilitärischen Truppen des Vichy-Regimes drohte ihm nach dem Fall Frankreichs die Verurteilung als Kollaborateur. Diese Karte spielte Skarbek nun aus. Mit unglaublicher Dreistigkeit stellte sie sich als britische Offizierin vor, die seit zwei Jahren im französischen Untergrund aktiv gewesen sei. Überdies behauptete sie, einem bereits bei der Verhaftung in Ungarn erfolgreich praktizierten Muster folgend, sowohl mit Feldmarschall Montgomery als auch mit dem früheren

Staatssekretär im britischen Außenministerium, Lord Vansittart, verwandt zu sein. »Wie Sie sich vorstellen können«, erklärte sie dem verblüfften Elsässer, »bin ich gut informiert. Sie können mir also glauben, wenn ich Ihnen sage, dass die alliierte Landung unmittelbar bevorsteht.« Dann setzte sie hinzu: »Und wenn unsere Truppen erst einmal hier sind, werden wir Leute wie Sie dem Mob überlassen.«

Die Drohung war aus der Luft gegriffen, verfehlte aber ihre Wirkung nicht. Schenck stellte den Kontakt zu einem belgischen *Milicien* her, einem Polizisten des Vichy-Regimes, der bei der Verhaftung von Cammaerts und Fielding dabei gewesen war.

Zwei Tage später trafen sie sich erneut, diesmal bei Schenck zu Hause und mit Max Waem, dem Belgier. Dieser traf als Letzter ein und bedrohte Skarbek zunächst mit seiner Dienstwaffe. Die Frau des Elsässers brachte Kaffee, Waem legte die Waffe auf den Tisch und Skarbek begann zu verhandeln. Erneut wies sie auf das Herannahen der alliierten Truppen hin. »Für Wehrmachtssoldaten ist das kein großes Problem«, erklärte Skarbek seelenruhig. »Die werden gefangen genommen und kommen in ein Kriegsgefangenenlager. Wenn der Krieg vorbei ist, lassen wir sie einfach alle wieder frei. Aber Leute wie Sie ...«, Skarbek machte eine Pause und betrachtete einen Moment lang interessiert ihre Kaffeetasse, »Leute wie Sie überlassen wir dem Maquis.«

Der Belgier wurde sichtlich nervös, seine Hände zitterten. Nun war der Moment gekommen. Skarbek bot auch Waem für den Fall seiner Kooperation Schutz vor Verhaftung und vor der Rache der französischen Bevölkerung sowie eine Rehabilitierung an, wenn Cammaerts und seinen Mitgefangenen die Flucht ermöglicht wurde. Möglicherweise floss auch ein beträchtliches Lösegeld. Jedenfalls war Skarbek erfolgreich. Am Abend des 17. August, dem Abend der geplanten Hinrichtung der SOE-Agenten, ließ Waem sie aus dem Gefängnis und in einem Dienstwagen aus Digne herausbringen. Die Flucht gelang.[32]

Zwei Tage später wurde Digne von amerikanischen Truppen befreit. Skarbek und Cammaerts boten den Amerikanern ihre Dienste an, wurden jedoch abgewiesen. Empört vermerkte Cammaerts über seine erste Begegnung mit dem amerikanischen General Butler: »Er sagte mir, ich solle abhauen, er wolle mit Privatarmeen oder Banditen nichts zu tun haben. Dann wandte er sich wieder seinen Karten zu.«[33] Auch General de Gaulle waren die einstigen Helfer der SOE nun nicht mehr willkommen, und er drängte auf deren raschen Abzug. Für Skarbek war der Krieg in Frankreich damit zu Ende.

London, Bari, Kairo, September 1944 – Sommer 1945

Dafür wollte sie sich nun wieder im noch immer besetzten Polen engagieren. Die SOE war grundsätzlich geneigt, dem zu entsprechen. Doch die politischen Rahmenbedingungen verschlechterten sich: Stalin reklamierte Polen als Teil seiner Einflusssphäre und die Westalliierten stellten sich dem nicht entgegen. Immer wieder zerschlugen sich die Pläne für einen Einsatz in Polen. Skarbek wurde ins süditalienische Bari versetzt, dann nach Kairo. In ihr Heimatland kam sie nicht. Wenige Monate nach Kriegsende wurde sie mit einer Abfindung in Höhe eines Monatsgehalts aus britischen Diensten entlassen. Sie hatte den Zweiten Weltkrieg überlebt. Doch ihr größter Wunsch, die Rückkehr in ein freies Polen, wurde nicht erfüllt. Und die vielleicht schwerste Zeit ihres Lebens und ein tragisches Ende standen ihr noch bevor.

11

NACHT UND NEBEL

Südengland,
Ende August 1944

Der Bug durchzog eine Welle nach der anderen, das Meer war rau. Das Schiff, das an diesem Tag von der englischen Südküste aus in See gestochen war, hatte den Ärmelkanal schon fast durchquert. Lange würde es nicht mehr dauern bis zu ihrer Ankunft. Wenige Stunden zuvor waren eine Frau und ein Mann die Gangway des Kanonenboots hochgelaufen. Nun, knapp zwei Monate nachdem die alliierten Truppen in der Normandie gelandet waren, blickten beide auf die Gischt und die grauen Wellen und bereiteten sich auf ihren Einsatz in Frankreich vor. Das Ziel von Vera Atkins und Maurice Buckmaster war Paris.

Die Kämpfe gegen die sich auf dem Rückzug aus Frankreich befindende deutsche Wehrmacht flauten ab. Nun wollten Atkins und Buckmaster mit eigenen Augen sehen, wie und ob sie den Männern und Frauen der F-Sektion helfen konnten. Ihr erstes Ziel war es, eine Anlaufstation für all diejenigen Agentinnen und Agenten zu schaffen, die aus ihren Einsätzen zurückkehren würden. Dazu wurden im Pariser Hotel Cécil zwei Räume angemietet. Und tatsächlich sollte es nicht sehr lange dauern, bis die ersten Männer und Frauen, mit denen Atkins und Buckmaster in den zurückliegenden Jahren nur per Brief oder Funk kommunizieren konnten, sich bei ihnen zurückmeldeten.

Unter den Ersten, die sich im Hotel Cécil einfanden, war ihre Agentin Pearl Witherington. Noch wenige Wochen zuvor hatte sie eine

Gruppe von französischen Widerstandskämpfern befehligt, die 1 000 deutsche Soldaten in einem Gefecht getötet hatte. Wenig später hatte sie die Kapitulation von 18 000 deutschen Soldaten mit entgegengenommen.[1] Bei diesem und anderen Wiedersehen geriet die sonst so reservierte Atkins fast außer sich vor Freude. Auch weil sie vom Tod oder zumindest der Gefangennahme einiger dieser Männer und Frauen fest überzeugt gewesen war.

Aber schnell kam die Zeit, als immer seltener an die Türen der beiden Hotelzimmer geklopft wurde. So groß die Freude über die Rückkehrer gewesen war, überkam Atkins stetig wachsende Bitterkeit, wie wenige von mehreren Hundert Agenten den Weg nach Paris zurückgefunden hatten. Rasch gab es für sie in Frankreich nach der anfänglichen Euphorie nichts mehr zu tun. Während Buckmaster noch einige Zeit in Frankreich blieb, machte sie sich bereits Mitte September wieder auf den Rückweg nach London.

Eines wusste sie: Falls die Frauen überlebt hatten, dann nur, indem es ihnen gelungen war, ihre Identität als Agentinnen zu verschleiern oder sich irgendwo zu verstecken. Bis zu diesem Zeitpunkt wusste niemand außerhalb der SOE, dass Frauen in geheime Kampfeinsätze geschickt worden waren. Und das sollte auch so bleiben, denn es hätte in der Öffentlichkeit für einen Skandal und grenzenloses Entsetzen gesorgt. Wie aber sollte Atkins die Frauen finden, wenn keine einzige offizielle Stelle im In- und Ausland weder die echten Namen noch die Tarnnamen der Frauen erfahren durfte? Wie sollte sie Frauen finden, die es gar nicht geben durfte?

Als sie aus Frankreich zurückkehrte, waren viele SOE-Büros in der Baker Street bereits leer. Der Krieg war fast vorüber, die Arbeit der SOE schon mehr oder weniger Geschichte. Atkins war die Einzige der F-Sektion, die dort noch ihren Dienst verrichtete und versuchte, sich einen Überblick darüber zu verschaffen, welche Männer und Frauen der SOE Spuren hinterlassen hatten und wo nach ihnen zu suchen sein könnte. Da der erste Versuch in Frankreich, ihre Agentinnen wiederzufinden, nur wenig erbracht hatte, änderte Atkins ihre Strategie: Sie stürzte sich auf die Verhörprotokolle deutscher Kriegsgefangener. Eventuell nannten sie Tarnnamen ihrer Agentinnen oder verrieten etwas über die Arbeit bestimmter Agentenringe. Tag und Nacht wälzte sie schwere Aktenbände und trug auf Karteikarten nach Namen sortiert neue Informationen und mögliche Anhaltspunkte ein.

Von den 400 Männern und Frauen, die die SOE in den Einsatz geschickt hatte, galten zu diesem Zeitpunkt noch immer 100 als vermisst – darunter 16 Frauen. Atkins, die diese Frauen in den Einsatz befohlen hatte und selbst in England zurückgeblieben war, sah es als ihre oberste Pflicht an, ihr Schicksal aufzuklären.[2] Sie glaubte es denen, die verschollen waren, schuldig zu sein, sie nicht aufzugeben. Vor allem deshalb hielt sie verbissen an ihrer mühseligen Arbeit fest.

Das Schockierende war, dass die französischen Gefängnisse nach und nach geöffnet wurden, darin aber nicht eine ihrer Agentinnen zu finden war. Doch Atkins scherte sich nicht um ihre geringen Erfolgsaussichten und die vielen warnenden Stimmen, dass eine solche Arbeit verlorene Mühe sei. Führende Militärs waren der Ansicht, dass die Nationalsozialisten alle Agenten sofort getötet hatten. Grundlage dafür war einer der »Führererlasse« Adolf Hitlers vom 18. Oktober 1942. In dem Geheimbefehl hieß es:

»Von jetzt ab sind alle bei sogenannten Kommandounternehmungen von deutschen Truppen gestellten Gegner, auch wenn es sich äußerlich um Soldaten in Uniform oder Zerstörertrupps mit und ohne Waffen handelt, im Kampf oder auf der Flucht bis auf den letzten Mann niederzumachen. Es ist dabei ganz gleich, ob sie zu ihren Aktionen durch Schiffe oder Flugzeuge angelandet werden oder mittels Fallschirmen abspringen. Selbst wenn diese Subjekte bei ihrer Auffindung scheinbar Anstalten machen sollten, sich gefangen zu geben, ist ihnen grundsätzlich jeder Pardon zu verweigern.«[3]

Andere britische Stellen waren hingegen überzeugt, dass alle SOE-Agenten am Leben gelassen worden waren, weil sie beim nun beginnenden Vorrücken der Alliierten auf deutsches Gebiet als nützliche Geiseln benutzt werden konnten.

Atkins schrieb an alle Dienststellen, dass sie jeden noch so kleinen Hinweis über Frauen erhalten wolle, die in Gefangenschaft geraten waren und andeuteten, für die Alliierten gearbeitet zu haben. Vielleicht würden sie auch den Namen Atkins oder Buckmaster fallen lassen. Auch das Rote Kreuz bat sie um Mithilfe bei ihrer Suche.

Atkins' Arbeit wurde allerdings durch ihre eigenen Kollegen erschwert. John Senter, Leiter der Sicherheitsabteilung der SOE, hatte ihr kürzlich befohlen, alle Akten der F-Sektion an ihn zurückzusenden. Beide verband ein tiefes Gefühl der Abneigung. Senter hatte Atkins die Jahre über stets nur »Rosenberg« genannt, um sie selbst und alle Kollegen stets an ihre jüdische Herkunft und sein Misstrauen ihr gegenüber zu erinnern. Noch widersetzte sich Atkins seinem Befehl. Senter und seine Leute führten ihre eigenen Ermittlungen in Frankreich, und Atkins hatte den ständigen Verdacht, dass sie mehr wussten als sie selbst.

Immerhin erhielt sie Mitte September von Senter und seinen Mitarbeitern einen weiteren Bericht aus Paris. Es war die Zusammenfassung eines Gesprächs mit einem ehemaligen Funker der F-Sektion. Atkins arbeitete sich Seite um Seite durch seine Vernehmung. Dann las sie die sechste Seite des Protokolls und war auf einen Schlag elektrisiert. Denn der Mann beschrieb darin, dass er von einem Häftling, der in der Zelle neben ihm eingesperrt war, gehört habe, dass eine gewisse Madeleine im Gestapo-Hauptquartier in der Avenue Foch gefangen sei und die Deutschen ihr Funkgerät benutzen würden. Der Mann konnte keine Ahnung haben, wer diese »Madeleine« war. Atkins hingegen zerriss es nun fast vor Anspannung. Unwissentlich hatte der Mann einen Hinweis auf Noor Inayat Khan gegeben, deren Codenamen »Madeleine« er in der Haft gehört hatte. Auch wenn es nur eine Vermutung war, die ein Häftling einem anderen erzählt hatte – sollte diese Information stimmen, dann besaß Atkins nun eine erste Spur von Khan. Ein ums andere Mal studierte Vera Atkins den Bericht des Mannes. Besonders eine Stelle ließ sie hoffen: Er berichtete, wie er acht Monate zuvor von Paris aus abtransportiert worden war. Nicht nur Männer waren in diesem Transport, sondern auch 25 Frauen. War das die Spur, auf die sie so lange gehofft und akribisch hingearbeitet hatte?

Die Verwandten der Agentinnen wurden weiter im Unklaren gelassen. Noch immer durften sie nicht wissen, was die jungen Frauen getan hatten und dass ihr Schicksal vollkommen ungewiss war. Die SOE hatte zu diesem Zeitpunkt keinen Zweifel mehr, dass die Agentinnen entweder tot oder in Gefangenschaft geraten waren, führte deren Familien aber weiter absichtlich in die Irre und belog sie. So schrieb am 29. September 1944 ein SOE-Mitarbeiter an Noor Inayat Khans Mutter:

»Sehr geehrte Mrs Baker Inayat,
ich freue mich, Ihnen mitzuteilen, dass wir gute Nachrichten
über Ihre Tochter erhalten haben.«[4]

Auch die Mutter der Agentin Diana Rowden erhielt vom selben Mitarbeiter am selben Tag einen gleichlautenden Brief:

»Sehr geehrte Mrs Rowden,
ich freue mich, Ihnen mitzuteilen, dass wir erneut gute
Nachrichten über Ihre Tochter, Miss D. Rowden, erhalten
haben.«[5]

Welche guten Nachrichten das genau sein sollten, wurde beiden verschwiegen.

Vier Wochen später herrschte im Pariser Hotel Cécil absolute Stille. Es gab nicht einen Rückkehrer mehr. Stattdessen hatte Atkins allen Grund zur Sorge. Denn inzwischen hatten die Briten Zugang zum früheren Gestapo-Hauptquartier in der Avenue Foch bekommen. Der Bericht, den Atkins dazu bekam, hielt fest, dass in den Zellen im Keller, die Hans Kieffer als Folterkeller genutzt hatte, einige der Männer und Frauen ihre Namen eingeritzt hatten. Unter ihnen waren auch die Namen »Diana Rowden« und »Nora Baker« – das Pseudonym von Noor Inayat Khan. Mit dem Datum des 15. Oktober schrieb Atkins einen Brief an die Mutter von Khan, verbunden mit einer deutlichen Warnung:

> *»Sehr geehrte Mrs Baker Inayat,*
> *es tut mir sehr leid, Sie darüber zu informieren, dass wir seit*
> *kurzer Zeit nicht mehr mit Ihrer Tochter in Kontakt stehen.*
> *Wegen der verworrenen Lage in Frankreich waren wir darüber*
> *nicht übermäßig besorgt. Aber leider muss Ihre Tochter nun als*
> *vermisst gelten, obwohl alles dafür spricht, dass sie bald als*
> *Kriegsgefangene gemeldet werden wird. (…) Ich möchte Ihnen*
> *im Interesse der Sicherheit Ihrer Tochter einschärfen, dass Sie*
> *Nachfragen zu ihr ausschließlich über mich stellen.«*[6]

Auch die Mutter von Diana Rowden erhielt einen ähnlichen Brief. Trotz dieser düsteren Nachrichten war Atkins entschlossen, weiterzuforschen. Weitere Meldungen erreichten sie, viele widersprachen sich. Einige Quellen und Überlebende versicherten scheinbar glaubhaft, dass alle Agenten sofort erschossen worden waren. Andere Stimmen bekräftigten hingegen, dass alle Männer und Frauen nach Deutschland verschleppt worden und bestimmt noch am Leben seien.

Atkins wusste, dass die Zeit gegen sie lief. Für die Deutschen war der Zweite Weltkrieg längst verloren. Im Westen rückten die Alliierten unaufhaltsam vor, und auch im Osten war es nur noch eine Frage der Zeit, bis die Rote Armee Berlin erreichen würde. Jeder Tag, der verstrich, verringerte ihre Chance, doch noch eine ihrer Agentinnen wiederzufinden. Sie musste nach Deutschland reisen, um vor Ort nach den Frauen der F-Sektion zu suchen. Sie wusste mit Sicherheit, dass sie die Einzige war, die diese Aufgabe übernehmen konnte. Sie war eine der wenigen, die die Frauen überhaupt erkennen würde und alle Details ihrer Biografien kannte.[7] Doch bevor sie die Reise nach Deutschland wagen konnte, galt es, einen Berg von Problemen zu überwinden. Obwohl Vera Atkins in Großbritannien eingebürgert worden war, besaß sie noch immer keinen Pass. Hinzu kam, dass die SOE und die F-Sektion kurz davor standen, geschlossen zu werden. Wen interessierte das Schicksal einiger namenloser Agentinnen und Agenten, wenn gleichzeitig mehrere Millionen Soldaten gefallen und geschätzte zwei Millionen in Kriegsgefangenenlagern waren?

Auch der Konflikt mit dem Leiter der SOE-Sicherheitsabteilung, John Senter, verschärfte sich. Als Senter Wind von Atkins' Plan bekam, nach Deutschland zu reisen, bezeichnete er diesen als »undurchführbar« und ließ ihr knapp und abfällig ausrichten, sie solle sich als Frau lieber auf »wohltätige Aufgaben« konzentrieren. Daran verschwendete Atkins natürlich keinen Gedanken. Sie hatte vorgeschlagen, eine Liste aller vermissten Agenten zu veröffentlichen und diese unter anderem an das Rote Kreuz zu schicken. Das Rote Kreuz versuchte mittlerweile, Zugang zu den Konzentrationslagern zu erhalten und den Austausch von Gefangenen zu erreichen. Senter war strikt dagegen, denn das würde dem Feind beweisen, dass es geheime Einsätze gegeben hatte. Atkins argumentierte, dass bereits mit der Entsendung der Agenten und vor allem der Frauen gegen Regeln verstoßen worden war. Schließlich setzte sich Atkins durch, und im April 1945 wurde eine Liste mit den Namen von 100 vermissten Agenten veröffentlicht.[8]

Ein Ereignis in Deutschland ließ den Druck auf Vera Atkins noch zusätzlich steigen. Es war der 13. Februar 1945, die Nacht auf Aschermittwoch, als kurz vor 22 Uhr über Dresden zum ersten Mal Fliegeralarm ausgelöst worden war. Kurze Zeit später warf die *Royal Air Force* zunächst die sogenannten »Christbäume«, ab: Magnesium-Leuchtmunition, die das gesamte Stadtgebiet erhellte. Es folgten neun britische Mosquito-Flugzeuge, die rote Zielmarkierungen abwarfen. Dann tauchten am wolkenlosen Nachthimmel über der Stadt an der Elbe die ersten Flugzeuge der kanadischen Luftwaffe, der *US Air Force* und der *Royal Air Force* auf. In der ersten Angriffswelle ließen sie rund 900 Tonnen Luftminen, Spreng- und Brandbomben niederregnen. Sogar das britische Luftfahrtministerium war vom Ausmaß der Zerstörung überrascht. Es erklärte, die Flammen seien nach dem zweiten Angriff über 300 Kilometer weit sichtbar gewesen. Bis zum 15. Februar folgten weitere Angriffe. Sieben Tage und acht Nächte lang stand die Stadt in Flammen, die Altstadt brannte zu großen Teilen vollständig aus. Mindestens 23 000 Einwohner starben bei den Angriffen.[9] Propagandaminister Joseph Goebbels sprach von weiteren Angriffen der »angloamerikanischen Luftgangster« und machte aus den von den lokalen Behörden damals geschätzten 25 000 Opfern kurzerhand zu Propagandazwecken 250 000 Tote.

Bei den Verwandten der SOE-Agentinnen löste die Zerstörung Dresdens ungeheure Ängste aus. Denn die Sorge ging um, dass Hitler Rache nehmen und alle Kriegsgefangenen umbringen lassen würde – angefangen mit denen, die als Agenten und Spione galten. Einige der Verwandten baten Vera Atkins dringend darum, mit ihr sprechen zu können. Atkins empfing sie für diese Treffen im Victoria Hotel, nahe des Trafalgar Square. Hier waren einige SOE-Bewerber interviewt worden. Nun saß Atkins dort in Raum 238, einem tristen Einzelzimmer, vor sich einen Holztisch, und versuchte, den Angehörigen trotz aller verheerenden Nachrichten weiter Hoffnung zu geben. Es war eine schwierige und oft vergebliche Aufgabe, denn nur wenige glaubten an den gedämpften, aber ungebrochenen Optimismus, den die Frau in ihrer taubenblauen Luftwaffenuniform zu vermitteln versuchte.

Doch auch Atkins' Sorgen um ihre Agentinnen stiegen unablässig. Sie erhielt die Gestapo-Akte eines britischen Agenten, der zunächst im französischen Fresnes in Haft gesessen hatte und dann nach Deutschland transportiert worden war. Die Bedeutung des ersten Eintrags war ihr sofort klar: »Ständig gefesselt« stand da. Der Mann galt als hochgefährlich. Der zweite Eintrag war ihr ein Rätsel. Er bestand nur aus zwei Buchstaben:

»N + N«.

Sie hatte keine Ahnung, was das bedeuten konnte. Erst nachdem sie bei den französischen Behörden nachgefragt hatte, löste sich das Rätsel. Es handelte sich um den sogenannten »Nacht-und-Nebel-Erlass«. Er sollte auf Anordnung Adolf Hitlers seit Ende 1941 dafür sorgen, dass feindliche Agenten und Widerstandskämpfer bei Nacht und Nebel verschwinden sollten. Die Opfer waren plötzlich fort, ohne Spuren zu hinterlassen, sie wurden heimlich nach Deutschland verschleppt, und ihre Angehörigen erhielten keine Informationen über ihr Schicksal. Grundsätzlich, so sah es der »Nacht-und-Nebel-Erlass« vor, war bei nicht-deutschen, zivilen Tätern die Todesstrafe zu verhängen.[10]

Atkins fühlte sich nach dieser Entdeckung hilflos. In einem Schrank hatte sie all die Dokumente aufbewahrt, die ihr die Agentinnen bei ihrem oft überstürzten Aufbruch nach Frankreich hinterlassen hatten. Sie blätterte handgeschriebene Anweisungen durch, wer im Falle des Ablebens zu informieren sei, sie las die Testamente der Frauen, sah sich Fotos an – von ihren Ehemännern, kleinen Kindern, die zurückgeblieben waren, von den Vätern und Müttern der Frauen. Von Andrée Borrel standen ein brauner und ein blauer Koffer dort. Diana Rowden hatte ihr Tagebuch zurückgelassen und ein paar Turnschuhe. Violette Szabo einen Kamelhaarmantel, der in einer braunen Papiertüte steckte. All das händigte Atkins in den nächsten Tagen den Verwandten aus, die zu ihr kamen. Und jedes dieser beklemmenden Gespräche steigerte ihren Schmerz.

In den nächsten Wochen erreichten die britischen Regierungsstellen immer mehr Details über die Konzentrationslager der Nationalsozialisten. Mitte April ging an die SOE ein Fernschreiben, das endgültig die Existenz des Konzentrationslagers Buchenwald in der Nähe von Weimar bewies. Ein französischer Agent hatte es, wenige

Tage bevor das KZ befreit wurde, geschafft zu fliehen, und er beteuerte, dass in dem Lager auch britische SOE-Agenten ermordet worden waren.

Die Briten hatten schon seit 1939 vom Plan der Nationalsozialisten gewusst, Menschen systematisch zu töten. Sie wussten auch von der Existenz der Konzentrationslager. Schon früh hatten sie die Verschlüsselung des deutschen Funkverkehrs geknackt, den sogenannten ENIGMA-Code. Aber das wahre Ausmaß des Massenmordes blieb unfassbar. Am 11. April 1945 erreichte die dritte US-Armee unter George Patton das Lager Buchenwald. Es war das erste KZ, das die Alliierten befreiten. Patton sorgte dafür, dass das unfassbare Grauen, auf das er und seine Soldaten stießen, detailliert fotografiert und gefilmt wurde. Er befahl unter anderem, dass 1 000 Weimarer Bürger ins KZ geführt wurden und sich im Hof des Krematoriums die auf Anhängern gestapelten und bizarr ineinander verkeilten Leichen ansehen mussten, die bis auf das Skelett abgemagert waren. Eine Aufnahme dieser Szene war es auch, die als erstes Foto aus Buchenwald veröffentlicht wurde.

Am 15. April erreichten alliierte Truppen das nächste Konzentrationslager: Bergen-Belsen nördlich von Celle. Ab März 1944 waren hier Häftlinge aufgenommen worden, die in anderen Lagern als »nicht mehr arbeitsfähig« galten. Nach der Befreiung auch dieses Lagers verbreiteten sich die Nachrichten über die Massengräber und den Zustand der Überlebenden in alle Welt. Die unfassbare Grausamkeit der Nationalsozialisten ließ die Weltöffentlichkeit für einen Moment erstarren.

Atkins konnte auf allen Häftlingslisten, die sie bisher überprüft hatte, nur eine einzige vermisste SOE-Agentin identifizieren. Es war Yvonne Rudellat, die lebend zum letzten Mal in Bergen-Belsen gesehen worden war. Dort aber sollte sie wenige Tage nach der Befreiung an Typhus und Ruhr verstorben und in einem Massengrab geendet sein, berichteten Mithäftlinge.

Ansonsten war Atkins' Suche bisher ergebnislos. Kein weiterer Name ihrer Agentinnen war auf den Listen erschienen, die ihr John Senter und seine Männer aus Paris schickten. Atkins war sich nicht sicher, was das zu bedeuten hatte. Waren die Frauen schlichtweg verschwunden, ihre Leben ausgelöscht worden, oder bedeutete es lediglich, dass sie in Lagern weiter östlich zu suchen waren? So etwa im KZ Ravensbrück, rund 100 Kilometer nördlich von Berlin. Es war eines der Lager, das in Kürze von den russischen Truppen erreicht werden würde.

Schon ab Anfang April hatte es das schwedische Rote Kreuz geschafft, mehrere tausend Frauen, die in Ravensbrück inhaftiert gewesen waren, in die Schweiz und nach Schweden zu bringen. Am 3. Mai erhielt Atkins ein Telegramm der britischen Vertretung in Malmö. Darin hieß es, dass auch eine junge Britin mit einem Konvoi des schwedischen Roten Kreuzes von Ravensbrück nach Schweden gelangt sei. Atkins studierte die Beschreibung der jungen Frau immer wieder. Sie kam ihr bekannt vor und Atkins zögerte keine Sekunde mehr. Sofort gab sie Anweisung, die junge Frau zunächst nach Schottland zu fliegen. Von Glasgow sollte sie unverzüglich den Nachtzug nehmen, um am nächsten Morgen London zu erreichen. Sie war gespannt, was der anbrechende Morgen bringen würde, und wollte die Reisende persönlich am Bahnhof abholen.

Es war 8 Uhr am Morgen, als der Nachtzug aus Glasgow in den Bahnhof Euston im Londoner Stadtzentrum einrollte. Am Bahnsteig warteten Gepäckträger auf die Passagiere, die mit müden Gesichtern aus den Waggons stiegen. Darunter auch eine zierliche Frau mit dunklem, leicht gewelltem Haar. Im Gegensatz zu den vielen anderen Reisenden hatte sie kein Gepäck dabei. Niemand schien auf sie zu warten. In einer Hand trug sie nur eine braune Papiertüte. Noch etwas war ungewöhnlich, jetzt im Frühjahr: Sie hatte einen dicken Wintermantel aus Wolle an. Sie war eine der 50 Frauen, die wenige Tage vor der Befreiung des KZ Ravensbrück an das schwedische Rote Kreuz übergeben worden waren. Mit einem weißen Bus war sie quer durch Deutschland und Dänemark gefahren. Als sie zusammen mit den anderen Häftlingen endlich Malmö erreicht hatte, wurde die völlig entkräftete Frau entlaust und konnte sich waschen. Ihre erste Nacht in Freiheit hatte sie sich allerdings anders vorgestellt. Zusammen mit den anderen KZ-Häftlingen schlief sie auf dem Boden im Museum für Urgeschichte in Malmö, direkt unter den Skeletten von Dinosauriern. Nun stand sie verloren auf dem Bahnsteig von Euston und wartete. Doch niemand kam, um sie wie vereinbart an diesem Sonntagmorgen abzuholen. In ihrer wachsenden Verzweiflung ging sie zur nächsten Telefonzelle und entschied sich, das Luftfahrtministerium anzurufen.

»Ich bin gerade aus Deutschland angekommen und stehe am Bahnhof Euston«, sagte sie am Telefon.

Der diensthabende Offizier klang merklich verwundert. Nach einigen Momenten sagte er kurz und knapp:

»Bleiben Sie, wo Sie sind. Miss Atkins ist auf dem Weg zu Ihnen.«

Als Atkins den Bahnsteig endlich erreicht hatte, erkannte sie die Frau sofort, die da vor ihr stand: Es war ihre Agentin Yvonne Baseden. Sie war eine der jüngsten Frauen gewesen, die jemals für die SOE in den Einsatz gezogen waren. Im März 1944 war sie mit dem Fallschirm über Frankreich abgesprungen, aber nur drei Monate später verraten worden und in die Hände der Gestapo gefallen. Vera Atkins begrüßte ihre ehemalige Agentin knapp.

»Sie war ziemlich distanziert, fast kühl zunächst«, erinnerte sich Baseden an das Wiedersehen mit Atkins. »Sie schien sogar argwöhnisch mir gegenüber zu sein. Warum ist sie freigelassen worden und nicht die anderen, muss sie wohl gedacht haben?«[11]

Atkins führte sie zu einem Wagen vor dem Bahnhof.

»Was weißt du von den anderen?«, fragte Atkins sofort, nachdem die beiden Frauen eingestiegen waren.

»In einem Lager in Saarbrücken habe ich einige von ihnen wiedergesehen. Sie waren an den Füßen mit Ketten gefesselt.«

Baseden berichtete, wie sie Violette Szabo, Lilian Rolfe und Denise Bloch getroffen hatte. »Mein Gott, die gesamte Baker Street ist hier!«, erinnerte sich Baseden an ihre Reaktion bei diesem Anblick.[12] Was sie Atkins sicher sagen konnte, war, dass die drei Frauen später so wie sie in das KZ Ravensbrück deportiert worden waren.

Atkins war schockiert von Basedens kurzem Bericht, der ihr gleichzeitig weitere Spuren aufzeigte. Niemand hatte es bislang für möglich gehalten, dass es tatsächlich ein Konzentrationslager für Frauen gegeben hatte.

Der Fahrer brachte die völlig entkräftete Baseden nach Hause zu ihrem Vater. »Vor mir lagen neun Monate im Krankenhaus, eine Lungenoperation, Schmerzen und Nächte, in denen ich von angsterfüllten Träumen geplagt wurde.«[13] Sie hatte sich im KZ unter anderem mit Tuberkulose angesteckt.

In den kommenden Tagen und Wochen versuchte Atkins es damit, weiteren Rückkehrern Fotos der SOE-Frauen zu zeigen. Vielleicht würde jemand ihre Gesichter erkennen. Mehrere Zeuginnen belegten, dass Cecily Lefort, die gemeinsam mit Noor Inayat Khan abgeflogen war, im KZ Ravensbrück schwer erkrankt und dann vergast worden sei. Atkins strich ihren Namen von ihrer Liste.

Wenige Tage später erhielt Atkins aus Deutschland eine weitere Meldung aus dem Hauptquartier der Ersten US-Armee: Ihre Agentin Eileen Nearne hatte überlebt. Auch sie hatte Szabo, Rolfe und Bloch im KZ Ravensbrück gesehen und Gerüchte gehört, dass mindestens zwei von ihnen die Flucht gelungen sein könnte. Später musste Nearne in der Nähe von Leipzig Zwangsarbeit beim Straßenbau leisten, aber es war ihr gelungen zu fliehen. Sie versteckte sich zunächst in einem Wald, später in einem ausgebombten Haus, danach gewährte ihr ein Priester drei Nächte lang Unterschlupf, bis die Amerikaner im April die Gegend erreichten.

Nur einen Tag darauf, am 7. Mai, erhielt Atkins erneut von den Amerikanern eine Nachricht. Eine dritte SOE-Agentin war dem KZ

Ravensbrück entkommen. Ihre Flucht klang noch unglaublicher als die von Eileen Nearne.

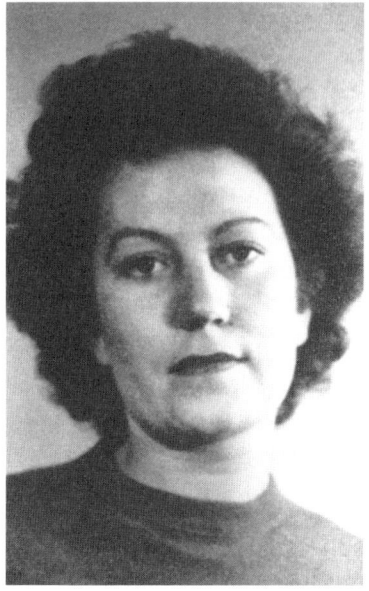

SOE-Agentin Eileen Nearne: Eine fast unglaubliche Flucht aus Nazi-Deutschland

Es war Odette Sansom. Schon bevor sie für die SOE in den Einsatz gezogen war, waren die SOE-Verantwortlichen von ihrem Mut beeindruckt gewesen. »Möge Gott den Nazis helfen, wenn wir sie in ihrer Nähe platzieren können«, hatte es in einem Bericht über sie geheißen.[14] Atkins erinnerte sich noch genau an die offenbar furchtlose Odette Sansom und besonders an die Zeit kurz vor ihrem Einsatz in Frankreich. Denn knapp vor ihrem Abflug hatte sie sich noch ein dunkelgraues Kostüm schneidern lassen.

»Weshalb hast du dich für genau diese Farbe entschieden?«, hatte Vera Atkins ihre Agentin gefragt.

»Na ja, wenn ich ins Gefängnis komme, wird die sehr nützlich sein, denn darauf sieht man den Dreck nicht«, hatte Sansom trocken geantwortet.[15]

Sansom war 1943 gemeinsam mit einem anderen SOE-Agenten ihres Ringes gefangen genommen worden. Sein Name war Peter Churchill. Und Sansom war so clever, sich vor den Deutschen fortan nur als »Mrs Churchill« auszugeben. Eine Idee, die ihr das Leben rettete. Beide hatten vereinbart, bei allen Verhören zu behaupten, dass sie verheiratet seien und dass Peter Churchill der Neffe des britischen Premierministers Winston Churchill sei. Sie hofften, dass sie diese Geschichte vor dem Schlimmsten bewahren würde. Sofort nach ihrer Verhaftung wurden beide getrennt, Sansom versprach ihrem Mitagenten, an jedem Abend um genau 18.00 Uhr besonders fest an ihn zu denken, Churchill versprach dasselbe.

Im Gestapo-Gefängnis von Fresnes war Odette Sansom schwer misshandelt worden.

»Sie hatten mich zwei Tage im Keller in völliger Dunkelheit gehalten. Dann kamen zwei Offiziere herunter. ›Erzählst du uns jetzt, wie man das Funkgerät benützt?‹, fragte einer. ›Nein‹, antwortete ich. Sie drängten mich in die Ecke und einer begann mit seiner Pistole um meine Füße herum zu schießen.«[16]

Die Deutschen hatten ihr den Rücken mit glühenden Eisenstangen schwer verbrannt und ihr alle Zehennägel gezogen. Auch ein Jahr später konnte sie keine Schuhe tragen und lief stets auf den Fersen, bis mehrere Operationen schließlich Linderung brachten.[17] Nun war die Frau, die für ihren SOE-Einsatz drei kleine Töchter in Großbritannien zurückgelassen hatte, endlich nach Hause zurückgekehrt und erzählte Atkins, die ihr gebannt zuhörte, von ihrem langen Leidensweg.

Zunächst war Sansom mit anderen SOE-Agentinnen in einem Gefängnis in Karlsruhe inhaftiert gewesen. Zwar konnte sie mit Sicherheit sagen, dass es sieben Frauen waren, die sie dort gesehen hatte. Aber sie kannte ihre Namen nicht. Dann wurde sie im Juli 1944 ins KZ Ravensbrück weitertransportiert. Noch immer glaubten die Deutschen ihr, dass sie eine angeheiratete Nichte von Winston Churchill sei. Sie wurde deshalb in eine Einzelzelle gesteckt, die direkt neben einer Zelle für Bestrafungen lag. Täglich konnte Sansom die Schreie der gefolterten Opfer hören und die Schläge, die die Aufseher austeilten. Später wurde sie in eine Zelle verlegt, die direkt an das Krematorium grenzte. Das Fenster der Zelle war teilweise offen, in ihre Zelle drangen der beißende, schwarze Rauch und Aschereste aus den Verbrennungsöfen. Sie konnte alles hören, was draußen vor sich ging. In ihre Zelle regnete es manchmal Haare, oder eher Reste von verbranntem Haar, die durch die Luft schwebten und langsam auf dem Boden ihrer Zelle niedergingen. Sie ließen ihr keine Zweifel, was im Lager geschah.[18]

Dann war es nur noch eine Frage von wenigen Tagen, bis die Rote Armee das KZ erreichen würde. Am 27. April 1945 traf der Lagerkommandant Fritz Suhren die Entscheidung, das Lager zu räumen. Die Frauen wurden auf einen Todesmarsch getrieben. Suhren selbst griff sich Sansom, die vermeintliche Nichte Churchills, und nahm sie als seine Geisel.

Die junge Frau wurde an diesem Tag aus ihrer Zelle geführt und sollte auf dem Appellplatz auf einen Wagen warten. Sie war vollkommen verwirrt von dem Aufruhr der aufbrechenden Frauen um sie herum. Plötzlich wurde ein junges Mädchen mit kahlgeschorenem Kopf vor ihren Augen erschossen. Andere Insassinnen, fast besinnungslos vor Hunger, beugten sich hinunter zu dem noch warmen Körper. Sansom kam kaum dazu zu realisieren, was soeben geschah. Sie wurde Zeugin eines Falles von Kannibalismus.[19] Schon wurde sie in den Wagen gezerrt, in dem bereits Fritz Suhren saß. Sie hatte Todesangst und war sich sicher, nun von ihm erschossen zu werden. Aber Suhren hatte einen anderen Plan. Er wollte in Richtung der amerikanischen Linien fahren, um seine Geisel der US-Armee zu übergeben und so für sich Vorteile herauszuschlagen. Am 1. Mai 1945 übergab Suhren den Amerikanern Odette Sansom. Doch das Spiel des KZ-Kommandanten ging nicht auf. Sansom zögerte keine Sekunde und berichtete den Offizieren, wer Fritz Suhren war und für welche Verbrechen er in Ravensbrück verantwortlich war. Suhren wurde sofort festgenommen und später wegen Kriegsverbrechen gehängt.

Dann brach der Abend an. Sansom schlug das Angebot der US-Soldaten aus, für sie einen Schlafplatz zu finden. Sie schlief stattdessen in Suhrens Wagen. Nach so langer Zeit in Haft wollte sie in dieser ersten Nacht in Freiheit endlich wieder in den Sternenhimmel blicken können. Kurze Zeit später kehrte sie nach Großbritannien zurück.

Odette Sansom, SOE-Agentin mit Durchsetzungsvermögen: »Möge Gott den Nazis helfen, wenn wir sie in ihrer Nähe platzieren können.«

Sansom versuchte in den kommenden Tagen, Atkins bei ihrer Spurensuche weiterzuhelfen. Lange hatte Atkins über den Anfang von Sansoms Bericht nachgedacht und darüber, wie sie von den sieben Frauen erzählt hatte, die sie im Karlsruher Gefängnis gesehen hatte. Als Erstes legte sie ihr deshalb Fotos der vermissten SOE-Agentinnen vor, und es dauerte nicht lange, bis Sansom sechs der sieben Frauen identifizierte, die sie in Karlsruhe gesehen hatte: Es waren Diana Rowden, Eliane Plewman, Vera Leigh, Yolande Beekman, Andrée Borrel und Madeleine Damerment.

Sie hatte keine Ahnung, was aus ihren SOE-Mitstreiterinnen geworden war. Vor allem aber wusste sie nicht, wer die siebte Frau sein sollte. Atkins hatte ihr auch ein Foto von Noor Inayat Khan vorgelegt, in der Hoffnung, dass Sansom sie jetzt mühelos als die siebte Frau identifizieren würde. Aber Odette Sansom erkannte Khan nicht. Stattdessen beschrieb sie die Nummer sieben als »klein, dünn und jüdisch aussehend«. Wer war diese Frau?

Immerhin besaß Vera Atkins nun dank der zurückgekehrten Agentinnen eindeutige Spuren der noch vermissten zwölf Frauen. Sechs von ihnen hatten eindeutige Spuren im Gefängnis von Karlsruhe hinterlassen. Drei von ihnen waren im KZ Ravensbrück gesehen worden. Von einer Agentin, Yvonne Rudellat, wusste sie, dass sie zumindest in Bergen-Belsen gesehen worden war. Die Einzige, von der Atkins sicher war, dass sie nicht überlebt hatte, war Cecily Lefort. Bei allen anderen zwölf war sie davon überzeugt, dass sich die Suche nach ihnen nun erst recht lohnen würde. Die Einzige, von der es bisher nicht die geringste Spur zu geben schien, war Noor Inayat Khan. Lebte die indische Prinzessin noch? Hatte sie sich irgendwo versteckt? War sie in Haft? Hatten die Deutschen sie verschleppt oder ermordet? Jede Spur, die Khan hinterlassen haben könnte, schien wie ausgelöscht. Die Ungewissheit über ihr Schicksal machte Atkins an manchen Tagen fast rasend vor Wut und Trauer. Gab es noch Hoffnung in ihrem Fall?

Atkins wollte, so schnell es ging, nach Deutschland reisen. Die Spuren, die sie bisher entdeckt hatte, waren flüchtig wie Staubkörner im Licht. Ihre Suche hatte gerade erst begonnen.

12

SPUREN DES TODES

London, Deutschland,
Ende 1945

Ihre Vorgesetzten waren alles andere als begeistert. Vera Atkins gestatten, nach Deutschland zu reisen, um das Schicksal ihrer verschwundenen Agentinnen aufzuklären? Undenkbar! Wieder einmal gab es grundsätzliche Vorbehalte dagegen, eine derartige Mission einer Frau anzuvertrauen. Unklar war auch, in wessen Auftrag diese Dienstreise stattfinden und aus welchem Budget sie finanziert werden sollte, denn die Auflösung der SOE zum Ende des Jahres 1945 war beschlossene Sache. Zudem befürchtete die Regierung, in Erklärungsnot zu geraten. Schließlich stand die Verwendung von Frauen in Kampfeinsätzen der SOE rechtlich auf wackligen Füßen, die Genehmigung hierzu war sozusagen im Hinterzimmer und lediglich inoffiziell erteilt worden. Würden nun amtliche Untersuchungen eingeleitet, so drohte das Thema genau dort zu landen, wo man es nicht behandelt sehen wollte: im Parlament.[1]

Doch Vera Atkins war nicht der Typ, der sich abschütteln ließ. Die meisten der vermissten Agentinnen und Agenten, so argumentierte sie, hatten der F-Sektion angehört, und daher konnte deren Verbleib auch am besten durch Angehörige dieser Sektion ermittelt werden. Hartnäckig trug sie ihr Anliegen immer wieder vor. Ob sie mit ihren Argumenten alleine durchgedrungen wäre, sei dahingestellt. Jedenfalls spielten ihr auch diverse politische Entwicklungen in die Hand. In London liefen immer mehr Berichte aus den Konzentrationslagern ein, aus denen sich entnehmen ließ, dass die Deutschen dort auch

SOE-Agenten ermordet hatten. Damit stieg die Wahrscheinlichkeit, dass es anderen, die bisher noch als vermisst galten, ebenso ergangen war und nur eine Untersuchung vor Ort Licht ins Dunkel dieser Schicksale werfen konnte. Zugleich wurde in dem Maß, in dem die Gräueltaten der Deutschen bekannt wurden, in der britischen Öffentlichkeit der Ruf immer lauter, diese Taten strafrechtlich zu verfolgen. Außerdem verschlechterte sich das Verhältnis zwischen den Westalliierten und den Sowjets rapide, so dass Eile geboten schien, wenn noch Agenten aus der sowjetisch besetzten Zone befreit oder dort zumindest ermittelt werden sollte. Einen besonderen Akzent setzte schließlich Charles Bushell, der Vater von Violette Szabo. Er wandte sich an die britische Presse und verlangte Aufklärung über das Schicksal seiner verschwundenen Tochter. So verschaffte er dem Thema ein höheres Maß an öffentlicher Aufmerksamkeit, als den britischen Behörden lieb sein konnte. Im Londoner Regierungsviertel Whitehall gab man die Hoffnung auf, die Geschichte der SOE-Agentinnen abseits des journalistischen und parlamentarischen Rampenlichts behandeln zu können, und befürchtete eine noch negativere Reaktion, wenn in der Öffentlichkeit der Eindruck entstehen sollte, dass die Regierung dem Schicksal dieser todesmutigen Frauen gleichgültig gegenüberstand. Vor diesem Hintergrund erschien eine Aufklärungsmission von Vera Atkins plötzlich nicht nur denkbar, sondern sogar sinnvoll.[2] Und so reiste sie Anfang Dezember 1945 zum ersten Mal seit einem Jahrzehnt wieder ins Land ihrer Vorväter und Feinde.

Allerdings räumte man ihr für diese Erkundungsmission lediglich vier Tage ein. Ihr Kontaktmann in Berlin war Anghais Fyffe, der vor Ort mit der Aufgabe betraut war, nach vermissten SOE-Agenten zu suchen. Der junge Schotte war zunächst nicht erbaut über den Besuch. Er hatte während des Krieges in der Sicherheitsabteilung der SOE gearbeitet, wo er vom Ruf Vera Atkins' als »intriganter Frau« gehört hatte. Doch wandelte sich sein Bild von der Kollegin aus London, als er tatsächlich mit ihr zusammenarbeitete. Ihre Entschlossenheit, die Spuren ihrer verschwundenen Agentinnen und Agenten zu verfolgen, nötigte ihm rasch Respekt ab.[3]

Atkins wusste die kurze Zeit, die ihr in Deutschland zugestanden wurde, zu nutzen. Bereits am ersten Tag fuhr sie mit Fyffe durch die Trümmerstraßen der ehemaligen Reichshauptstadt, um in Berlin-Buch das Grab eines französischen SOE-Agenten zu lokalisieren. Clément-Marc Jumeau war in deutscher Haft an Tuberkulose erkrankt, in die Lungenklinik der Heilanstalten in Berlin-Buch verlegt worden und dort gestorben. Buch gehörte zum Bezirk Pankow und lag damit im sowjetischen Sektor, doch gelang es den beiden Briten, ohne Komplikationen die Sektorengrenze zu überschreiten und das Grab zu finden.[4]

Ihr nächstes Ziel war Bad Oeynhausen, wo sie den Leiter der Abteilung Kriegsverbrechen der britischen Militärregierung in Deutschland, Oberst Tony Somerhough aufsuchen wollte. Somerhough war im Zivilleben Anwalt gewesen und wurde aufgrund der britischen Bezeichnung seines militärischen Rangs (Group Captain) von seinen Mitarbeitern, für die er eine Art Vaterfigur war, freundlich-scherzhaft »the Gruppenführer«[5] genannt. Somerhough sorgte dafür, dass Atkins die ehemaligen Kommandanten der Konzentrationslager Ravensbrück und Sachsenhausen, Fritz Suhren und Anton Kaindl, verhören konnte. Von Suhren erhoffte sie sich Aufklärung über das Schicksal von Denise Bloch, Lilian Rolfe und Violette Szabo. Kaindl konnte möglicherweise Hinweise auf den Verbleib von Francis Suttill liefern, der unter dem Decknamen »Prosper« in Frankreich agiert hatte und nach Sachsenhausen verschleppt worden war.

Kaindl saß in einem britischen Internierungslager für mutmaßliche Kriegsverbrecher nahe Paderborn. Dorthin begab sich Atkins jetzt, begleitet von Fyffe und einem weiteren britischen Offizier. Ihnen gegenüber trat ein Mann, den Fyffe wie folgt beschrieb: »Dieser Kaindl war ein sehr kleiner Mann, höchstens knapp über 1,50 m. Er hatte eine hohe Stirn und sandfarbenes, sehr kurz geschnittenes Haar. Er hatte hohe Wangenknochen, über denen die von roten Äderchen durchzogene glänzende Haut spannte. Sein Gesicht ähnelte dem eines Frettchens, er trug eine Brille, seine Hände waren gepflegt und er sah mir ein wenig aus wie ein Dandy. Ich meine, er trug Stulpstiefel mit extra hohen Hacken und eine hohe Schirmmütze, um größer zu wirken.«[6] Trotz seines eher harmlosen, fast schon komischen Aussehens erwies sich Kaindl im Verhör als harte Nuss. Der SS-Offizier, der später bekannte: »Ich hielt die Einrichtung von Gaskammern zur Massenvernichtung für zweckmäßig und auch für humaner«,[7] sich aber zugleich im Sachsenhausen-Prozess auf Befehlsnotstand berufen sollte, ließ sich von Atkins keinerlei nützliche Informationen entlocken, und die drei Briten reisten, wie Fyffe sich erinnerte, wieder ab, »ohne einen Schritt weitergekommen zu sein«.[8]

Auch mit Fritz Suhren, dem früheren Kommandanten des Frauen-Konzentrationslagers Ravensbrück, der versucht hatte, Odette Sansom vor seinen Karren zu spannen, um die Amerikaner bei seiner Verhaftung für sich einzunehmen, lief es nur wenig besser. Zwar stand der ehemalige SS-Sturmbannführer stramm, als er in den Raum mit den drei britischen Offizieren geführt wurde. Doch im Verhör stellte er sich dumm. Er gab zunächst vor, von britischen Gefangenen in Ravensbrück überhaupt nichts zu wissen. Auf »Odette Churchill« angesprochen, räumte er ein, diese Gefangene habe unter seiner direkten Aufsicht gestanden. Auch nachdem Atkins ihn mit den Aussagen einer KZ-Wärterin konfrontierte, die sich an englische Frauen im Lager erinnerte, denen man rote Dreiecke mit einem E auf die Jacken genäht hatte, knickte er nicht weiter ein.[9]

Atkins' Zeit in Deutschland ging aber dem Ende zu und so mussten die drei britischen Offiziere Recklinghausen, wo Suhren interniert war, weitgehend unverrichteter Dinge verlassen. Tags darauf flog Atkins zurück nach London. In einem Dankschreiben an Fyffe, das er wenige Tage später erhielt, vermerkte sie, dass der Rückflug recht turbulent gewesen war und sie sich übergeben hatte. »Aber sehr diskret.«[10]

Doch nicht nur der Fall Ravensbrück beschäftigte Atkins in diesen
Monaten. Von Bad Oeynhausen aus versuchte sie weiterhin auch, den
teils kaum erkennbaren Spuren anderer Agentinnen und Agenten zu
folgen. Bei Oberst Somerhough und seinem Ermittlerteam genoss sie
Respekt und zunehmend auch Beliebtheit. Der Oberst erinnerte sich,
dass sie »mitfühlend mit den seltsamsten Leuten umgehen konnte
und zu Hochform bei Ausländern auflief, die irgendwie etwas seltsam
waren«.[11] Auf das Ermittlerteam hatte sie im Dienst einen beruhigen-
den Einfluss und war zugleich in der Freizeit eine angenehme Begleiterin, was einen Kollegen zu einem fast liebevollen Scherzgedicht ins-
pirierte:

Sitting in her office just above waist deep in files
Midst Arribert and Stephen is our Vera, wreathed in smiles.
In office hours she doesn't look as if she liked a frolic,
But just sit next to her when she's a little alcoholic.[12]

(Da sitzt in ihr'm Büro und tief in Akten bis zum Bauch
Bei Arribert und Stephen lächelnd unsre Vera auch.
Zur Dienstzeit wirkt sie nicht, als hätte sie viel Spaß im Leben,
Doch setz' dich nur mal neben sie, geht sie mal einen heben.)

Entspannung war für die Ermittler im Übrigen bitter nötig, denn
ihre Arbeit war häufig psychisch äußerst belastend. John da Cunha,
einem jungen Ermittler, wurde bei der Bearbeitung seiner ersten, das
Lager Ravensbrück betreffenden Akte regelrecht übel. Schockierend
war aber nicht allein das Leid, das den Gefangenen in den Lagern zugefügt worden war, sondern auch die Einstellung derjenigen, die dieses Leid verantwortet und mitverursacht hatten.

Ein typisches Beispiel war Rudolf Höss, der letzte Kommandant von Auschwitz. Höss, ein Nationalsozialist der ersten Stunde, der 1923 wegen Beteiligung am sogenannten Parchimer Fememord zu zehn Jahren Haft verurteilt, aber bereits 1928 begnadigt worden war, war schon 1934 zur Totenkopf-SS gestoßen. Bei dieser Truppe, deren Hauptaufgabe in der Bewachung und Verwaltung der Konzentrationslager lag, hatte er sich in den Lagern Dachau und Sachsenhausen vom SS-Unterscharführer (Unteroffizier) hochgedient. 1940 übernahm er erstmals das Kommando in Auschwitz, wohin er nach einem kurzen Intermezzo in Berlin 1944 zurückkehrte. Höss befehligte das Lager bis Kriegsende, tauchte dann in Norddeutschland unter und wurde schließlich von den Briten gefangen genommen. Atkins wurde als Dolmetscherin zu seinem Verhör im Internierungslager Minden hinzugezogen und erinnerte sich, dass Höss zunächst an seiner falschen Identität festzuhalten suchte. Als er erkannte, dass Leugnen zwecklos war, ergriff den Mann, der für den Tod einer unfassbaren Zahl unschuldiger Häftlinge mitverantwortlich war, panische Angst. »Man hört ja manchmal, dass bei jemandem die Knie schlottern, aber dies war das einzige Mal, dass ich tatsächlich einen Mann gesehen habe, dessen Knie schlotterten. Dies war also der große Rudolf Höss«, erinnerte sich Atkins später.[13]

Höss erlangte aber relativ rasch die Fassung wieder und beantwortete die an ihn gerichteten Fragen. Als die Zahl der in seiner Zeit in Auschwitz vergasten Häftlinge zur Sprache kam, geschah etwas für die Briten Unfassbares. »Trifft es zu«, fragten sie den ehemaligen Lagerkommandanten, »dass in Auschwitz ungefähr anderthalb Millionen Menschen ermordet wurden?« Höss schien erstaunt. »Oh nein«, korrigierte er, »es waren 2 345 000.«[14]

Auch später sollte dieser Buchhalter des Todes keinerlei Einsicht zeigen. Nachdem er an Polen ausgeliefert worden war, gab er dort zu Protokoll: »Ja, ich war hart und streng. Doch niemals war ich grausam – nie habe ich mich zu Misshandlungen hinreißen lassen.« Er äußerte zwar Kritik an den deutschen Massenmorden – doch nur deshalb, weil er meinte, diese seien aus nationalsozialistischer Sicht kontraproduktiv gewesen: »Heute sehe ich ein, dass die Judenvernichtung falsch war, grundfalsch. Gerade durch diese Massenvernichtung hat sich Deutschland den Hass der ganzen Welt zugezogen. Dem Antisemitismus war damit gar nicht gedient, im Gegenteil, das Judentum ist damit seinem Endziel viel näher gekommen.«[15]

Atkins' eigene Ermittlungen gingen oft nur schleppend voran. Noch immer war sie im Fall des zuletzt in Sachsenhausen gesehenen Francis Suttill (»Prosper«) nicht weitergekommen, da der ehemalige Lagerkommandant Kaindl weiterhin hartnäckig jede Kenntnis des Falls leugnete. Und auch das Schicksal der nach Ravensbrück verschleppten Agentinnen Denise Bloch, Lilian Rolfe und Violette Szabo hatte sie noch immer nicht klären können.

Immerhin hatte sie den Kontakt zu einer Ravensbrück-Überlebenden, Danuta Kowalewska, hergestellt. Kowalewska hatte im Konzentrationslager eine Art Tagebuch geführt und konnte daher einige Details zum Leben dort und auch Hinweise auf einzelne Gefangene liefern. Doch was genau mit den drei Agentinnen geschehen war, blieb weiter unklar. Es gab Zeuginnen, die die drei in Ravensbrück gesehen hatten. Eine erinnerte sich an Szabo: »Sie war so stark und hat sich nie beklagt.« Eine andere Überlebende meinte sich zu erinnern, dass alle britischen und amerikanischen Gefangenen am 25. Januar 1945 zu Suhren zitiert und gehängt worden waren. Wieder andere meinten, Szabo noch im März lebend im Lager gesehen zu haben. Weitere Informationen lieferten die nach und nach verhafteten Angehörigen der Lagerbesatzung. Doch das Bild, das Atkins aus alledem zusammenfügen konnte, war unvollständig und teils sogar widersprüchlich. »In dem Lager schien es zwei Szabos, drei Blochs und mehrere Leforts gegeben zu haben.«[16] Dann aber kam der Durchbruch.

Am 11. März verhörte Atkins Johann Schwarzhuber, der zuletzt als Schutzhaftlagerführer in Ravensbrück eingesetzt gewesen war.

Der ehemalige SS-Obersturmführer war aussagebereit. Anhand von Fotos identifizierte er Bloch, Rolfe und Szabo und konnte sich bei Letzterer sogar an den Vornamen Violette erinnern. Schwarzhuber wusste, was den drei Agentinnen widerfahren war.[17]

Am 22. August 1944 kamen sie in Ravensbrück an.[18] In dem unweit von Berlin gelegenen Lager waren Anfang 1945 rund 50 000 Menschen, überwiegend Frauen, zusammengepfercht und lebten dort unter unbeschreiblich grausamen Verhältnissen. »Der Eintritt in das Frauenlager des KZ-Ravensbrück bedeutete für die weiblichen Häftlinge einen Übertritt in eine fremde Welt – einen gewaltsamen. Stand am Anfang die Einzelne, mit ihrem Namen und ihrer Persönlichkeit, so fand sich am Ende der Aufnahmeprozedur eine Gestalt, die sich nur noch in der Nummer und der Häftlingskategorie von den anderen unterscheiden sollte. Von 1939 bis 1945 waren rund 120 000 Frauen im Frauenlager des Konzentrationslagers inhaftiert, neben dem in Auschwitz-Birkenau war es das größte Frauenlager des nationalsozialistischen KZ-Systems. Tausende gefangene Frauen haben die Befreiung nicht erlebt.«[19] Das Grauen begann bereits bei der Ankunft: »Die Lageraufnahme hatte die systematische Erniedrigung der Frauen zum Ziel. Das SS-Personal handelte gemäß dem System, das sie vertraten, in militärischer Präzision und Disziplin gepaart mit Willkür und Gewalt. Sie wollten die ankommenden Frauen durch ihr Verhalten einschüchtern: Beleidigungen, Schreie und Flüche, Tritte und Schläge gehörten dazu. Die äußere Entstellung der Häftlinge durch die Rasur der Kopf- und Schamhaare sowie die Häftlingsuniformen waren ein nächster Schritt, um die Frauen ihrer sozialen und kulturellen Identität zu berauben.«[20] Eine ungarische Überlebende fasste die Zustände im KZ Ravensbrück ebenso knapp wie bedrückend zusammen: »Jeder Tag dort war wie die Unendlichkeit.«[21]

Szabo wurde zur Arbeit im Straßenbau abkommandiert und schmiedete Pläne, wie sie beim Einsatz außerhalb des Lagers entkommen konnte. Der tatsächlich ausgeführte Fluchtversuch scheiterte jedoch und die seit der Verlegung aus dem Gefängnis in Fresnes abgemagerte und sichtlich erschöpfte Gefangene wurde mit brutalen Stockschlägen bestraft.[22] Im September 1944 wurden sie und ihre beiden Leidensgenossinnen Denise Bloch und Lilian Rolfe von Ravensbrück in ein Arbeitslager nach Torgau verlegt. Ein erneuter Versuch zu entkommen, diesmal mit Hilfe eines nachgefertigten Schlüssels, scheiterte hier.[23] Violette wurde mit zehn Stockschlägen und einer Woche Einzelhaft bestraft.[24] Immerhin waren die Haftbedingungen hier etwas erträglicher als in Ravensbrück. Ende Oktober wurden die drei britischen Agentinnen jedoch erneut verlegt, diesmal in ein Arbeitslager in der Nähe von Königsberg, wo sie in klirrender Kälte ein Gelände für ein neues Flugfeld roden mussten. Die ohnehin harschen Haftbedingungen verschlechterten sich noch weiter, nachdem der Lagerkommandant durch eine sadistische Züge aufweisende Aufseherin aus Ravensbrück ersetzt wurde.[25] »Die Frauen gingen umher wie wandelnde Skelette, zu schwach und unterernährt, um viel zu leisten, aber dennoch wurde Leistung von ihnen verlangt. Etwas Freundlichkeit erfuhren sie nur von einigen österreichischen Soldaten, mit denen sie unter der Woche arbeiteten und die ihre Nahrung mit ihnen teilten. Viele Frauen starben dort, wo sie arbeiteten, inmitten der Bäume.«[26]

Die drei SOE-Agentinnen aber überlebten, auch wenn alle drei inzwischen gesundheitlich schwer angeschlagen waren und Lilian Rolfe kaum noch ohne fremde Hilfe gehen konnte. Um den 20. Januar 1945 wurden sie nach Ravensbrück zurückverlegt, wo sie zunächst in Einzelhaft kamen und dann zurück ins Hauptlager. Was dann geschah, schilderte Johann Schwarzhuber: »Eines Abends gegen 19 Uhr wurden sie herausbeordert und in den Hof beim Krematorium gebracht. Lagerkommandant Suhren ordnete dies an. Er verlas den Befehl für ihre Hinrichtung in Gegenwart des Leitenden Lagerarztes Dr. Trommer, von SS-Oberscharführer Zappe, SS-Rottenführer Schult oder Schulter (…), SS-Unterscharführer Schenk (verantwortlich für das Krematorium), Zahnarzt Dr. Hellinger. Ich war selber anwesend. Die

Erschießungen führte nur Schult durch, mit einer Kleinkaliberpistole in den Nacken. Unterscharführer Schenk ließ sie einzeln vortreten. Der Tod wurde von Dr. Trommer bescheinigt. Die Leichen wurden einzeln von den Häftlingen entfernt, die im Krematorium arbeiteten, und verbrannt. Die Kleidung wurde mit den Körpern zusammen verbrannt. (…) Alle drei waren sehr tapfer und ich war tief bewegt. Auch Lagerkommandant Suhren war von der Haltung dieser Frauen beeindruckt.«[27]

Nun gab es keinen Zweifel. Atkins hatte erschütternde Klarheit über das Schicksal ihrer drei nach Ravensbrück verschleppten Agentinnen. Ihr blieb nur noch, das Ergebnis der Ermittlungen nach London zu berichten.

13

AUSGELÖSCHT

London, Dezember 1945
Karlsruhe, Natzweiler, Wuppertal 1946

Der Bericht erreichte sie kurz vor Weihnachten, in einem braunen Umschlag, und als sie im Rückblick darüber nachdachte, fiel Vera Atkins als Erstes ein, dass sie gleich ein seltsames Gefühl verspürt hatte. Das, was sie da las, konnte sie kaum glauben, und es verstörte sie zutiefst. Immer wieder ging sie die Wörter des Berichts durch, der sie auf Umwegen erreicht hatte – Zeile um Zeile.

Ein junger britischer Geheimdienstoffizier schrieb darin, dass er bei seinen Untersuchungen in Frankreich auf die Überreste eines Konzentrationslagers im elsässischen Natzweiler gestoßen sei, das speziell für Gefangene gebaut worden war, die in den »Nacht-und Nebel-Aktionen« spurlos verschwinden sollten. Doch das war längst nicht alles. Der Offizier berichtete auch, dass an diesem Ort möglicherweise einige junge Frauen aus Großbritannien und Frankreich umgebracht worden waren. Und noch schlimmer: Er berief sich auf Zeugenaussagen, dass eine dieser Frauen aus einer Art Betäubung aufgewacht war und – bevor sie in den Ofen geworfen werden sollte – die Gesichter des KZ-Henkers und eines Arztes zerkratzt hatte, der ihr eine Injektion gesetzt hatte. Was er sonst noch melden konnte, war dürftig. Außer, dass die Frauen aus dem Gefängnis von Karlsruhe nach Natzweiler gebracht worden waren.

Atkins war schockiert und meldete all diese Informationen ihren Vorgesetzten. Sollte es wirklich stimmen, dass britische Agentinnen in einem Konzentrationslager bei lebendigem Leib verbrannt worden waren, dann musste dieser Fall umgehend untersucht werden.[1] Die Entscheidung traf die britische Regierung sehr schnell. Es wurde bestimmt, Vera Atkins alle weiteren Nachforschungen aufnehmen zu lassen. Der britische Auslandsgeheimdienst MI6 finanzierte ihre Mission. Sie war, das schärften ihr alle Offiziellen ein, damit auf einer geheimen Mission im Deutschland der Nachkriegszeit. Nichts, was sie herausfinden würde, sollte vorerst an die Außenwelt dringen. Keine Namen und vor allem nicht, was geschehen war oder noch passieren würde.

Am 8. Januar 1946 verließ Atkins die Baker Street – sie würde nicht mehr dorthin zurückkehren. Mit sich trug sie eine Liste mit 52 noch vermissten Agenten, darunter zwölf Frauen ihrer F-Sektion. Es begann ein Rennen gegen die Zeit, denn Atkins hatte von der britischen Regierung nur drei Monate Zeit bekommen, um ihren Auftrag zu erfüllen. Und auch sonst hatten ihre Vorgesetzten nichts getan, um ihr die Aufgabe zu erleichtern. Ausdrücklich war in ihrem Marschbefehl vermerkt, dass »der Offizierin Atkins keine Tagesspesen zu zahlen sind«.[2]

Nur einen Tag später traf Atkins in Bad Oeynhausen ein, dem Hauptsitz der britischen Truppen in Deutschland und auch Sitz der Kommission, die die Kriegsverbrechen aufklären sollte. Sie bekam einen Raum in einer Villa als Unterkunft zugewiesen, ihr Büro war in einem anderen Haus in der Nähe. Sie fröstelte, trotz der schweren, mit Pelz gefütterten Fliegerjacke aus Leder, die sie trug.

Wie sie vorgehen sollte, darüber hatte sie in den letzten Tagen immer wieder nachgedacht. Ihre Agentin Odette Sansom hatte ihr die entscheidenden Hinweise bei ihrer Rückkehr nach London gegeben: Gemeinsam mit ihr waren sieben Frauen im Karlsruher Gefängnis eingesperrt gewesen. Eine der Frauen hatte Sansom nicht identifizieren können, aber Atkins hatte guten Grund anzunehmen, dass es Noor Inayat Khan gewesen sein musste.

Durch den britischen Nachrichtenoffizier hatte sie außerdem den Namen eines der Häftlinge im Konzentrationslager von Natzweiler erhalten, der die Frauen bei ihrer Ankunft dort gesehen hatte. Dieser Mann war für Atkins kein Unbekannter. Sein Name war Brian Stonehouse. Er war für die SOE als Funker in Frankreich im Einsatz gewesen und hatte die Inhaftierung in fünf Konzentrationslagern überlebt – Mauthausen, Wiener Neudorf, Neue Bremm, Dachau und Natzweiler.

Nun hatte Atkins ihn per Brief gebeten mitzuteilen, ob er sich an die Ankunft von Frauen in Natzweiler erinnern könne. Die Antwort von Stonehouse ließ sie gleich zu Beginn fast alle Hoffnung wieder aufgeben: »Ich habe sehr hart darüber nachgedacht«, schrieb er bald an Atkins zurück. Dann aber überraschte Stonehouse sie, als er fortfuhr: »Ich habe meinem Gedächtnis dann ein wenig nachgeholfen und deine vermissten Mädchen gezeichnet.« Zwei Frauen hatte Stonehouse auf einem gesonderten Blatt mit wenigen Bleistiftstrichen skizziert. Und dieser Zeuge war jemand, der sein Handwerk verstand: In seinem ehemaligen Beruf war er es gewohnt gewesen, Menschen mit einigen schnellen Strichen präzise festzuhalten. Stonehouse war einer der begabtesten Porträtisten seiner Zeit und hatte als Illustrator unter anderem für das Modemagazin *Vogue* gearbeitet. Nun schickte er Atkins zwei Zeichnungen der beiden Frauen, an die er sich erinnern konnte, zusammen mit detaillierten Beschreibungen. Atkins war wie gebannt: Die erste erkannte sie sofort. Ohne dass er es wissen konnte, hatte Stonehouse in perfekter Weise ihre SOE-Agentin Diana Rowden gezeichnet und beschrieben. Die zweite Frau, die er gemalt hatte, war Atkins nicht bekannt. Sie hatte Stonehouse als »möglicherweise jüdisch« beschrieben. Später zeigte Atkins ihm noch Fotos ihrer Agentinnen Yolande Beekman und Noor Inayat Khan. Bei beiden war sich der Illustrator unsicher. Auch bei den anderen Frauen, die er während ihrer Ankunft in Natzweiler beobachtet hatte, konnte er sich nicht festlegen.

Yolande Beekman: SOE-Funkerin, die im
Januar 1944 von deutschen Spürwagen entdeckt
wurde. Sie wurde im KZ Dachau ermordet.

Trotzdem fügte sich das Bild für Vera Atkins immer klarer zusammen. Denn ein anderer Häftling, der Deutsche Franz Berg, der unter anderem wegen Diebstahls in Natzweiler saß, hatte zuvor bereits in einer Vernehmung angegeben, dass auch er die Ankunft von vier Frauen im Juli 1944 beobachtet hatte. Berg hatte in Natzweiler als Heizer des Krematoriums gearbeitet. In seiner Vernehmung berichtete er, wie den vier Frauen Injektionen verabreicht worden seien und wie er am Morgen danach die Asche aus dem Krematoriumsofen kehren musste. Dabei machte er eine erschütternde Entdeckung. Auf dem Boden in der Nähe des Ofens fand er ein rosafarbenes Strumpfband.

Bergs Erklärung brachte Atkins weitere, furchtbare Gewissheit: Denn als der ehemalige Häftling Fotos ihrer vermissten Agentinnen vorgelegt bekam, identifizierte er, ohne zu zögern, eine weitere Frau. Es war Vera Leigh, die er gesehen hatte. Und er gab auch an, dass er glaubte, Noor Inayat Khan gesehen zu haben. Er beschrieb sie als »Frau mit glattem, tiefschwarzem, glänzendem Haar, ungefähr 20 bis 25 Jahre alt, die klein war und einen Tweedmantel und einen Rock trug«.[3]

Atkins war sich aber noch immer nicht sicher, ob drei oder vier Frauen in Natzweiler gesehen worden waren. Ihre Suche wollte sie deshalb in Karlsruhe fortsetzen. Odette Sansom hatte ihr viele Hinweise zur leitenden Aufseherin des Frauengefängnisses in Karlsruhe gegeben. Ihr Name war Theresia Becker.

Unverzüglich machte sich Atkins auf den Weg. Der letzte große Luftangriff auf Karlsruhe war Ende März 1945 erfolgt und gut ein Viertel aller Gebäude war zerstört worden. Atkins fuhr in einem Wagen der britischen Armee durch die leeren Straßen, vorbei an nackten Häuserwänden und Schuttbergen, auf denen Kinder spielten und Erwachsene nach brauchbaren Überresten suchten. Die Aufseherin Theresia Becker war schnell gefunden. Sie arbeitete noch immer im Frauengefängnis, das nach einigen Bombentreffern schwer beschädigt war. 28 Jahre lang war sie für die Häftlinge verantwortlich gewesen, die letzten acht davon als Leiterin. Atkins ließ sich direkt zu ihr fahren und klingelte an der Gefängnispforte. Zögernd wurde sie von einer Wärterin hineingebeten. Dann trat Theresia Becker Atkins auch schon gegenüber und bat die unerwartete Besucherin, ihr zu folgen. Die beiden Frauen nahmen Platz in einem kahlen Raum, und Atkins zeigte ihr die Fotos all der Frauen, die mit Odette Sansom zusammen nach Karlsruhe gekommen waren. Starr blickte Becker auf die Fotos und identifizierte sie alle.

»Erkennen Sie auch diese Frau wieder?«, fragte Atkins sie, nachdem sie ihr ein Bild von Noor Inayat Khan gezeigt hatte.

»Ziemlich sicher«, sagte die Frau.

»Können Sie sich an die Namen der Frauen erinnern?«

»Nur an eine. Sie hieß Martine.«[4]

Atkins stockte kurz der Atem, aber sie ließ sich ihre Überraschung keine Sekunde anmerken. Soeben hatte die Frau den Tarnnamen ihrer Agentin Madeleine Damerment ausgesprochen. Drei der vier Frauen, die in Natzweiler gesehen worden waren, waren damit bereits identifiziert.

»Ist es möglich, dass ich die Gefängnisakten einsehen kann?«, fragte Atkins sie. Doch die Frau winkte zögerlich ab. Dann schüttelte sie den Kopf.

»Alle Akten sind von den französischen Truppen verbrannt worden.«

Diese Antwort hatte Atkins nicht erwartet, sie war überrascht und glaubte der Frau nicht. Weshalb sollten die einmarschierenden Franzosen solche Akten vernichtet haben? Atkins verabschiedete sich rasch und distanziert von Theresia Becker – unschlüssig, ob sie diese Antworten einfach hinnehmen sollte.

Atkins beriet sich mit den anderen Mitgliedern der Kommission zur Aufklärung von Kriegsverbrechen. Schon bald sollte gegen die Aufseher und Ärzte des Konzentrationslagers Natzweiler Anklage erhoben werden. Der Prozessbeginn stand bereits fest: es war der 29. Mai. Atkins war sich sicher, dass alle Beschuldigten zur Rechenschaft gezogen werden würden. Doch ihre eigenen Ermittlungen hingen an einem Punkt fest: Was sie in den letzten Monaten beständig beschäftigt hatte, war, ob eine der vier Frauen in Natzweiler Noor Inayat Khan gewesen sein konnte. Irgendwo mussten zu diesem Fall doch noch Akten zu finden sein, und Atkins wollte nichts unversucht lassen. Sie hatte einen Plan, den sie immer grimmiger verfolgte.

Am nächsten Morgen kehrte sie nochmals nach Karlsruhe zurück, aber diesmal nicht allein. Als Verstärkung begleiteten sie einige Offizierskollegen der Kommission. Mehrere Militärjeeps hielten vor dem Karlsruher Gefängnis. Eine ähnliche Kolonne erreichte zeitgleich das Wohnhaus der Gefängniswärterin Theresia Becker. Atkins hatte sie von Beginn an für äußerst unglaubwürdig gehalten und ihr nicht abgenommen, dass alle Akten vernichtet worden waren. Zusammen mit den britischen Soldaten durchsuchte Atkins nochmals das Gefängnis nach Akten. Es fand sich nichts. Aber es dauerte nicht allzu lange, bis von draußen eine Autohupe zu hören war. Immer öfter und immer drängender, so kam es Atkins vor. Ein britischer Offizier hielt vor dem Gefängnis, mit einem triumphierenden Lächeln im Gesicht. Auf der Ladefläche seines Jeeps türmten sich dicke Aktenstapel. Die Wärterin hatte gelogen und die Gefängnisunterlagen bei sich zu Hause versteckt.

Die Zeit drängte. Atkins breitete alle Akten, die den Mai 1944 betrafen, vor sich auf einem großen Schreibtisch aus. Sie wusste genau, wonach sie zu suchen hatte. Schnell fand sie die Namen ihrer SOE-Agentinnen. Alle waren aufgelistet: Odette Sansom, Vera Leigh, Diana Rowden, Yolande Beekman und Eliane Plewman. Außerdem Andrée Borrel und Madeleine Damerment. Dann war da noch ein Name, den Vera Atkins schon früher einmal in Funksprüchen zu Noor Inayat Khans Verhaftung gelesen hatte: Sonia Olschanezky. Diese Frau war am selben Tag wie alle anderen in Karlsruhe inhaftiert worden. Atkins blätterte in dem Register vor und zurück. Nirgendwo tauchte der Name von Noor Inayat Khan auf. Hatte Noor sich einfach ein anderes Pseudonym gegeben und sich Sonia Olschanezky genannt? Gut möglich, dachte Atkins. Noor hatte öfter ihren Tarnnamen gewechselt. Vielleicht hatte sie sich dieses Mal in Erinnerung an ihren Geburtsort Moskau für einen osteuropäisch klingenden Namen entschieden?

Atkins wischte diese Gedanken zunächst beiseite und konzentrierte sich auf die Beweise. Verzeichnet war auch, dass vier dieser Frauen »in ein KZ« transportiert worden waren. Es handelte sich um Diana Rowden, Sonia Olschanezky, Andrée Borrel und Vera Leigh, die am 6. Juli 1944 frühmorgens nach Natzweiler gebracht worden waren, genau einen Monat, nachdem die Alliierten in der Normandie gelandet waren. Vielleicht hatten die Frauen eine Ahnung davon verspürt, dass das Ende des Krieges nicht mehr allzu lange auf sich warten lassen müsse.

Wenig später entdeckte Atkins einen Eintrag zu den übrigen Frauen. Drei von ihnen – Yolande Beekman, Madeleine Damerment und

Eliane Plewman waren in der Nacht des 11. September 1944 abgeholt worden. Doch wo steckten sie? Unter der Rubrik »Abgeholt nach« stand dort lediglich: »Kein Zielort«.

Der Beginn des Natzweiler-Prozesses rückte näher. Atkins sollte als wichtigste Zeugin der Anklage agieren. Doch vorher wollte sie selbst die Stätte des Todes von vier ihrer Agentinnen in Augenschein nehmen und exakt rekonstruieren, wie die vier Frauen dort getötet worden waren. In der Zwischenzeit hatte sie weitere Häftlinge verhört, dafür war sie auch nach Belgien und Luxemburg gereist. Da sie nun keine Zweifel mehr besaß, hatte sie bereits die Todesnachrichten an die Angehörigen aller vier Frauen verschickt – auch an die Familie von Noor Inayat Khan.

Bis zu einem bestimmten Punkt ließen sich die Ereignisse genau rekonstruieren. Was allerdings am Ende mit den Frauen geschehen war, blieb für Vera Atkins noch immer ein Rätsel. Von Karlsruhe aus hatten die Frauen einen Schnellzug nach Straßburg genommen, wo sie umgestiegen waren. Jeweils zu zweit waren sie mit Handschellen aneinander gefesselt. Trotzdem war die Stimmung der vier gut, die Fahrt ging vorbei an den dunklen Hügeln des Schwarzwalds auf der einen Seite der Bahnstrecke, weiter entfernt auf der anderen Seite schimmerten die mächtigen Berge der Vogesen im bleiernen Dunst. Sie fragten einen der Wachmänner, Max Wasmer, der sie begleitete, wohin er sie bringen sollte. Er antwortete, dass sie in ein Lager kämen, um dort zu arbeiten. Die Frauen freuten sich darauf.[5] Sie schienen froh zu sein, dass sie jetzt nicht mehr wie im Karlsruher Gefängnis ausschließlich Kartoffeln schälen mussten. Natzweiler, 60 Kilometer entfernt von Straßburg, war das einzige KZ in Frankreich gewesen, und es war nur für Männer gebaut worden. Auch deshalb hatte die Ankunft der vier gut gekleideten Frauen für Aufsehen unter den Häftlingen gesorgt.

Atkins ließ sich mit einem Jeep zum Konzentrationslager fahren. Es ging hoch hinauf in die Berge der Vogesen, durch ausgedehnte Waldgebiete. Sie fuhr vorbei am Gasthaus Struthof. Dort hatten die

Nationalsozialisten im ehemaligen Festsaal eine kleine Gaskammer eingerichtet. Systematische Massenvergasungen gab es dort nicht. Aber die Kammer wurde dafür genutzt, um an Menschen neue Gase zu erproben. Atkins fuhr weiter. Dann konnte sie bereits auf einem kahlen Hang die Reste der Baracken erkennen. Der jüngste Häftling im Lager war elf, der älteste 78 Jahre alt gewesen. Sie mussten Zwangsarbeit in einem nahegelegenen Steinbruch leisten, in dem roter Granit für Hitlers größenwahnsinnige Bauprojekte abgebaut wurde. Berlin sollte zur neuen Welthauptstadt »Germania« und in Nürnberg das »Deutsche Stadion« vollendet werden.

Die Bedingungen für die Häftlinge waren extrem. Im Sommer wurde es sehr heiß, im Winter herrschten in den Bergen bis zu minus 20 Grad. Es ist bezeichnend, dass der Vogesengipfel bei Natzweiler oft in undurchdringliche, graue Nebelschleier gehüllt ist. 22 000 Menschen starben hier an Kälte, mangelnder Hygiene und Krankheiten wie Typhus oder wurden einfach ermordet. Es war, als ob an diesem Ort nicht sichtbar werden sollte, welch unfassbare Schrecken die Opfer der grausamen »Nacht-und Nebel-Aktionen« erleiden mussten.

Atkins durchquerte das sechs Meter hohe Eingangstor des Lagers, das aus blanken Holzstämmen gezimmert worden war. Sie ging zur ehemaligen Krankenstation, die etwa 20 Meter entfernt vom Gefangenenblock lag. Dort waren auch die beiden inhaftierten belgischen Ärzte Albert Guérisse und Georges Bogaerts tätig, und es war ihnen gelungen, mit zwei der Frauen Kontakt aufzunehmen. Bogaerts hatte es sogar geschafft, den Frauen durch ein offenes Fenster einige Zigaretten zuzuwerfen. Im Gegenzug erhielt er von Andrée Borrel einen kleinen Tabakbeutel. Der Häftling Franz Berg spielte den Kurier zwischen beiden Gebäuden. Später servierte Berg, wie er Atkins gegenüber aussagte, den vier Frauen ihre Henkersmahlzeit. Dünne Suppe und etwas Brot.

Am Abend des 6. Juli 1944 kam es zu ungewöhnlichen Vorgängen im Lager. An alle Lagerinsassen erging der Befehl, spätestens um

20 Uhr in den Schlafbaracken zu sein, die Fenster und Vorhänge zu schließen und nicht hinauszusehen. Das sorgte für Unruhe unter den Häftlingen, denn üblicherweise begann die Einschlusszeit erst gegen halb neun abends. Auch die Wachmannschaften für die Nacht gingen früher als sonst auf ihren zehn Meter hohen Türmen in Position – die Maschinengewehre und beweglichen Scheinwerfer bereit. Die Häftlinge waren gewarnt worden: Wer hinaussah, würde sofort erschossen werden.

In den Verhören der SS-Leute hatte sich herausgestellt, dass allen vier Frauen zehn Milliliter Phenol in die Armvene gespritzt wurde, um sie zu betäuben. Berg gab an, dass er »gedämpfte Stimmen« gehört habe und auch, wie ein Körper den Flur entlanggeschleift worden sei.

Kurz vor der Injektion habe die vierte Frau gefragt:

»Warum?«

Einer der Lagerärzte habe darauf geantwortet:

»Gegen Typhus.«

Kurz darauf seien Geräusche eines Kampfes zu hören gewesen und wiederum die gedämpften Schreie einer Frau:

»Ich nahm an, dass jemand ihr die Hand vor den Mund hielt. Ich hörte, dass diese Frau auch fortgeschleppt wurde. Sie stöhnte lauter als die anderen.«[6]

Atkins ging hinüber zum Krematorium und stand vor einem dunklen schweren Ofen, über dem sich ein massiver quadratischer Kamin befand. Sie erinnerte sich an die Aussage des Arztes Albert Guérisse:

»Spätabends blickte ich aus dem Fenster und sah, wie eine der Frauen aus dem Gefängnis in Richtung Krematorium geführt wurde. (...) Danach sah ich auch, wie die anderen Frauen, eine nach der anderen im Abstand von zwei oder drei Minuten, zum Krematorium gebracht wurden. Später konnte ich Flammen aus dem Schornstein des Krematoriums schlagen sehen. Ich wusste damals nicht, was das bedeutete, aber am nächsten Morgen erklärte mir der deutsche Häftling Franz Berg, der für das Krematorium zuständig war, dass jedes

Mal, wenn die Ofentür geöffnet wurde, die Flammen aus dem Schorn-stein schlugen, und das hieß, dass jedes Mal ein Körper in den Ofen geschoben wurde. Viermal sah ich die Flammen hochschlagen.«[7]

Tarnname »Paulette«: Diana Rowden, die im KZ Natzweiler durch eine Phenolinjektion getötet wurde.

Fand ebenfalls in Natzweiler den Tod: Andrée Borrel.

Am 29. Mai 1946 begann der Prozess um die Taten von Natzweiler. Vera Atkins war die erste Zeugin der Anklage, die vor Gericht aussagte. Der Prozess fand in Wuppertal statt – in einem Gebäude des Zoos. Es war das einzige Gelände weit und breit, das noch intakte und genügend große Gebäude für ein solches Verfahren besaß. Die Stimmung vor der Verhandlung war hitzig. Einige ausländische Journalisten schrieben bissig, dass die wilden Tiere, die in den nahegelegenen Gehegen lebten, ihre Opfer besser behandeln würden als die neun als »Ofenmörder« bezeichneten Angeklagten.

Atkins hatte im Vorfeld des Prozesses versucht, die Presse von allzu auf Sensationsgier ausgerichtete Berichterstattung abzuhalten oder diese gar völlig zu verhindern. Sie hatte sogar dem Gericht die Zusage abgerungen, dass die Namen der vier ermordeten Frauen nicht veröffentlicht würden – um den Angehörigen erneute Pein zu ersparen. Aber war das der wirkliche Grund? Die Familien selbst hatten schriftlich kundgetan, dass sie gar nichts dagegen hatten, wenn die Namen der Frauen bekannt würden. Wollte Atkins also vielmehr sich, ihren Vorgesetzten Maurice Buckmaster und die Arbeit der SOE schützen und so vor der Kritik der Öffentlichkeit bewahren?

In der Verhandlung berichtete Atkins zunächst über ihre Ermittlungen und nannte dann die Namen der vier Agentinnen, die sie in Natzweiler verloren hatte: Diana Rowden, Vera Leigh, Andrée Borrel und auch Noor Inayat Khan. Alle vier waren zunächst betäubt worden. Dafür benutzten die Lagerärzte die äußerst giftige Chemikalie Phenol. Sie wurde den Opfern entweder direkt ins Herz oder in die Armvene injiziert. Es war eine aus der perversen Sicht der Nationalsozialisten effiziente, schnelle und auch billige Methode, ein Menschenleben auszulöschen. Der Tod trat rasch ein, und die Körper der vier Agentinnen wurden dann zum Krematorium gebracht.

Während des Prozesses kam es zu vielen Ungereimtheiten. Walter Schultz, einer der Übersetzer, die im KZ gearbeitet hatten, sagte aus, dass der Henker des Lagers, Peter Straub, ihm berichtet hatte, dass die Frauen lediglich bewusstlos waren, als sie in den Krematoriumsofen gestoßen wurden:

»Die vierte Frau hat, als sie in den Ofen gedrückt wurde, das Bewusstsein wiedererlangt.«

Dann habe Straub ihm seine Wunden im Gesicht und an den Armen gezeigt. Auch er war von der vierten Frau offenbar übel zugerichtet worden:

»Hier kannst du sehen, wie sie mich gekratzt hat. Sieh, wie sie sich gewehrt hat. Ich war lange Zeit in Auschwitz, während der Zeit sind ungefähr vier Millionen Menschen durch den Schornstein gejagt worden, aber so etwas wie jetzt habe ich noch nie erlebt. Ich bin fertig.«[8]

Werner Rohde hingegen, einer der beteiligten Lagerärzte, schloss die Version, dass die Frauen bei lebendigem Leib verbrannt worden waren, aus. Seine Schilderung, wie sehr die Frauen nach der Phenolinjektion leiden mussten, war aber nicht minder verstörend und grauenhaft:

»Ein plötzlicher Krampf durchzuckte den gesamten Körper. Die Atmung stoppte, die Pupillen der Augen verdrehten sich nach oben, die Gesichtsmuskeln waren gelähmt (…), gefolgt von einem kompletten Kollaps der Muskeln. (…) Das Gesicht nahm eine wächserne Farbe an, die Lippen verloren ihre Farbe, der Körper erschlaffte, die Pupillen kehrten in ihre normale Stellung zurück und die Augen waren halb geschlossen (…), die Luft entwich aus den Lungen, verursacht durch die Lähmung. Der Puls war nicht mehr fühlbar und die Atmung war vollkommen gestoppt.«[9]

Der Häftling Berg ergänzte, was danach geschah:

»Nachdem die Exekution vorbei war und die Frauen entkleidet worden waren, legten sie sie auf eine Art Bahre für den Krematoriumsofen. Offenbar gab es einen Fehler, denn als der letzte Körper in den Ofen gesteckt wurde, fiel er fast wieder heraus. Am nächsten Morgen hörte ich, dass die Offiziere und Ärzte bis in die frühen Morgenstunden gefeiert hätten.«[10]

Die Verteidigung plädierte zum Abschluss des Prozesses auf »nicht schuldig«. Dr. Grobel, einer der Anwälte, wies darauf hin, dass die Exekution irregulärer Kämpfer nach internationalem Recht gestattet gewesen sei, es habe sich also schlicht um die Hinrichtung von vier Spioninnen gehandelt.

Die Urteilsfindung war problematisch. Einige Zeugenaussagen waren widersprüchlich, auf der anderen Seite schienen die Angeklagten in vielen Punkten zu lügen. Vieles war nicht eindeutig beweisbar. Nur der Lagerarzt Werner Rohde erhielt die Todesstrafe und wurde wenige Wochen danach gehängt. Peter Straub erhielt 13 Jahre, Franz Berg 5 Jahre. Der Lagerkommandant Fritz Hartjenstein erhielt eine lebenslange Strafe. Zwei weitere Angeklagte bekamen zehn und vier Jahre Gefängnis. Alle anderen wurden aus Mangel an Beweisen freigesprochen.

»Dennoch sollten die Ergebnisse des Natzweiler-Prozesses für nicht zu gering geachtet werden«, analysiert die Historikerin Monika Siedentopf im Rückblick. »Die Toten wurden vor dem Vergessen bewahrt.«[11] Auch der britische Generalstaatsanwalt Hartley Shawcross, Hauptankläger bei den Nürnberger Kriegsverbrecherprozessen, wies darauf hin, welche wichtige Funktion der Prozess für die Zukunft hatte:

»Das menschliche Gedächtnis ist kurz. Das Entsetzen, das die Menschen empfanden, als sie zum ersten Mal von den Verbrechen erfuhren, die während des Kriegs begangen wurden, lässt mit der Zeit nach und verschwindet schließlich ganz. (…) Die Ermordung der britischen Agentinnen waren keine isolierten, außergewöhnlichen Verbrechen einzelner brutaler Sadisten. Diese Morde waren Teil jenes Systems, das entstehen muss, wenn ein totalitärer Staat die Grundrechte unterdrückt und die Würde des Menschen zerstört. (…) Aber während uns eine einzelne Mordtat erschüttert, setzt unsere Begriffsfähigkeit angesichts von Massenmord aus. (…) Haben diese Morde überhaupt stattgefunden? Waren es nicht nur bösartige Propagandalügen? Dieser Prozess beantwortet solche Fragen mit einem eindeutigen und entsetzlichen Ja und zeigt das Ausmaß der Tragödie, die in Deutschland stattgefunden hat, aber dennoch unsere gesamte Zivilisation betrifft.«[12]

Das *War Office* versandte nach dem Prozess eine Reihe weiterer formaler Briefe an die Hinterbliebenen der Frauen, in denen die Art und Weise ihres Todes beschrieben wurde. Vilayat, der Bruder von Noor Inayat Khan, konnte die Ereignisse kaum begreifen. Geschockt berichtete er Khans bester Freundin Jean Overton Fuller, mit der sie noch vor ihrem Abflug nach Frankreich gescherzt und Zukunftspläne geschmiedet hatte, was geschehen war:

»Ich habe herausgefunden, was mit meiner Schwester passiert ist. Sie wurde lebendig verbrannt.«[13]

Seiner Mutter, die schon seit der Meldung, dass ihre Tochter vermisst sei, mit ihrer Gesundheit zu kämpfen hatte, ging es inzwischen noch schlechter. Vilayat verheimlichte vor ihr die nun erhaltene Nachricht.

Der Natzweiler-Fall war für Atkins abgeschlossen. Auch Jahrzehnte später, als sie zum Prozess und zum Strafmaß für die Angeklagten interviewt wurde, sagte sie, dass sie mit ihnen unmittelbar nach den Verhören fertig gewesen sei. Das Strafmaß hatte sie niemals interessiert, sie äußerte auch nie, dass ihren Agentinnen Gerechtigkeit widerfahren sei – oder es sie in diesem Fall überhaupt hatte geben können.[14]

Atkins blieb aber auch kaum Zeit, weiter darüber nachzudenken. Denn es geschah, was sie kaum noch zu hoffen gewagt hatte. Nachdem er sich monatelang versteckt hatte, war ihr deutscher Gegenspieler Hans Kieffer doch noch entdeckt worden. Atkins machte sich sofort auf den Weg zu ihm.

14

KIEFFER UND KIEFER

Garmisch-Partenkirchen,
Sommer 1946

Der Mann arbeitete unter falscher Identität als Reinigungskraft in einem Hotel im Stadtzentrum des oberbayerischen Kurorts Garmisch-Partenkirchen. Und er lebte in beständiger Furcht, entdeckt zu werden. Zu Recht, denn für einen ehemaligen Geheimdienstexperten war seine Tarnung äußerst lax. Seinen Hang zu deutscher Gründlichkeit konnte er auch nach der Kapitulation nicht ablegen: Selbst mit seiner falschen Identität hatte er sich ordnungsgemäß bei der Gemeinde Garmisch registrieren lassen. Und sein Pseudonym war eigentlich keines. Er hatte aus seinem Nachnamen lediglich ein »f« streichen lassen. Und so war aus dem Sturmbannführer Hans Josef Kieffer der Putzmann »Kiefer« im blauen Arbeitskittel geworden. Es waren überaus schlechte Voraussetzungen, um dauerhaft unterzutauchen.

Als die deutschen Truppen im August 1944 aus Paris abgezogen waren, hatte auch Kieffer erkannt, dass er schnell sein musste, um noch zu entwischen. Er wusste genau, was für ihn auf dem Spiel stand: sein Leben. Hektisch hatte er in der Avenue Foch bis zum Schluss noch Befehle erteilt, belastende Unterlagen wurden eilig auf großen Haufen im Hinterhof der deutschen Geheimdienstzentrale verbrannt. Die feindlichen Soldaten standen direkt vor Paris. Davon zeugte nicht nur das immer lauter werdende Artilleriefeuer, sondern auch die ständig über der französischen Hauptstadt kreisenden alliierten Flugzeuge, die deutsche Stellungen bombardierten. Die Gegenwehr der deutschen Luftwaffe war fast völlig erlahmt. Die Einwohner von Paris fieberten der Ankunft der Befreier entgegen, und Kieffer machte sich auf in Richtung Osten. Er wollte nach Hause. Kurze Zeit hielt er sich in Straßburg auf, dann zog er weiter nach Offenburg und später nach Hechingen. Seine Frau Margarete, die schwer krebskrank war, und zwei seiner drei Kinder folgten ihm dorthin. Doch für Kieffer ging alles in die Brüche. Die bedingungslose Kapitulation des Dritten Reichs stand unmittelbar bevor, er musste erneut weiterziehen in ein anderes Versteck und ließ schließlich seine Familie zurück.

»Eines Tages kam er zu uns, um sich zu verabschieden. Wir wussten nicht, wo er hinging. Es war ein schmerzlicher Abschied«, erinnerte sich seine jüngste Tochter Hildegard.[1]

Kieffer zog es in den Schatten der Zugspitze nach Garmisch-Partenkirchen, wo er bei seinem ehemaligen Kameraden Karl Haug, der in Paris für ihn gearbeitet hatte, Unterschlupf fand. Kieffer galt als einer der meistgesuchten Kriegsverbrecher, doch er tauchte auf keiner Gefangenenliste auf. Auch bei Grenzkontrollen wurde er nicht gefasst. Ehemalige Kameraden, die mit ihm eng zusammengearbeitet hatten und nun in den Gefangenenlagern verhört wurden, hielten in eiserner Loyalität zu dem früheren deutschen Geheimdienstmitarbeiter und ließen sich keine Details entlocken. Bis auf einen. Einige Monate nach der Kapitulation hatte Karl Haug Garmisch-Partenkirchen wieder verlassen, weil er seine fünf Kinder endlich wiedersehen wollte. Dabei war er festgenommen und von Vera Atkins im August 1946 intensiv verhört worden.[2] Schließlich gab Haug den entscheidenden Hinweis, und Kieffer konnte in Garmisch-Partenkirchen ohne jeglichen Widerstand verhaftet werden. Schnell wurde er nach Wuppertal in ein Gefängnis überführt.

Vera Atkins hatte kaum noch daran geglaubt, ihn jemals aufzuspüren. Beide hatten sich aus der Distanz duelliert und jahrelang jeden Schritt des anderen belauert. Im Januar 1947 kam der Moment, als Atkins zum ersten und zugleich letzten Mal ihrem erbittertsten Gegner gegenübertrat. Kieffer hatte der SOE unermesslichen Schaden zugefügt. Atkins wollte wissen, wie er das hatte erreichen können. Sie wollte ihm direkt in die Augen sehen – sie wollte verstehen.

Ein Wärter schloss die Tür der Gefängniszelle auf. Beherzt wagte sie an diesem Januarmorgen den Schritt in Kieffers Gefängniszelle. Ihr Gegenüber schien ruhig und gefasst zu sein, als sich ihre Blicke trafen. Wenn jemand aus Kieffer noch etwas herauspressen konnte, dann war es Vera Atkins. Ihr schwelender Zorn auf diesen Mann verlieh ihr zusätzliche moralische Autorität. Sie hatte beschlossen, sich in keinem Fall provozieren zu lassen, jederzeit sachlich zu bleiben und eisern Haltung zu bewahren, was immer geschehen würde.

Atkins stellte sich Kieffer mit Namen vor. Er nickte freundlich und zollte ihr sofort seinen großen Respekt. Er kannte ihren Namen und wusste offenbar auch gut über Maurice Buckmaster und die gesamte F-Sektion Bescheid. »Berlin hat der F-Sektion stets außergewöhnliche Bedeutung beigemessen«, sagte er zu Atkins.[3]

Er sah mit seinem gewellten, schwarzen Haar und seiner athletischen Figur deutlich jünger aus als 47 Jahre. Atkins blickte sich kurz in der Zelle um. Neben dem Bett hatte er einen kleinen Tisch stehen. An der kahlen Wand hing das Foto eines jungen Mädchens. Kieffer berichtete seiner Besucherin, dass er seine Tochter Hildegard in die Zelle hatte einladen dürfen. Dann nahmen beide auf zwei einfachen Holzstühlen Platz. Schon bald nachdem Atkins ihr Verhör begonnen hatte, zog sie plötzlich ein Foto aus der Tasche.

»Erkennen Sie diese Frau?«, fragte Atkins. Auf dem Bild war Noor Inayat Khan zu sehen. Kieffer zögerte nur einen Augenblick, dann sagte er mit fester Stimme: »Das ist Madeleine.« Offensichtlich hatte er lediglich Khans Tarnnamen herausbekommen, aber nie ihren richtigen Namen. In seinen Augen blitzte die Erinnerung an die Verhöre mit ihr auf. Die Gedanken daran schienen ihn auch jetzt noch in Rage zu versetzen.

»Sie hat uns absolut nichts erzählt. Wir konnten uns auf nichts verlassen, was sie uns gesagt hat. Ich kann mich nicht an ihren echten

Namen erinnern, aber ich bin sicher, dass sie auch dabei mit Sicherheit gelogen hat.«[4]

Dabei hatten Kieffer und seine Leute alles versucht. Sie hatten Khan bedrängt, sie hatten ihr gut zugeredet, sogar englischen Tee und Kekse serviert, sie besonders gut behandelt. Harsch lehnte sie alles ab. Das Einzige, was sie annahm, waren britische Zigaretten. Später wechselten die Deutschen ihre Strategie und zeigten ihr Kopien ihrer gesamten Korrespondenz und ihres Funkverkehrs. Es muss ein Schock für die junge Frau gewesen sein, zu sehen, wie lückenlos sie seit ihrer Ankunft in Frankreich ausspioniert worden war und durch ihre Fehler zum Zusammenbruch des »Prosper«-Agentenrings beigetragen hatte.

Doch Khan blieb widerborstig und war darüber hinaus eine gefährliche Gefangene. Einem ihrer Bewacher biss sie sogar in die Hand – zur stillen Freude der anderen Gestapo-Männer: Der Wärter war französischer Kollaborateur, was ihn ohnehin schon sehr unbeliebt machte. Khan weigerte sich hartnäckig, Kieffer irgendetwas zu verraten. Dieses Verhalten, bemerkte Atkins, als ihr Gesprächspartner weiter von den Tagen und Wochen in der Avenue Foch erzählte, schien Kieffer große Bewunderung abgerungen zu haben.

Die Verhöre gingen immer weiter – so unerbittlich wie unendlich. Ihre Müdigkeit wuchs, Hunger und Durst nahmen zu, immer öfter fühlte sie eine alles durchdringende Kälte im Innersten ihres Körpers. Doch Khan blieb unbeugsam, auch wegen ihres tiefen Glaubens an die Werte des Sufismus. Stets strafte sie Kieffer mit tiefer Verachtung, was diesen umso aggressiver werden ließ. Nur über ihre Familie gab sie ihm Auskunft und erzählte ihm unbedeutende Dinge über ihre Mutter und ihre Geschwister.

Auch nachdem ihr erster Fluchtversuch aus den Zellen der Avenue Foch so schnell gescheitert war, hatte die indische Prinzessin nie daran gedacht, aufzugeben. Sie konnte an nichts anderes mehr denken, als den nächsten Versuch zu unternehmen. Mit zwei anderen Häftlingen in benachbarten Zellen hatte sie mittels Klopfzeichen Kontakt aufgenommen, zunächst mit einem gefangenen französischen Offizier, Léon Faye, später auch mit dem inhaftierten britischen SOE-Agenten John Starr, Codename »Bob«.

Starr besaß innerhalb der Avenue Foch eine dubiose Position. Er hatte nach traumatischen Erlebnissen in den Gefängnissen von Fresnes und Dijon rasch Zutrauen zu Kieffer und seinen Männern gefasst. Die Haftbedingungen in der Avenue Foch waren vergleichsweise erträglich, und er wurde nicht gefoltert. Starr war gelernter Plakatmaler, und Kieffer erkannte schon sehr bald, dass er diesen britischen Häftling für viele Täuschungsmanöver gegen die SOE einsetzen konnte. Und Starr ließ sich darauf ein. Er kopierte Landkarten, zeichnete Porträts von Mithäftlingen und fälschte Postkarten, die angeblich von SOE-Agenten stammten und beweisen sollten, dass sie noch am Leben und in Freiheit waren – obwohl sie tatsächlich bereits von den Deutschen gefangen genommen worden waren. London glaubte weiter, dass niemand die Agenten verraten hatte.

Aber Starr tat zum Unglück der SOE noch viel mehr. Er wurde auch bei den »Funkspielen« eingesetzt, wenn die Deutschen mit den erbeuteten Funkgeräten, zum Beispiel mit dem von Noor Inayat Khan, ihre falschen Meldungen nach London schickten. Dann wurde Starr in den Funkraum geschleppt, musste Satzbau und Struktur der falschen Meldungen überprüfen und in einen typisch englischen Stil bringen. Er tat alles, was Kieffer ihm befahl, und war immer in engem Kontakt mit den Wachen und Offizieren des Sicherheitsdienstes.[5] So hatte er schon bald von der Ankunft Noor Inayat Khans in der Avenue Foch erfahren.

Jede Nacht hörten Starr und Faye die junge Frau in ihrer Zelle weinen. Sie begannen, sich mit ihr per Morsezeichen zu verständigen, und versuchten, sie zu trösten. Ein paar Tage später schaffte Starr es, einen winzigen Zettel unter die Tür von Khans Zelle zu stecken, die gegenüber seiner lag. Das Trio vereinbarte, von nun an Nachrichten unter dem Waschbecken des gemeinschaftlichen Badezimmers zu deponieren. Botschaft folgte auf Botschaft – allmählich entwickelten Khan und die zwei Männer einen Plan, wie sie ausbrechen könnten.

»Bob« Starr hatte es geschafft, einen Schraubenzieher zu stehlen und ihn in seiner Zelle zu verstecken. Eine Putzfrau hatte sich bei den Wachleuten beschwert, weil ihr Staubsauger nicht mehr funktionierte. Starr nutzte die Chance und behauptete, alles über Staubsauger zu wissen und ihn reparieren zu können. Er verlangte geeignetes Werkzeug, um helfen zu können. Argwöhnisch beobachteten die Wachleute ihn, als er das Gerät zu reparieren versuchte. Er tat allerdings daran nur so viel, dass der Sauger schon bald wieder seinen Geist aufgeben würde. Wie geplant dauerte es nicht allzu lange, bis das geschah, und die Putzfrau kam erneut zum stets hilfsbereiten Starr – mitsamt einer gutgefüllten Werkzeugkiste. Dieses Mal passten die Wachen nicht mehr so scharf auf ihn auf, und es gelang ihm, heimlich einen Schraubenzieher aus der Kiste zu ziehen und zu behalten.

In den folgenden Wochen arbeiteten Khan und die beiden Männer unermüdlich daran, mit dem Werkzeug die Gitterstäbe zu lockern, die die Dachluken in ihren Zellen versperrten. Es war eine mühsame Arbeit, die immer über Kopf erledigt werden musste. Und sie mussten dabei aufpassen, dass sich nicht zu viel Gesteinsstaub auf dem Boden ansammelte, der die Wachen hätte misstrauisch machen können. Außerdem mussten sie darauf achten, immer wieder die Kratzspuren an den Wänden zu verdecken. Dafür stellten sie sogar ihren eigenen Mörtel her. Er bestand aus Gesichtscreme und Puder. Starr hatte beides von einer anderen Gefangenen erhalten.

Immer wieder wanderte der Schraubenzieher von Zelle zu Zelle. Drei Wochen lang arbeitete Noor Inayat Khan daran, die Eisenstäbe freizubekommen. Mit ihrer Körpergröße von knapp 1,60 Meter war es für sie schon schwierig genug, das Fenster überhaupt zu erreichen. Sie musste dafür auf den Eisenrahmen ihres Bettes steigen und sich lang hochstrecken. Eines Nachts hörte Starr aus der Zelle gegenüber einen dumpfen Schlag. Khan hatte bei ihrer Arbeit am Gitter die Balance verloren und war nach vorne übergekippt. Sofort stürmten zwei Wächter in ihre Zelle. Die völlig verstörte Khan log, dass sie versucht habe, sich umzubringen und sich an den Gitterstäben habe erhängen wollen. Die Wachen schienen keinen Verdacht zu schöpfen und ließen sie bald wieder in Ruhe. Weder hatten sie die manipulierten Stäbe bemerkt, noch den Schraubenzieher entdeckt.[6]

Am 25. November 1943 war es so weit: Die Nacht der Flucht brach an. »Bob« Starr hatte Kieffer noch einen Abschiedsbrief hinterlassen, bevor die drei ihren Ausbruch wagten. In einer Mischung aus Hohn und scheinbarer britischer Höflichkeit beendete er seine Zeilen an Kieffer:

»Ich wünsche Ihnen viel Glück bei der Jagd, die nun folgen wird. Aber uns wünsche ich noch viel mehr Glück …
Bob.«[7]

Doch das Glück der drei war von kurzer Dauer und sehr brüchig. Khans Mitgefangene waren schon aufs Dach gelangt in dieser Nacht. Sie war als Letzte an der Reihe und hatte zwei Stunden länger gebraucht als die Männer, um die letzten Stäbe zu lockern. Die zwei Männer hoben die schwere Dachluke ihrer Zelle an. Faye zog die indische Prinzessin in die Höhe und küsste sie vor Freude. Endlich standen die drei auf dem Dach des Gebäudes der Avenue Foch 84. Sie waren frei und hatten keine Sekunde zu verlieren. Ihre Schuhe hatten sie aneinandergeknotet und über ihre Schultern gehängt, so konnten sie möglichst lautlos über die Dächer schleichen. In den Händen hielten sie ihre Bettlaken, um sich notfalls aus der Höhe abseilen zu können. Es war ein Himmelfahrtskommando.

Plötzlich kam es zu einer Situation, die sich als fatal erwies. Kurz nachdem die drei das Dach des Nachbargebäudes erreicht hatten, überschlugen sich die Ereignisse. Schrill heulten im Stadtzentrum von Paris die Luftschutzsirenen auf. Flakgeschütze feuerten in die Luft, die

Flakscheinwerfer suchten mit ihren grellen Strahlen den Nachthimmel ab. Die britische *Royal Air Force* flog einen Angriff auf das von den Deutschen besetzte Paris. Khan und die beiden Männer wussten, in welch fataler Lage sie sich auf einen Schlag befanden. Kieffers Wachmänner überprüften bei jedem Luftangriff alle Zellen. So geschah es auch jetzt, und die Flucht der drei wurde schnell entdeckt.

Während des Verhörs blickte Atkins Kieffer konzentriert an, als dieser ihr die Ereignisse von Paris schilderte. Hin und wieder hatte sie sich ein paar Notizen gemacht. Gebannt hörte sie ihm zu, wie er ihr weiter über die Stunden nach der Flucht berichtete.

»Eines Nachts wurde ich gegen drei Uhr morgens in meinem Zimmer geweckt. Eine Wache sagte mir, dass ›Bob‹ und ›Madeleine‹ geflohen seien. Mit zusammengeknoteten Bettlaken und Bezügen hatten sie sich auf den Balkon im dritten Stock eines Nachbarhauses heruntergelassen. Sie hatten ein Fenster eingeschlagen und waren in die Wohnung eingedrungen.«[8]

Aber deutsche Truppen hatten bereits den gesamten Straßenblock abgeriegelt. Nach etwas weniger als einer Stunde wurden Noor Inayat Khan und die beiden Männer zurück in die Avenue Foch gebracht. Ihr Plan war fast perfekt gewesen. Hätte die britische Luftwaffe nur wenige Minuten später ihren Angriff begonnen, wäre die Flucht womöglich gelungen.

Kieffer bebte nach der erneuten Gefangennahme vor Zorn. Mit hochrotem Kopf stand er vor seinen drei Häftlingen, deren Flucht er im letzten Moment noch hatte verhindern können. Sie waren zurück in den vierten Stock der Avenue Foch geschleppt worden. Der sonst so zuvorkommend erscheinende Sturmbannführer konnte nur noch mühsam seine Fassung zurückerlangen.

»Dort an die Wand!«, brüllte er die drei an, die bereits wieder an Armen und Beinen gefesselt worden waren.

Kieffers Leute blickten ihren Vorgesetzten fragend an. Er schien zum Äußersten entschlossen und gab ihnen den Befehl, alles vorzubereiten, um Khan und die beiden Männer an Ort und Stelle erschießen zu lassen.

Als er darüber in seiner Zelle in Wuppertal berichtete, wandte sich Kieffer erneut Vera Atkins zu. Ganz plötzlich bekam sein Gesicht wieder mildere Züge, so als ob er sich selbst zügeln und sich den damaligen Zorn nicht anmerken lassen wollte. Er gab sich Atkins gegenüber gütig.

»Ich war sehr verärgert. Aber dann habe ich meine Meinung doch noch geändert und sie in die Zellen zurückbringen lassen.«

Dann verlangte er von den drei Gefangenen ein schriftliches Ehrenwort, keinen weiteren Fluchtversuch zu unternehmen.

»Bob« Starr war als Erster an der Reihe. Er willigte ein und leistete seine Unterschrift. Kieffer hatte mit ihm lange und geduldig über die Gründe für diesen Fluchtversuch gesprochen und Starr gab eine Antwort, die Kieffer in ihrer Argumentation verblüfft hatte:

»Khan hat mir den Plan zur Flucht vorgeschlagen. Wenn eine Frau den Mut besaß zu fliehen und erfolgreich gewesen wäre, dann hätte sie mein Leben in England unmöglich gemacht, wenn ich als Mann nicht denselben Mut gezeigt hätte.«[9]

Der französische Offizier Léon Faye weigerte sich, die Erklärung zu unterschreiben. Schließlich ging Kieffer in die Zelle von Khan. Auf eine Wand hatte sie in der Zwischenzeit ein Victory-Zeichen sowie das Symbol der britischen Luftwaffe geritzt. Er entschloss sich, diese Provokation zu ignorieren. Dann erklärte er ihr, dass er sie nur zu gleichen Haftbedingungen in der Avenue Foch behalten könne, wenn sie die Erklärung unterschreibe. Noch nie hatte Khan das getan, was Kieffer ihr befohlen hatte. Und dabei blieb sie. Sie senkte ihren Blick wutentbrannt, unterschrieb nicht und wies den Deutschen schließlich noch darauf hin, dass es ihre Pflicht sei, jederzeit einen Fluchtversuch zu unternehmen, wenn sie eine Möglichkeit dazu sah. Kieffer verlor nun endgültig die Geduld. Khans Weigerung schien ihrem eigenen Todesurteil gleichzukommen.

Noch in derselben Nacht telegrafierte er nach Berlin und meldete, dass die beiden extrem gefährlichen Häftlinge nicht länger in Paris unter seiner Befugnis bleiben könnten, da die Sicherheitsmaßnahmen nicht ausreichend seien. Berlin gab, ohne zu zögern, die Zustimmung zur Deportation. Der französische Soldat wie auch Noor Inayat Khan waren für die nächste »Nacht-und Nebel-Aktion« bestimmt. Noch am Tag ihrer erneuten Gefangennahme, am 26. November 1943, wurden sie abtransportiert. Khan war somit die erste britische Agentin, die nach Deutschland verschleppt wurde. Für den Transport wurde sie an Händen und Füßen mit Ketten gefesselt. Sie konnte sich kaum bewegen – keine andere gefangene britische Agentin wurde so hart behandelt. Kieffer hatte panische Angst, dass sie erneut fliehen würde. Sein Plan war es, die junge Frau ins Gefängnis nach Karlsruhe bringen zu lassen. Für Khan war dies erst der Anfang ihres langen Martyriums.

»Später habe ich gehört, dass sie nach Pforzheim geschickt worden ist, weil Karlsruhe überfüllt war«, sagte Kieffer zu Atkins. Sie blickte ihn in einer Mischung aus Neugier und Verachtung an.

»Warum haben Sie ›Madeleine‹ zunächst nach Karlsruhe transportiert und die anderen Frauen dann später?«

»Weil sie an einem Ort sein sollte, wo sie erneut verhört werden konnte, falls nötig. Wir haben immer noch ihr Funkgerät benutzt, nachdem sie abtransportiert worden war. Das Gefängnis in Karlsruhe wurde gut geführt, und die Frauen wären dort bis zum Kriegsende sicher gewesen.«

Atkins schenkte ihm einen schnippischen Blick.

»Wie freundlich von Ihnen, Herr Kieffer! Karlsruhe auszusuchen für die Frauen Ihrer Wahl und zu Ihrer eigenen Bequemlichkeit. Da Sie ja zufällig selbst dort wohnten.«

Kieffers Mutter und sein Bruder lebten noch in Karlsruhe. Atkins schüttelte den Kopf und zündete sich eine neue Zigarette an.

»Es war doch so schön für Sie, eine Entschuldigung zu haben, aus

Paris jederzeit dorthin zurückkehren zu können, wann immer Ihnen danach war.«

Dann erzählte sie ihm, dass alle ihre Agentinnen, die er nach Karlsruhe hatte transportieren lassen, in Konzentrationslagern umgebracht worden waren. Kieffer sah Atkins bestürzt an. Er schien sichtlich überrascht, sein Gesicht erstarrte. Dann begann er vor ihr zu weinen.

Atkins hatte genug. Sie traute diesem Mann nicht über den Weg. Als leitender Offizier des Sicherheitsdienstes wusste Kieffer sehr genau, wohin die Frauen verschickt worden waren, nachdem er ihren Abtransport verfügt hatte. Und er wusste ebenso über die Existenz der Konzentrationslager Bescheid und darüber, was dort geschehen war. Atkins zog noch einmal tief an ihrer Zigarette, sie stieß den Rauch aus. Dann brachen auf einmal alle Trauer und Wut aus ihr heraus:

»Kieffer! Wenn einer von uns beiden weinen sollte, dann ja wohl ich. Hören Sie also bitte mit diesem Theater auf.«[10]

Sie zwang sich wieder zur Ruhe und befragte ihn schließlich noch zu den Verhaftungen anderer SOE-Agenten. Kieffer schien ehrlich zu antworten und erzählte, dass viele der Männer und Frauen der F-Sektion, wenn sie denn von den Deutschen aufgespürt und verhaftet worden waren, bereitwillig kooperiert hatten.

Dann setzte Atkins zu einem lange geplanten Vorstoß an. Sie wollte ihm noch eine für sie entscheidende Frage stellen, über die sie in den letzten Monaten immer wieder nachgedacht hatte. Eine Frage, auf die letztendlich nur Kieffer die Antwort kannte.

»Gab es denn keine Verräter innerhalb der F-Sektion?«, fragte Atkins betont beiläufig. Sie war gespannt, welche Antwort er geben würde. Ihre Vorahnung war düster.

»Das fragen Sie mich? Ob es einen Verräter in ihren Reihen gegeben hat? Das wissen Sie doch selbst. Sie haben ihn nach London zurückberufen. Es war ›Gilbert‹.«

Atkins' Befürchtung hatte sich somit bestätigt. »Gilbert« war der Codename von Henri Déricourt. Was ihr Vorgesetzter Maurice Buckmaster stets bezweifelt hatte, konnte nun als sicher gelten. Déricourt war es, der so viele ihrer Agenten denunziert hatte. Er war derjenige, der die meisten Ankünfte der Agenten in Frankreich betreut hatte und auch ihre Rückflüge nach England. Insgesamt waren es 100 Agenten, die Déricourt eng betreut und verraten hatte. Seit Juni 1943 hatte es immer wieder Gerüchte um ihn gegeben. Mehrere Agentenringe der SOE hatten an die Baker Street gemeldet, dass »Gilbert« ein Verräter sei. Doch diese Warnungen hatte London stets ignoriert, denn gleich mehrere SOE-Agenten benutzten diesen Tarnnamen in Frankreich. Bis Februar 1944 blieb Déricourt noch in Frankreich zuständig für die Agenten, bevor er nach Großbritannien zurückbeordert wurde.[11]

Kieffer hatte den Beweis geliefert, den Atkins so sehr gebraucht hatte. Kieffer hatte ihr unmissverständlich zu verstehen gegeben, dass Déricourt für die Deutschen als Doppelagent tätig gewesen war und ihnen viele Informationen über neue Agenten und die Pläne der SOE weitergeleitet hatte. Er hatte Unterlagen kopiert, Codes gestohlen und dafür gesorgt, dass viele Agenten direkt nach ihrer Ankunft von den Deutschen in Frankreich pausenlos beschattet wurden. Auch Noor Inayat Khan und ihre Mitstreiterinnen Diana Rowden und Cecily Lefort, die im Juni 1943 mit den Lysander-Maschinen in Frankreich gelandet waren, waren von Anfang an verfolgt, beobachtet und schließlich gefangen worden.

Kieffers Aussage war für Atkins auch der eindrückliche Beleg, wie sehr die SOE versagt hatte. Ein Großteil des Funkverkehrs war von den Deutschen nur vorgetäuscht gewesen, ihre Agenten waren verraten und ermordet worden. Atkins fühlte sich enttäuscht und zutiefst mitschuldig am Tod der Frauen und Männer.

Atkins stand von ihrem Stuhl auf und verließ fassungslos Kieffers Zelle. Sie hatte genug erfahren und hörte nur noch, wie die Tür hinter ihr von einem Wärter wieder verriegelt wurde. Der ehemalige SS-Sturmbannführer war bis auf seinen Weinanfall während des gesamten Verhörs ruhig geblieben. Und Atkins war sicher, dass er ihr im Großen und Ganzen die Wahrheit erzählt hatte. Er schien zu wissen, dass es für ihn keine Rettung mehr geben konnte und er sein Leben bald am Galgen verlieren würde. Und so kam es auch.

Im Juni 1947 verurteilte ein britisches Militärgericht Hans Joseph Kieffer in Hameln zum Tod durch den Strang. Allerdings wegen eines ganz anderen Verbrechens. Kieffer hatte im August 1944 deutsche Truppen befehligt, die acht gefangene uniformierte britische Fallschirmjäger in der Normandie festgenommen und sofort erschossen hatten. Die Ermordung von Kriegsgefangenen war eine schwere Verletzung der Genfer Konvention, und Kieffer wusste genau, welche Strafe ihn dafür erwartete. Am 26. Juni 1947 wurde er am Galgen hingerichtet.

Henri Déricourt, der Verräter der SOE, der so viele Agenten in Haft gebracht und mit dafür gesorgt hatte, dass sie hingerichtet wurden, blieb nach dem Krieg unbehelligt. Ein Prozess in Frankreich gegen ihn platzte. Immer wieder gab es Gerüchte und Hinweise, dass er in Wahrheit vom britischen Auslandsgeheimdienst MI6 kontrolliert wurde, also als Dreifach-Agent tätig war und ihn der britische Geheimdienst nur dazu benutzt hatte, um an deutsche Informationen zu kommen – ohne Rücksicht auf Verluste für die SOE. 1962 starb er bei einem Flugzeugabsturz in Laos.

15

DIE LETZTEN STUNDEN

Hamburg,
November 1946

Das Atmen fiel ihr schwer. Es war ein ungewohntes Gefühl, so als ob ihr der Atem nach jedem Zug gefrieren würde. Ein letztes Mal war Vera Atkins nach Deutschland zurückgekehrt. Als sie am 21. November 1946 in Hamburg eintraf, herrschte tiefster Frost, an der Alster zeigte das Thermometer an diesem Tag minus 20 Grad. Atkins' Auftrag unterschied sich von allen bisherigen, die sie in Deutschland auszuführen hatte: Im anstehenden Prozess gegen die Täter des Konzentrationslagers Ravensbrück sollte sie ein Mitglied des Anklageteams sein. Die Anklage hatte für den Prozess in Hamburg 16 Frauen aus zehn verschiedenen Nationen als Zeuginnen geladen, und Atkins sollte sie betreuen. Sie war die bestmögliche Wahl dafür, denn sie kannte viele der Frauen von ihren früheren Ermittlungen und beherrschte auch einige ihrer Sprachen.

Die Besonderheit dieses Prozesses war, dass es vor allem um das Schicksal von Frauen ging, denn das KZ Ravensbrück in Brandenburg war vornehmlich für Frauen errichtet worden. Vor Atkins lag eine schwere Aufgabe: Sie wusste, dass in den kommenden Tagen die traumatisierten Insassinnen vor Gericht an die schmerzvollsten Tage ihres Lebens erinnert, den Angeklagten erneut gegenüberstehen und viele seelische Verletzungen wieder aufbrechen würden.

Der Prozess begann am 5. Dezember 1946. Die 16 Angeklagten dieses ersten Ravensbrück-Prozesses plädierten alle auf »nicht schul-

dig«.[1] Unter ihnen war Elisabeth Marschall, die oberste Kranken-
schwester des KZs, die vielen kranken und schwangeren Gefangenen
jegliche Hilfe verweigert hatte. Vera Salvequart, die ebenfalls in der
Krankenstation gearbeitet hatte, hatte nach Zeugenaussagen viele
Frauen mit Gift getötet und auch direkt in die Gaskammern geschickt.
Außerdem die Aufseherin Margarete Mewes, die in einem späteren
Gnadengesuch sich in völliger Hilflosigkeit zu rechtfertigen versuch-
te und aussagte:

»Ich habe keine Schuld. Für die Verbrechen der mir völlig gleich-
gültigen und verhassten SS kann ich, als dumme unbedeutende Person, nicht verantwortlich gemacht werden.«[2]

Die wichtigste Zeugin der Anklage war Atkins' ehemalige SOE-
Agentin Odette Sansom, die vom Lagerkommandanten Fritz Suhren
aus dem Lager geschleppt worden war. Fritz Suhren selbst war nicht
anwesend. Ihm war es ein zweites Mal gelungen zu fliehen. Er wurde
aber erneut gefasst und später hingerichtet.

Elf der 16 Angeklagten wurden schließlich zum Tode verurteilt.
Eine der Angeklagten, Carmen Mory, verübte vor ihrer Hinrichtung
im Gefängnis Selbstmord, indem sie sich in ihrer Zelle bei schärfster
Bewachung schlafend stellte und sich dann mit einer eingeschmuggelten Rasierklinge die Pulsadern aufschnitt. Erst als das Blut von ihrer Pritsche auf den Boden tropfte, bemerkten die Wachen ihre Tat.[3]
Auch einem der angeklagten SS-Ärzte gelang es, sich im Gefängnis
selbst zu töten.

Vieles, was im Ravensbrück-Prozess ans Licht kam, war für Vera
Atkins und die Zeuginnen zutiefst verstörend. Es waren nicht allein
die Zahlen an Toten, über die gesprochen wurde. Insgesamt waren in
Ravensbrück 132 000 Frauen, 20 000 Männer und 1 000 Mädchen
inhaftiert. Rund 28 000 von ihnen mussten im KZ ihr Leben lassen.[4]
Noch unvorstellbarer aber war, über welche Taten verhandelt wurde:
Es ging unter anderem um gynäkologische Experimente, Zwangsste-
rilisierungen und mit Gewalt vorgenommene Abtreibungen.

Im kaum geheizten Gerichtssaal bobachteten Vertreter aus zehn Nationen und viele Journalisten den Prozess. Sie saßen direkt gegenüber der Bank der Ankläger, wo auch Atkins ihren Platz eingenommen hatte. Dass dort eine einzelne Frau saß, noch dazu in ihrer taubenblauen WAAF-Uniform, erregte besonderes Interesse bei den Journalisten. Doch Atkins' Name wurde stets geheimgehalten.[5]

Immer wieder wurden im Verfahren auch die Namen von Atkins' in Ravensbrück ermordeten SOE-Agentinnen genannt: Violette Szabo, Denise Bloch, Lilian Rolfe und Cicely Lefort. Eine Zeugin erinnerte sich besonders an Violette Szabo, die immer wieder von ihrer kleinen Tochter Tania gesprochen und unaufhörlich »Mein Baby, mein Baby!« gerufen hatte. Eine andere Frau, die Szabo, Rolfe und Bloch gesehen hatte, sagte aus, dass alle drei ausgemergelt, verdreckt und geschwächt gewesen seien. Offenbar sei Lilian Rolfe so kraftlos gewesen, dass sie zum Ort ihrer Hinrichtung getragen werden musste.[6]

Lilian Rolfe: Ermordet im KZ Ravensbrück.

In Ravensbrück waren auch Menschenversuche ausgeführt worden. So unternahm der Leibarzt Heinrich Himmlers, Karl Gebhardt, Gasbrand- und Transplantationsversuche an polnischen Lagerinsassen. Dabei wurde den Frauen »Schmutz in eiternde Wunden eingeführt oder die Unterschenkelknochen auf dem Operationstisch zertrümmert«.[7] Während über schwerste Verbrechen berichtet wurde, saßen manche Angeklagte wie teilnahmslos da. Vera Salvequart etwa wirkte vollkommen abwesend, als berichtet wurde, wie Frauen Syphilis-Erreger in die Wirbelsäule gespritzt wurden oder wie junge Mädchen perverse Experimente an ihren Gebärmüttern oder Eileitern erdulden mussten und entweder daran oder später an Infektionen zugrunde gingen.

Für viele Beteiligte waren die Berichte, die sie während der Verhandlung hörten, kaum auszuhalten. Auch Vera Atkins führte dieses Verfahren an ihre Grenzen, wie sich der damals erst 23-jährige Ankläger John da Cuna erinnerte:

»Ich glaube, es erschöpfte sie komplett. Ich lief am Ende eines jeden Tages immer hoch in ihr Zimmer, um mit ihr über die Beweislage zu sprechen und die nächsten Dinge vorzubereiten. Als ich hineinging, saß sie an einem Tisch mit offenem Haar, eine Bürste in der Hand. Es war das einzige Mal, dass ich sie mit offenem Haar sah. Während wir sprachen, bürstete sie ihr Haar. Wieder und immer wieder bürstete sie es. Ich dachte immer, es war wohl ihre Art, die Spannung abzubauen.«[8]

Am 13. Prozesstag sagte schließlich Johann Schwarzhuber aus, der KZ-Aufseher, den Atkins neun Monate zuvor zum Tod von Violette Szabo, Denise Bloch und Lilian Rolfe verhört hatte. Er hatte die drei Frauen auf ihrem letzten Weg zum Krematorium begleitet, wie er nun vor Gericht aussagte:

»Alle drei waren sehr tapfer, und ich war tief bewegt. Suhren (der Kommandant von Ravensbrück, Anm. d. Verf.) war auch beeindruckt von der Haltung dieser Frauen. Er war darüber verärgert, dass die

Gestapo nicht selbst diese Erschießungen ausführte. Den dreien wurde von hinten ins Genick geschossen. Sie wurden sofort verbrannt. Zusammen mit ihrer Kleidung.«[9]

Aber nicht nur die verstörenden Einzelheiten des Prozesses in Hamburg hielten Atkins während dieser Zeit in Atem. Im Januar 1947 tauchte sie plötzlich einige Tage lang nicht mehr im Gerichtssaal auf. Den Grund für ihr Verschwinden behielt sie für sich: Völlig überraschend hatte sie Hinweise erhalten, dass das Schicksal von Noor Inayat Khan neu untersucht werden musste.

Im November 1946 hatte sich eine Französin namens Yolande Lagrave in einem Brief an einen Abgeordneten des britischen Oberhauses gewandt und behauptet, Neuigkeiten über Noor Inayat Khan zu besitzen. Dieser Brief hatte nach vielen Umwegen Atkins schließlich in Hamburg erreicht. Die Frau behauptete sogar, Khan in der Haft gesehen zu haben. Und zwar zu einem Zeitpunkt, an dem Khan Atkins' Ermittlungen zufolge längst tot war. Ein ähnlicher Brief derselben Frau erreichte auch Noors Bruder Vilayat Anfang 1947.

In den beiden Briefen von Yolande Lagrave standen geradezu atemberaubende Nachrichten für Vilayat Khan wie auch für Vera Atkins. In ihrem Brief an Vilayat Khan schrieb sie über ihre Gefangenschaft in Deutschland während des Kriegs und berichtete:

»Ich selbst wurde nach Pforzheim deportiert und hatte das Glück, zurückzukehren. Ich bin die einzige Überlebende, alle anderen meiner Gruppe sind umgebracht worden. (…) In Pforzheim war ich in Einzelhaft. Dort konnte ich mit einer englischen Fallschirmspringerin korrespondieren, die eingesperrt und sehr unglücklich war. Sie war an Händen und Füßen gefesselt, sie durfte nie nach draußen und ich hörte die Schläge, die sie erhielt. Sie verließ Pforzheim im September 1944. Davor konnte sie mir eine Nachricht übergeben – nicht mit ihrem echten Namen, das war zu gefährlich, aber ein Pseudonym. (…) Ich habe das notiert als Nora Baker, Radio Centre Officer, Service RAF, 4 Taviston Street, London.«[10]

Vilayat war sich der Bedeutung dieser Informationen auf einen Schlag bewusst. Es war das Pseudonym seiner Schwester, das sie als Agentin in Paris benutzt hatte. Und es war die frühere Adresse der Familie Khan in London. Lagrave hatte nach dem Krieg mehrfach an diese Adresse geschrieben, um wieder Kontakt mit der Gefangenen Nora Baker aufzunehmen. Alle ihre Briefe waren mit dem Vermerk »Unbekannter Empfänger« an sie zurückgeschickt worden.

Was Vilayat Khan und Vera Atkins jedoch besonders umtrieb, war die Tatsache, dass Lagrave angab, Noor Inayat Khan noch im September 1944 gesehen zu haben. Wenig später habe Khan dann das Gefängnis verlassen und sei an einen unbekannten Ort gebracht worden. Wenn Lagraves Aussage stimmte, dann konnte die indische Prinzessin unmöglich, wie bisher von Atkins angenommen, am 6. Juli 1944 im KZ Natzweiler umgebracht worden sein. All ihre vorherigen Schlüsse standen auf einen Schlag in Zweifel. Atkins musste den Fall Khan wieder aufnehmen und verließ Hamburg, ohne zu zögern, in Richtung Süddeutschland.

Atkins konzentrierte sich ab sofort nur noch darauf, wann Khan nach Pforzheim gebracht worden war und wann sie das Gefängnis dort wieder verlassen hatte. Die britischen Ermittler überließen Atkins die Fotokopien der Akten aus dem Pforzheimer Gefängnis. Schnell ergab sich ein klares Bild: Die Gefängnisakten belegten, dass Khan, nachdem Kieffer sie von Paris aus nach Deutschland hatte deportieren lassen, die Nacht auf den 26. November in Karlsruhe verbracht hatte und einen Tag später um 14.30 Uhr in Pforzheim eingetroffen war. Khan war auf direkten Befehl aus Berlin als »höchstgefährliche Gefangene« eingestuft worden und sollte nach den »Nacht und Nebel«-Bestimmungen behandelt werden.[11]

Auch in ihrer Zelle blieb Khan an Händen und Beinen gefesselt, eine dritte Kette verband ihre Gliedmaßen, so dass sie kaum aufrecht gehen konnte. Sie saß im Erdgeschoss in Einzelhaft, niemand durfte mit ihr sprechen. Die Zellen neben ihrer standen absichtlich leer. Die junge Frau konnte auch im Gefängnis ohne Hilfe weder essen und trinken, noch sich waschen oder auf die Toilette gehen. Eine Wärterin half ihr bei diesen Notwendigkeiten, durfte aber kein Wort mit der Gefangenen wechseln. Einmal die Woche brachte die Wärterin Khan außerdem neue Kleidungsstücke. Das Essen bestand oft nur aus Kartoffelschalen und einer Kelle dünner Suppe. Nur selten wurde ihre Zellentür geöffnet, ab und zu sahen die Wärter nach ihr und kontrollierten, ob sie noch lebte. Schleichend verlor Khan ihr Zeitgefühl, quälend langsam glitten die Tage in Finsternis über.

Nach kurzer Zeit überkam den 72-jährigen Pforzheimer Gefängnisdirektor Wilhelm Krauss das Mitleid. Noch nie hatte er erlebt, dass eine seiner Gefangenen so hart behandelt wurde. Er entschied, dass Khan wenigstens die Handschellen abgenommen wurden.[12] Doch nur wenig später bekam die Karlsruher Gestapo davon Wind und Khan wurden erneut die Fesseln angelegt. Auch ein Gesuch, die Hand- und Fußfesseln der Gefangenen wenigstens zu lockern, wurde auf direkten Befehl Berlins abgelehnt.

Trotz Khans vollkommener Isolation fand sie Mittel und Wege, um mit anderen Häftlingen in Pforzheim zu kommunizieren. Vor allem mit einer Gruppe französischer Frauen rund um Yolande Lagrave. Lagrave und die anderen Insassinnen hatten rasch mitbekommen, dass es in Zelle Nummer 1 eine Gefangene gab. Gemeinsam kamen die Frauen auf die Idee, mit der Unbekannten Kontakt aufzunehmen. Nachdem sie an diesem Mittag ihre Blechschüsseln mit Suppe geleert hatten, begannen sie ihren Versuch. Mit einer Häkelnadel ritzten sie in den Boden einer der Schüsseln eine Nachricht ein:

»Hier sind drei französische Mädchen.«[13]

Es dauerte bis zum Abendessen um 17 Uhr, dann wurden die Schüsseln erneut in den Zellen verteilt. Alle Frauen blickten auf die Unterseite ihres Geschirrs. Und tatsächlich: Die Unbekannte aus Zelle Nummer 1 hatte ihnen geantwortet:

»Ihr seid nicht allein. Ihr habt eine Freundin in Zelle Nummer 1.«

Lagrave und ihre Mithäftlinge kommunizierten fortan, so oft es ging, mit Khan. So fanden sie ihren Tarnnamen heraus und ihre Adresse in London. Lagrave notierte all diese Details im Saum ihres Rocks. Manchmal konnte es Tage dauern, bis eine neue Botschaft eintraf, da das Geschirr im gesamten Gefängnis in Umlauf war.

Immer wieder versuchten sie, die junge Frau mit ihren Nachrichten aufzumuntern. Am amerikanischen Unabhängigkeitstag ritzte Khan in ihre Schüssel »Lang lebe der 4. Juli« ein. Am 14. Juli, dem Bastille-Tag, schrieb sie: »Lang lebe das freie Frankreich«. Daneben zeichnete sie eine französische und eine britische Flagge.[14] Was Khan durchmachen musste, konnten die anderen Frauen nur erahnen. Eines Tages erreichte Lagrave eine weitere, kurze Meldung:

»Denkt an mich. Ich bin sehr unglücklich.«

Lagrave und die anderen Frauen erschraken, als sie eines Nachmittags vom Innenhof des Gefängnisses ein Geräusch hörten. Schnell blickten sie aus ihren Zellenfenstern und sahen die zierliche, abgemagerte Gestalt, mit der sie kommunizierten. Noor Inayat Khan hatte inzwischen von einem der Wächter die Erlaubnis für einen Hofgang bekommen. Sie trug zivile Kleidung. Für einen Augenblick blickte die junge, indische Prinzessin hoch zu den Zellen der Frauen. Dann tauschten sie ein Lächeln und einen kurzen Gruß aus. Khan durfte für jeweils 45 Minuten in den Hof, dort machte sie Gymnastik, sprach manchmal verbotenerweise mit dem Aufseher auf Deutsch und blieb stets höflich.[15] Insgesamt sahen die Frauen Noor Inayat Khan nur drei Mal im Hof.

Die Phasen der Hafterleichterung blieben kurz. Es war grausam und unmenschlich, wie Khan behandelt wurde. Immer wieder versuchten die anderen Frauen, ihre Moral aufrechtzuerhalten. Sie schrieben ihr, dass es nur noch eine Frage der Zeit sei, bis die Alliierten Deutschland besiegen würden. Immer wieder hörten die Gefangenen, wie bei Tag und Nacht die Bomber der Alliierten über das Gefängnis hinwegflogen. Gegenseitig malten sie sich aus, wie sie bald feiern und Champagner trinken würden. Zwei Frauen aus der Zelle Nummer 3 hatten eine besondere Art der Kommunikation mit Khan entwickelt. Wann immer die beiden ihre Zelle verlassen durften, sangen sie ihr im Vorbeigehen ein Lied auf Französisch, um ihr Neuigkeiten zu übermitteln. Das hatte fatale Folgen für Khan, wie sich Lagrave später erinnerte. Einer der Wächter schrie die beiden Frauen an, sofort mit dem Singen aufzuhören. Dann öffnete er Khans Zelle, schlug sie hart und schubste sie in den Gefängniskeller. Oben in ihren Zellen konnten die Frauen die verzweifelten Schreie Khans hören.[16] Die Schikanen hörten nicht mehr auf.

An einem anderen Tag bemerkte der leitende Aufseher, dass das Guckloch in Khans Zellentür offen stand. Er ging in ihre Zelle und schrie sie an. Die Frauen hörten, wie Khan gefasst auf Deutsch antwortete, obwohl der Mann sie wüst beschimpfte. Dann hörten sie, wie auch er sie schlug. Khan gab deutliche Widerworte. Kurz darauf hörten sie sie nur noch schluchzen. Ihr einst so unbändiger Wille und ihre Gegenwehr wurden im Gefängnis brutal gebrochen.

Wenig später sahen die Frauen Khan ein letztes Mal im Hof. Sie trug nun keine normale Kleidung mehr, nur noch einen Überwurf aus Sackleinen. In der darauffolgenden Nacht erhielten sie eine letzte Nachricht aus Zelle Nummer 1. Mit offenbar zittriger Hand hatte sie ihren letzten Satz in die Blechschale geritzt:

»Ich gehe weg.«

Keine der Gefangenen wusste, welches Ziel für Khan vorgesehen war. Auch sie selbst nicht. Yolande Lagrave erinnerte sich an diesen Tag:

»Arme Nora. Sie war nicht mehr länger bei uns. Wir dachten, angesichts des Vorrückens der Franzosen – die Leute sagten, sie seien schon in Saarbrücken – sei sie in ein anderes Lager gebracht worden. Aber wir wussten alle, dass das Ende kurz bevorstand, und mit Noras Adresse hofften wir, eines Tages den Sieg mit ihr feiern zu können.«[17]

Vera Atkins ging die Akten weiter akribisch durch. Im Gefängnisregister war festgehalten worden, dass Khan am 11. September um

18.15 Uhr das Gefängnis von Pforzheim verlassen hatte und nach Karlsruhe transportiert worden war.

Kurz nach 2 Uhr in der Nacht kam es in der Karlsruher Gestapo-Zentrale für Khan zu einem unerwarteten Wiedersehen. Sie traf auf drei ihrer SOE-Mitagentinnen: Madeleine Damerment, Eliane Plewman und Yolande Beekman standen auf einmal vor ihr. Mit Beekman hatte sie zusammen in Warnborough Manor Teile ihres SOE-Trainings absolviert.

Den vier Frauen blieb nur wenig Zeit in dieser Nacht. Der Befehl zur Deportation war per Fernschreiben aus Berlin gekommen und als »Geheime Reichssache« deklariert worden. Die darin enthaltenen Anweisungen zu ihrem Abtransport waren als »streng geheim« klassifiziert: Sie mussten in zwei jeweils versiegelten Briefumschlägen aufbewahrt werden und durften nur von den jeweiligen Dienststellenleitern oder ihren Stellvertretern geöffnet werden. Die Weisung zur Exekution der vier Frauen kam direkt vom Reichsführer SS, Heinrich Himmler, der hierzu eine Vollmacht Hitlers besaß.[18]

Die britischen Behörden hatten den Pforzheimer Gefängnisdirektor Wilhelm Krauss nochmals verhört. Auch er hatte unter Eid versichert, dass Khan zusammen mit drei anderen Frauen im September von Pforzheim nach Dachau gebracht worden war. Die vier wurden im Wagen des Karlsruher Gestapo-Chefs zum Bahnhof gefahren. Dann stiegen sie, zu zweit aneinandergekettet, in den Eilzug nach Stuttgart. Begleitet wurden sie auf ihrer Fahrt von den zwei Kriminalsekretären Max Wasmer und Christian Ott. Beide, so vermerkten es ihre Vorgesetzten schriftlich, »wussten am besten, wie sie mit den Frauen umzugehen hatten, und konnten sie zum Schweigen bringen«.[19] Die beiden Gestapo-Beamten kannten das Ziel dieser Fahrt. Und sie wussten auch, dass es für die vier Gefangenen die letzte Reise war. Doch die beiden Männer verloren von sich aus kein Wort darüber, was die Frauen zu erwarten hatten. Als Madeleine Damerment einen der Beamten nach dem Ziel fragte, erhielt sie lediglich als Antwort, dass die vier in ein Lager gebracht werden würden, in dem Landwirtschaft betrieben würde.

Die Stimmung unter den Frauen, das berichteten die beiden Beamten in späteren Verhören, war gelöst. Sie aßen zu Mittag und rauchten Zigaretten. Die vier unterhielten sich darüber, wie es ihnen in den vergangenen Monaten ergangen war, wie sie gefangen genommen worden waren und welche anderen Agenten sie während ihrer Einsätze getroffen hatten. Dann rollte der Zug in den Stuttgarter Hauptbahnhof ein. Die Fahrt wurde unterbrochen, und die vier Frauen standen für eine gute Stunde aneinandergefesselt auf dem Bahnsteig, bis der nächste Zug nach München abfuhr. Weiter ging die Fahrt, die felsigen Hänge der Schwäbischen Alb hinauf, die Frauen blickten aus den Zugfenstern. An der Geislinger Steige musste ihr Zug anhalten, ein Luftangriff verzögerte die Weiterfahrt um zwei Stunden. Schließlich erreichten sie den Hauptbahnhof von München. Ein letztes Mal stiegen sie um, diesmal in Richtung Dachau. Es war Mitternacht, als sie im Konzentrationslager ankamen. Sie wurden in Einzelzellen eingeschlossen.[20]

Nach fast einem Jahr in Gefangenschaft hatte Khan Dachau erreicht. Sie hatte Angst vor dem Tod, wie jeder Mensch. Bisher hatten ihr Glaube und ihre Prinzipien sie alle Qualen überstehen lassen. Am nächsten Morgen, so ergaben es die weiteren Verhöre und Zeugenaussagen, wurden Noor Inayat Khan und ihre drei Mitagentinnen an eine Mauer in der Nähe des Krematoriums gebracht. Dort wurden sie vom Lagerkommandanten und zwei SS-Offizieren empfangen. Den Frauen wurde befohlen, niederzuknien. Sie hielten sich an den Händen, dann wurde eine nach der anderen mit einem Genickschuss getötet. Khan soll, bevor sie an der Reihe war, ein einziges Wort gerufen haben: »Liberté«. Sie war erst 30 Jahre alt, als sie ihr Leben verlor. Knapp sieben Monate, nachdem Khan und die drei anderen SOE-Agentinnen in Dachau ermordet worden waren, wurde das Lager im April 1945 von den US-Truppen befreit.

Was wirklich in diesen letzten Stunden geschah, lässt sich nicht zweifelsfrei feststellen. Die beiden Gestapo-Wachleute gaben widersprüchliche Aussagen ab. Einen von ihnen verhörte Vera Atkins zwei Mal. Aber eine letztendliche Wahrheit ließ sich daraus nicht ermitteln.

Drei Jahre waren seit Noor Inayat Khans Tod vergangen, bis Atkins endlich das Schicksal ihrer Agentin aufgedeckt hatte. Das Rätsel um die im KZ Natzweiler ermordete Agentin Sonia Olschanezky hatte Vera Atkins mit ihren Ermittlungen zu Noor Inayat Khan ebenfalls gelöst. Es war nicht, wie Vera Atkins so lange Zeit geglaubt hatte, ein Pseudonym Noor Inayat Khans, sondern ein echter Name. Olschanezky war im Februar 1944 gefangen genommen worden und zusammen mit den anderen SOE-Agentinnen ins Karlsruher Gefängnis verschleppt worden. Sie war es, die gemeinsam mit Andrée Borrel, Diana Rowden und Vera Leigh nach Natzweiler deportiert worden war. Atkins hatte ihren Namen in den Akten des Karlsruher Gefängnisses entdeckt. Und sie war es, die der SOE-Agent Brian Stonehouse bei ihrer Ankunft in Natzweiler gesehen und dann gezeichnet hatte. Vera Atkins hatte sie nicht erkannt, weil Olschanezky und sie sich nie persönlich begegnet waren, denn Olschanezky war nicht von der SOE in London, sondern lokal in Frankreich rekrutiert worden.

Die Schicksale von Khan und Olschanezky, so merkt Atkins' Biografin Sarah Helm an, waren untrennbar miteinander verbunden. Aufgrund von Sonia Olschanezkys Tapferkeit war London bereits im Oktober 1943 von Khans Gefangennahme in Paris gewarnt worden. Hätte die SOE ihre Warnung ernst genommen, hätten die SOE-Operationen gestoppt und eventuell viele Leben gerettet werden können, möglicherweise auch das Khans. Auch Olschanezky selbst wäre, als der »Prosper«-Ring zusammenbrach, möglicherweise nicht in Gefangenschaft geraten.[21] Unklar bleibt bis heute, ob Vera Atkins selbst die Meldung von Olschanezky jemals gesehen hat und überhaupt davon wusste. Möglich ist, dass nur Buckmaster für den Fehler verantwortlich war, diese Nachricht zu ignorieren.

Obwohl Atkins nun sicher sein konnte, dass eine andere Person als Khan in Natzweiler ermordet worden war, hatte sie keinerlei Interesse, mehr Details über die Identität Sonia Olschanezkys herauszufinden. Ihr muss klar gewesen sein, dass es sich um eine reale Person handelte, die wahrscheinlich diesen Namen als Pseudonym benutzt hatte. Aber sie überließ es anderen, mehr über diese wichtige Helferin herauszufinden.[22] Wollte sie einfach nicht mehr wissen? War sie zu erschöpft von ihren Recherchen, oder interessierte sie sich lediglich für die »eigenen«, von ihr betreuten SOE-Agentinnen? Es dauerte bis zum Jahr 1957, bis zwei englische Journalisten nach langen Recherchen Sonia Olschanezky zweifelsfrei als die vierte Frau von Natzweiler identifizieren konnten.

Bis heute ist vieles, was das Schicksal Khans angeht, Spekulation. Im Archiv der Gedenkstätte des KZ Dachau gibt es keine Häftlingsakten über Noor Inayat Khan oder die anderen drei Agentinnen. Und so bleiben die Aussagen von Zeugen, Zeitungsartikel und die Beschreibungen der Angehörigen die hauptsächlichen Quellen.[23]

Erst Jahre später kamen weitere Details ans Licht. Jean Overton Fuller, die engste Jugendfreundin Khans, schrieb ein Buch über die junge Inderin. Daraufhin erhielt sie unerwartete Reaktionen. 1952 meldete sich ein Oberstleutnant Wickey, der während des Kriegs für den kanadischen Geheimdienst gearbeitet und später als Militärgouverneur in Wuppertal gedient hatte. Wickey schrieb in seinem Brief, dass er in dieser Zeit einen deutschen Wehrmachtsoffizier getroffen habe, der in Dachau gewesen sei und von Lageraufsehern erzählt bekommen habe, dass vier Frauen aus Karlsruhe eingetroffen waren. Der Mann beschrieb sie als Französinnen, wies aber auch darauf hin, dass eine der Frauen deutlich dunkler und »kreolisch« ausgesehen hatte. Die Lageraufseher hatten dem Offizier erzählt, dass die »Kreolin« »äußerst gefährlich« sei und »die komplette Behandlung« erhalten solle. Wickey verfolgte die Spur eines der Lageraufseher und erfuhr von ihm, dass die Frau gefoltert und von den Männern vergewaltigt worden war. Offenbar wurde sie ausgezogen und getreten und lag zum Schluss bewusstlos auf dem Boden. Am frühen Morgen des kommenden Tages wurde sie offenbar in ihrer Zelle erschossen. Wickey war sich sicher, dass die »Kreolin« Noor Inayat Khan sein musste.

Noch einen weiteren Brief erhielt Jean Overton Fuller. Er stammte von einem Mann aus Gibraltar, der behauptete, in Dachau interniert gewesen zu sein. Seine Aussage war ähnlich. Auch er berichtete, von einem Lageraufseher gehört zu haben, dass Khan ausgezogen worden und die gesamte Nacht vom Schutzhaftlagerführer Friedrich Wilhelm Ruppert missbraucht worden sei. Als Ruppert von ihr schließlich abgelassen habe, war Khan nur noch ein »blutendes Etwas«. Dann habe er die junge Frau erschossen.[24]

Die Autorin Shahihda Bari fasst das kurze Dasein der indischen Prinzessin so zusammen: »Es war ein Leben voller Gegensätze. Sie war eine Pazifistin, wurde aber in ihrer Heimat zur Kriegsheldin. Khan war schüchtern – aber unerbittlich, wenn es darum ging, ihren Gegnern entgegenzutreten. Sie war bereit, sich selbst zu opfern – aber ihre schweren Fehler in Paris kosteten auch anderen das Leben. Sie war in verschiedenen Ausprägungen Inderin, Britin, Französin und Muslimin und doch alles zugleich.«[25]

Die Arbeit für die SOE war zugleich die größte Aufgabe und Verpflichtung ihres Lebens gewesen. Daran hatte sie nie Zweifel gelassen. Im KZ Dachau erinnert eine Gedenktafel mit den Namen von Noor Inayat Khan, Madeleine Damerment, Eliane Plewman und Yolande Beekman an das, was diesen Frauen geschehen ist.

Mit den Ermittlungen um Khan hatte Atkins alle Schicksale der vermissten 13 SOE-Frauen geklärt. Es war Zeit für sie, nach England zurückzukehren. Endgültig.

EPILOG

Die SOE, das ungeliebte Kind unter den britischen Geheimdiensten, überdauerte den Zweiten Weltkrieg nur um wenige Monate. Am 15. Januar 1946 wurde sie aufgelöst. Viele Beschäftigte der Organisation, von der Eisenhower gesagt haben soll, dass ihr Einsatz dem von 15 Divisionen gleichzusetzen gewesen sei und dass sie den Zweiten Weltkrieg um mindestens sechs Monate verkürzt haben soll[1], empfanden deren rasche, sang- und klanglose Abwicklung jedoch als Verrat. Ein Mitarbeiter brachte es verbittert auf den Punkt: »Die wollten, dass wir einfach vom Erdboden verschwinden.«[2]

Das allerdings passierte nicht. Immer wieder sorgte die SOE nach ihrer Auflösung für insbesondere von der Regierung oftmals unerwünschte Aufmerksamkeit in der britischen Politik und Öffentlichkeit. Hierzu trugen nicht zuletzt Vera Atkins und Maurice Buckmaster selber bei, die in der unmittelbaren Nachkriegszeit dafür sorgten, dass die Medien wiederholt mit Geschichten über die Heldentaten einzelner SOE-Agentinnen und Agenten gefüttert wurden und über diese berichteten.[3] Buckmaster schrieb zudem zwei Bücher über die SOE. 1950 lief der Film *Odette* an, der, basierend auf dem ein Jahr zuvor erschienenen gleichnamigen Buch von Jerrard Tickell, die Geschichte Odette Sansoms in Szene setzte. 1952 kam *Madeleine* auf den Markt, die Biografie Noor Inayat Khans von Jean Overton Fuller. 1956 veröffentlichte R. J. Minney *Carve Her Name with Pride*, die erste Biografie Violette Szabos, die zwei Jahre später ebenfalls unter gleichem Titel verfilmt wurde. Auch die Romane *Die Marionette* von Larry Collins (1985), *Nacht der Füchse* von Jack Higgins (1986) und *Die Leopardin* von Ken Follett (2001) thematisieren die SOE.

Doch nicht nur Glamour-Geschichten, Memoiren und mehr oder minder sorgfältig recherchierte Biografien und Thriller brachten die SOE immer wieder ins Rampenlicht. Rasch begannen sich auch Verschwörungstheorien um die Organisation zu ranken. Dass die Regierung sich auch im Hinblick auf die SOE wiederholt auf Staatsgeheimnisse und den *Official Secrets Act* (Gesetz über Staatsgeheimnisse) berief, dürfte hierzu beigetragen haben. Die noch von Colin Gubbins angestoßene, zwischen 1945 und 1947 von dem Historiker William Mackenzie geschriebene erste offizielle Geschichte der SOE durfte erst 2000 erscheinen.[4] Auch die Tatsache, dass bereits frühzeitig Dokumente der SOE vernichtet wurden (eine Praxis, der selbst Vera Atkins auch später noch recht ungeniert folgte)[5], sowie der Verlust zahlreicher SOE-Akten durch ein Feuer, das im Frühjahr 1946 die Räume der Organisation in der Baker Street verwüstete, boten Anlass zu Spekulationen. Bei dem Brand wurden nach Aussage des mit der Abwicklung der SOE beauftragten Sektionschefs Major Norman Mott gerade auch Akten vernichtet, die sich auf die weiblichen Agenten bezogen. Auch der Leiter der polnischen Abteilung, Oberst Harold Perkins erklärte, seine wesentlichen Aktenbestände seien bei dieser Gelegenheit in Flammen aufgegangen.[6] Andererseits äußerte sich Mott dahingehend, dass bei dem Brand »nichts von großer historischer Bedeutung« zerstört worden sei.[7]

Die Verschwörungstheorien standen insbesondere im Zusammenhang mit einigen krass missglückten Operationen und den damit verbundenen hohen Verlusten an Agenten und Agentinnen. Diese Theorien reichten von der Annahme, Agenten seien bewusst geopfert worden, um die Deutschen auf eine falsche Fährte zu locken, bis hin zur Behauptung, die SOE sei sogar von deutscher Seite unterwandert worden.[8] Erstere Ansicht, die unter anderem auch in einem weiteren Buch von Overton Fuller 1954 zum Ausdruck kam, vertrat beispielsweise auch Vilayat Inayat Khan, der Bruder Noor Inayat Khans.[9] Die Unterwanderungshypothese führte sogar, insbesondere auf Betreiben der konservativen Unterhausabgeordneten Dame Irene Ward, zu offiziellen Untersuchungen, in deren Visier zunehmend auch Vera Atkins selber geriet.[10] Noch in den siebziger und achtziger Jahren wurden neue Varianten der Unterwanderungsgeschichte publiziert.[11]

Auch Jahrzehnte später blieb die SOE Gegenstand von Kontroversen. Umstritten war, ob der Staat sich überhaupt in die vermeintlichen Niederungen der irregulären Kriegsführung begeben durfte und wie eine derartige Organisation und ihre Mitarbeiter zu bewerten seien. Zwei Zitate britischer Historiker spiegeln die gegensätzlichen Positionen. So schrieb der konservative britische Militärhistoriker John Keegan:

»Wir müssen anerkennen, dass unsere Reaktion auf die Geißel des Terrorismus durch das kompromittiert wird, was wir mit Hilfe der SOE getan haben. Die Rechtfertigung (…), dass uns kein anderes Mittel zur Verfügung stand, den Feind zu treffen, (…) ist genau das Argument, das auch die Roten Brigaden, die Baader-Meinhof-Bande und jede andere einigermaßen wortgewandte Terrororganisation auf der Welt verwandt haben. Es ist müßig zu argumentieren, dass wir eine Demokratie waren und Hitler ein Tyrann. Mittel können den Zweck besudeln. Die SOE hat Großbritannien besudelt.«[12]

Der SOE-Experte M. R. D. Foot hingegen kam zu dem Schluss:

»Die SOE lieferte eine Vielzahl von Lektionen dazu, wie man einen geheimen Untergrundkrieg führen – oder nicht führen – sollte. Diese Lektionen sind umso relevanter in einem Zeitalter, da Atomwaffen einen totalen Krieg selbstmörderisch werden lassen. Sie bot auch einige grandiose Beispiele dafür, wie Männer und Frauen sich am absoluten Rand der erträglichen Existenz verhalten können. Geschichten von Tapferkeit und Stärke, die denjenigen der reguläreren Truppen in nichts nachstehen. (…) Diese Beispiele haben den Schatz mutigen und edlen menschlichen Tuns weiter bereichert.«[13]

Auch für viele der Hauptakteure der SOE blieben die Organisation und das, was sie in deren Dienst geleistet hatten, bis zum Lebensende oder sogar darüber hinaus ein prägender Faktor.

Nach Auflösung der SOE verließ Colin Gubbins den Armeedienst als hochdekorierter Generalmajor. Er wechselte in die Wirtschaft, beendete seine Karriere jedoch wieder im Staatsdienst, als Deputy Lieutenant auf den Äußeren Hebriden.[14] Er war maßgeblich beteiligt an der Gründung des *Special Forces Club*. Der im Londoner Stadtteil Knightsbridge beheimatete Klub ist bis heute ein Treffpunkt für ehemalige Angehörige der Spezialkräfte des britischen Militärs und des Geheimdienstes. Gubbins starb 1976.

Maurice Buckmaster schied im Rang eines Obersts aus der Armee aus. Auch er kehrte nach dem Krieg in die Wirtschaft zurück und arbeitete wieder für die Ford Motor Company. Seine Zeit bei der F-Sektion ließ ihn jedoch nie mehr los. Neben einer Reihe von Artikeln veröffentlichte er zwei Bücher über die SOE-Zeit und diente als Berater für den Film *Odette*, in dem er sich auch selber spielte. Auch er wurde für seine Verdienste ausgezeichnet und erhielt den Verdienstorden *Order of the British Empire* (OBE) sowie das französische *Croix de Guerre*. Doch wurde er immer wieder auch Ziel der Kritik und des Spotts wegen der Fehlleistungen der F-Sektion, insbesondere des Déricourt-Debakels. Gubbins äußerte sich dahingehend, dass Buckmaster die Stelle als Leiter der Sektion deshalb erhalten habe »weil niemand anders da war«.[15]

Hohe Auszeichnungen erhielten auch die Agentinnen der SOE. Auch hierzu mussten jedoch zunächst einige Hindernisse überwunden werden. Streit entzündete sich daran, dass die SOE-Agentinnen offiziell als Mitglieder der FANY geführt wurden und daher einer zivilen Organisation angehört hatten. Dadurch kamen sie nur für zivile, nicht aber für militärische britische Auszeichnungen in Betracht. Sowohl Pearl Witherington, die 1944 in Frankreich etwa 1 000 Widerstandskämpfer befehligt hatte, als auch Krystyna Skarbek nahmen hieran Anstoß und wiesen die ihnen angebotenen zivilen Auszeichnungen zurück.[16]

Noor Inayat Khan wurde posthum mit dem *Order of the British Empire* (OBE) sowie dem Georgskreuz dekoriert. Das Georgskreuz ist die höchste zivile Auszeichnung für Tapferkeit, die Großbritannien zu vergeben hat. Frankreich zeichnete sie mit dem *Croix de Guerre* mit goldenem Stern aus. Ihr Name findet sich auf zahlreichen Gedenktafeln in Großbritannien und Frankreich sowie im Konzentrationslager Dachau.[17] 2012 enthüllte Prinzessin Anne, die Tochter von Königin Elisabeth II., eine Büste von Noor Inayat Khan. An der Zeremonie am Gordon Square im Herzen Londons, in der Nähe des Hauses, in dem Noor Inayat Khan einige Zeit gelebt hatte, nahmen auch einige der letzten überlebenden SOE-Agenten und einige der Piloten teil, die die Männer und Frauen damals in ihre Einsätze geflogen hatten.

Violette Szabo erhielt das *Croix de Guerre* von Frankreich und von Großbritannien das Georgskreuz. Die britische Auszeichnung wurde am 28. Januar 1947 von König Georg VI. im Buckingham-Palast stellvertretend ihrer vierjährigen Tochter Tania überreicht. Dabei soll Tania das Kleidchen getragen haben, das Violette Szabo bei ihrem ersten Frankreich-Einsatz in Paris für sie gekauft hatte.[18] Mitte der fünfziger Jahre setzte sich Dame Irene Ward erfolglos dafür ein, das Georgskreuz Szabos in ein Victoria-Kreuz umzuwandeln.[19] Auch Violette Szabos wird durch Inschriften, Gedenktafeln und andere Denkmäler an verschiedenen Orten in Großbritannien und im Ausland gedacht. Hierzu gehören eine Gedenktafel und ein Wandgemälde an ihrem Elternhaus in London, ein Gedenkkreuz in Frankreich, eine im Oktober 2009 eingeweihte Büste Szabos am Londoner Albert Embankment und die Gedenkinschrift für Denise Bloch, Cecily Lefort, Lilian Rolfe und Violette Szabo in Ravensbrück. In Wormelow Tump, Herefordshire, wurde ein Violette-Szabo-Museum eingerichtet.[20]

Die Namen der in Natzweiler ermordeten britischen Agentinnen sind auf einer in der Gedenkstätte des ehemaligen Konzentrationslagers angebrachten Tafel aufgeführt.

Alle in Frankreich gefallenen Agentinnen und Agenten der SOE wurden schließlich durch ein im Mai 1991 von Königin Elisabeth, der Königin Mutter[21], eingeweihtes Denkmal im zentralfranzösischen Valençay geehrt. Allen Agentinnen, die vom *Royal Air Force*-Stützpunkt Tempsford (Bedfordshire) nach Frankreich aufbrachen, wurde dort 2013 in Anwesenheit des britischen Thronfolgers, Prinz Charles, ein Denkmal gesetzt.

Hoch dekoriert wurde Krystyna Skarbek. Frankreich verlieh ihr das *Croix de Guerre* mit Stern und die *Médaille de la Résistance*. Großbritannien zeichnete sie aus mit dem *Order of the British Empire*, der *George Medal*, der *War Medal 1939–1945* mit Sternen und dem *1939–1945 Star*.[22] Doch eine Perspektive hatte Großbritannien der verdienten Kriegsveteranin nicht zu bieten. Eine Rückkehr nach Polen war nach der Machtübernahme durch die Kommunisten ausgeschlossen, aber in Großbritannien war sie allenfalls geduldet. Nach der Entlassung aus dem Geheimdienst (»Sie ist nicht länger erwünscht«, so ein Personalsachbearbeiter)[23] suchte sie eine neue Beschäftigung, doch blieb ihr – wie Jahre zuvor bereits Vera Atkins – der britische Arbeitsmarkt ohne britische Staatsangehörigkeit verschlossen. Das Einbürgerungsverfahren zog sich bis November 1946 hin, doch selbst danach änderte sich wenig. Den neuen Pass in der Tasche, bewarb sie sich auf eine Stelle bei den Vereinten Nationen in Genf, wurde aber mit der Begründung abgelehnt: »Sie sind gar nicht Britin, Sie sind nur eine Ausländerin mit britischem Pass.«[24]

Obwohl Tausende von Polen auf Seiten Großbritanniens gekämpft und ihr Leben gelassen hatten, waren die polnischen Emigranten im England der Nachkriegsjahre nicht sonderlich gern gesehen, und der Spruch »*Poles go home*« fand sich auf manche Londoner Wand gepinselt.[25] Schließlich heuerte sie als Stewardess bei einer neuseeländischen

Reederei an. Dort kam es zu einer verhängnisvollen Begegnung. Skarbek begann ein Verhältnis mit dem Steward Dennis Muldowney, der sich nicht damit abfinden konnte, dass sie schließlich die Beziehung beendete. Am späten Abend des 15. Juni 1952 lauerte er ihr in ihrem Londoner Hotel auf und erstach sie. Sie hatte die Gefahren des Krieges überlebt, um in den »Schrecken des Friedens« zugrunde zu gehen.[26]

Vera Atkins verließ die britischen Streitkräfte als Majorin der *Women's Auxiliary Air Force* (WAAF). Die Nachkriegsjahre brachten Schicksalsschläge. 1947 starb ihre Mutter. Im selben Jahr erlangte sie Gewissheit über den Tod Dick Ketton-Kremers, ihrer großen Liebe, der 1941 in Kreta gefallen war und ihr testamentarisch 500 Pfund vererbt hatte.[27] Atkins blieb bis an ihr Lebensende ledig. Sie nahm eine Stelle beim *Central Bureau for Educational Visits and Exchanges* (CBE-VE), einer mit der UNESCO verbundenen Organisation, an und arbeitete dort, zuletzt als Direktorin, bis zu ihrer Pensionierung im Jahr 1961. Im Ruhestand zog sie sich nach Winchelsea zurück.

Geheimdienstarbeit leistete sie nach dem Zweiten Weltkrieg nie mehr. Dennoch wurde auch sie bis zu ihrem Lebensende immer wieder von der SOE und dem Schicksal der von ihr hinter die feindlichen Linien geschickten Agentinnen eingeholt. Atkins setzte sich zudem immer wieder dafür ein, dass den gefallenen und ermordeten Frauen der SOE angemessene Denkmäler gesetzt wurden, sammelte hierfür Geld und kümmerte sich teilweise auch persönlich um die Ausgestaltung der Erinnerungstafeln und sonstigen Mahnmale.[28] Wiederholt auch nahmen Hinterbliebene der Getöteten mit Atkins Kontakt auf, teils in Briefen, teils wie etwa Tania Szabo, persönlich.[29] Manche unterstützte sie moralisch und auch finanziell. Anderen gegenüber verhielt sie sich hingegen scheinbar indifferent und erntete hierfür Unverständnis und Verbitterung. Die Familie der in Natzweiler ermordeten Sonia Olschanezky etwa wurde niemals über das Schicksal der Agentin aufgeklärt.[30] Tania Szabo empfand die Haltung von Atkins ihr gegenüber als ablehnend und missbilligend.[31] Vilayat Inayat Khan bezeichnete sie als »kaltblütig« und »imstande, ihr Gewissen zu ignorieren«.[32]

Auch sonst blieb Atkins von teils beißender Kritik nicht verschont. Es gab eine »weit verbreitete Überzeugung, dass an Vera Atkins etwas faul war«.[33] So wurde ihr von Dame Irene Ward im Zuge ihrer Mitte der fünfziger Jahre unternommenen Untersuchungen zur Unterwanderung der SOE unterstellt, Atkins selber sei der Maulwurf der Deutschen im System der SOE gewesen. Ein interner Vermerk des britischen Innenministeriums stellt dazu trocken fest: »Fräulein Ward ist offenbar dabei, Munition für einen irgendwie gearteten Angriff auf Fräulein Atkins zusammenzustellen.«[34] Schon alleine ihre rumänische Staatsangehörigkeit reichte wohl aus, sie verdächtig erscheinen zu lassen.[35] Ebenfalls in den fünfziger Jahren geriet sie andererseits in den Verdacht pro-sowjetischer Neigungen. In der Spionage-Panik des frühen Kalten Krieges legte der britische Inlandsgeheimdienst MI5 sogar eine Akte zu Atkins an.[36]

Ihre Biografin Sarah Helm mutmaßt, dass dieser Verdacht dazu beitrug, dass Vera Atkins, anders als andere ehemalige SOE-Protagonisten, erst im hohen Alter mit staatlichen Auszeichnungen bedacht wurde. Zwar hatte es bereits während des Weltkriegs einen Vorstoß von britischer Seite gegeben, Atkins für das *Croix de Guerre* vorzuschlagen, und schon 1946 gab es erste Erwägungen hinsichtlich des *Order of the British Empire*.[37] Doch erst 1995 wurde sie von Frankreich zum Ritter der Ehrenlegion ernannt. 1997 – Atkins war inzwischen 89 – folgte Großbritannien und verlieh ihr die Auszeichnung eines *Commander of the Most Excellent Order of the British Empire*, wobei es wohl immer noch einiger Bemühungen bedurfte, diese späte Würdigung durchzusetzen.[38]

Vera Atkins verstarb am 24. Juni 2000. Im Laufe ihres langen Lebens durchmaß sie fast das gesamte zwanzigste Jahrhundert. Sie erlebte beide Weltkriege und das mörderische Regime des Nationalsozialismus aus erster Hand. In ihren letzten Lebensjahren zog sie eine Bilanz, die Mahnung und Hoffnung verbindet:

»Ich meine, man sollte immer daran denken, dass Deutschland – ein zivilisiertes Land – dazu fähig war, diese Theorie der Herrenrasse zu entwickeln, und daran, was sie auf dieser Grundlage den Juden, Polen und Zigeunern [sic] sowie all den besetzten Ländern angetan haben, in denen sie die Intelligenz aus dem Weg geräumt haben. Die Deutschen konnten sehr einfach geführt werden. Ich glaube, das ist etwas, an das man erinnern muss: Wie einfach es sein kann, eine ganze Nation zu manipulieren. Einschüchterung ist etwas Schreckliches, und sie auszuüben, führt zu wachsender Macht. Aber es wird immer einen Aufstand des natürlichen Anstands geben.«[39]

Editorische Notiz

Die Dialoge zwischen den Personen in diesem Buch sind nicht fiktiv, sondern lassen sich anhand der benutzten Quellen dokumentieren. Vor allem in den Akten, die im britischen Nationalarchiv lagern, sind viele direkte Gesprächsprotokolle der SOE-Mitarbeiter sowie Zusammenfassungen der Verhöre ehemaliger deutscher Geheimdienstmitarbeiter vorhanden, die für dieses Buch als unentbehrliche Quelle gedient haben.

Danksagung

Arne Molfenter dankt seiner Familie: Annika, Henry, Mia und besonders Anke. Für ihre Geduld mit mir und dass sie trotz allem immer in meiner Nähe waren.

Rüdiger Strempel dankt allen Menschen, die ihm nahestehen. Und einigen ganz besonders.

Anmerkungen

1 EINE ENGLÄNDERIN AUS MITTELEUROPA

1 Helm, Sara: A life in secrets – Vera Atkins and the lost agents of SOE, S. 184.
2 So ausweislich ihrer Einbürgerungsakten in: The National Archives (im Folgenden abgekürzt TNA), HO 405/45567 C659568. Ebenso Helm, a. a. O., S. 130. Anderen Autoren zufolge lautete der Name Vera Maria Rosenberg.
3 Vgl. Helm, a. a. O., S. 130.
4 Vgl. ebenda, a. a. O., S. 131.
5 Vgl. ebenda, a. a. O., S. 131.
6 Ebenda, a. a. O., S. 132.
7 Dorn, Alexander, a. a. O., S. 150.
8 Vgl.: http://ro.wikipedia.org/wiki/Galați – Demografie.
9 Helm, a. a. O., S. 133, S. 136.
10 Dorn, a. a. O., S. 150.
11 Helm, a. a. O., S. 134.
12 Helm, a. a. O., S. 134.
13 Helm, a. a. O., S. 135.
14 TNA, HS 9/59/2 66/880.
15 Helm, a. a. O., S. 135.
16 Stephenson, William, a. a. O., S. 3.
17 Helm, a. a. O., S. 135.
18 Helm, a. a. O., S. 155.
19 Stephenson, a. a. O., S. 3.
20 Vgl. TNA, HO 405/45567.
21 Helm, a. a. O., S. 136.
22 Helm, a. a. O., S. 136.
23 Helm, a. a. O., S. 154.

24 Vgl. TNA, HO 405/45567.
25 Vgl. Helm, a.a.O., 145 ff.
26 Helm, a.a.O., S. 147.
27 Vgl. Helm, a.a.O., S. 149.
28 Alle Zitate entnommen aus Helm, a.a.O., S. 149 f.
29 Helm, a.a.O., S. 140.
30 So Atkins bei einem ihrer Einbürgerungsgespräche im Jahr 1944, TNA, HO 405/45567 C 659568.
31 TNA, HO 405/45567 C659568.
32 Helm, a.a.O., S. 133.

2 SCHATTEN DER ZUKUNFT

1 Atkins' eigene Angaben in einem Einbürgerungsgespräch im Jahr 1944 sind erstaunlicherweise eher ungenau. Demnach kehrte die Familie »nach dem Krieg, so ungefähr 1919 oder 1920« dorthin zurück, TNA, HO 405/45567 C659568.
2 So Atkins bei ihrem Einbürgerungsgespräch am 25.2.1944, TNA, HO 405/45567 C 659568.
3 Vgl. Helm, a.a.O., S. 147.
4 So Atkins bei ihrem Einbürgerungsgespräch am 25.2.1944, TNA, HO 405/45567 C 659568.
5 Zitiert nach Helm, a.a.O., S. 147
6 So Helm, a.a.O., S. 147 f. Atkins gab in ihrem Einbürgerungsgespräch am 25.2.1944 lediglich an, sie habe »die Sorbonne in Paris besucht«, TNA, HO 405/45567 C 659568.
7 Helm, a.a.O., S. 148 f. Zur ethnischen Zusammensetzung der Bukowina vgl. etwa https://de.wikipedia.org/wiki/Bukowina, mit folgenden Angaben für 1919: Rumänen: 34,1 Prozent, Ukrainer: 38,4 Prozent, Andere: 27,2 Prozent.
8 Helm, a.a.O., S. 147.
9 Vgl. Helm, a.a.O., S. 151.
10 Vgl. Helm, a.a.O., S. 159.
11 Einstellungsfragebogen für die SOE, TNA, HS 9/59/2 66/880.
12 Ebenda.
13 Vgl. Helm, a.a.O., S. 159 f.
14 Vgl. Helm, a.a.O., S. 158, 162 f.
15 Laut einer im Zusammenhang mit ihrem Einbürgerungsantrag erstellten Übersicht ihrer Wohnorte in Großbritannien hatte sie bereits seit 1931 dort ihren Wohnsitz, verbrachte jedoch »den größten Teil der Zeit zwischen dem 4. Ok-

tober 1932 und dem 29. Oktober 1937 mit langen Besuchen im Ausland«.
Einem anderen Aktenvemerk zu ihrem Einbürgerungsantrag (datiert 31.1.44)
zufolge, war Atkins 1931/32 zu Ausbildungszwecken in Großbritannien, ging
dann zurück auf den Kontinent und kehrte 1937 nach Großbritannien zurück. Beide Quellen: TNA, HO 405/45567 C 659568.

16 Vgl. hierzu etwa Prügel, a.a.O., S. 131 ff.

17 Sebastian, Mihail, a.a.O., S. 248.

18 Vgl. Helm, a.a.O., S. 170 ff.

19 So zumindest Stephenson, a.a.O., S. 6.

20 Vgl. Helm, a.a.O., S. 170 ff.

21 Stephenson, a.a.O., S. 4.

22 Stephenson, a.a.O., S. XVII.

23 Fleming, Ian: Vorwort in Montgomery Hyde, H.: Room 3603, S. X.

24 Montgomery Hyde, a.a.O., S. 17.

25 Vgl. Stephenson, a.a.O., S. 9.

26 Vgl. Stephenson, a.a.O., S.6 f.

27 Sverre Stangeland, S. 180 ff. Alle wörtlichen Zitate S. 182. Vgl. hierzu auch
    Brumlik, S. 19: Der deutsche Vizekonsul in Erzerum, Scheubner-Richter,
    »machte sich bei seinen Vorgesetzten, namentlich dem Konsul Friedrich-Wer-
    ner von der Schulenburg in Erzerum und dem Konsul Dr. Bergmann in Tra-
    pezunt, dadurch unbeliebt, dass er zugunsten der von den Deportationsplänen
    der jungtürkischen Ittihad und Terraki Partei bedrohten Armenier zu inter-
    venieren versuchte.«

28 Vgl. Sommer, S. 28, ff.

29 Vgl. Sommer, a.a.O., S. 39.

30 Gedenkrede über die Opfer des Widerstandes gegen Hitler am 19. Juli 1984
    im Auswärtigen Amt, zitiert nach Sommer, a.a.O., S. 7.

31 Sommer, a.a.O., S. 21.

32 Vgl. Stephenson, a.a.O., S. 7.

33 Zitiert nach Sommer, a.a.O., S. 39.

34 Zitiert nach Sommer, a.a.O., S. 24.

35 Zitiert nach Sommer, a.a.O., S. 37.

36 Zitiert nach Helm, a.a.O., S. 164.

37 Vgl. Sommer, a.a.O., S. 11, S. 43.

38 Vgl. Helm, a.a.O., S. 164.

39 Zitiert nach Sommer, a.a.O., S. 39.

40 Vgl. Stephenson, a.a.O., S. 8.

41 Vgl. Stephenson, a.a.O., S. 8 f.

42 Vgl. Stephenson, a. a. O., S. 10 f.

43 Zitiert nach Sommer, a. a. O., S. 43 f.

44 Stephenson, a. a. O., S. 10.

45 Sommer, a. a. O., S. 17.

46 Stephenson, a. a. O., S. 10, S. 14.

47 Vgl. Stephenson, a. a. O., S. 34 ff.

48 Vgl. Helm, a. a. O., S. 171.

49 Humphreys sprach sich für ihre Einstellung bei der SOE aus (wie etwa aus dem Protokoll ihres Einbürgerungsgesprächs vom 25.2.1944 zu entnehmen ist); Coverley-Price bezeugte im Rahmen von Atkins' Einbürgerungsverfahren 1944 ihre Würdigkeit zur Einbürgerung und gab der Hoffnung Ausdruck, dass ihr Antrag positiv beschieden würde, vgl. TNA, HO 405/45567 C 659568. Ebenfalls zu ihren Bürgen bei der Einbürgerung gehörte der Meisterspion Thomas Joseph Kendrick, der bezeugte, sie und ihre Familie seit 26 Jahren zu kennen und ihr absolute Loyalität gegenüber Großbritannien und vollständige Zuverlässigkeit attestierte, vgl. handschriftliches Zeugnis, TNA, HO 405/45567 C 659568

50 Zitiert nach Helm, a. a. O., S. 168 f.

51 Vgl. Helm, a. a. O., S. 168 ff. Zitat ebenda, S. 174.

52 Geissbühler, a. a. O., S. 29 ff., S. 34.

53 Zitiert nach Helm, a. a. O., S. 175.

3 IN DER SCHWEBE

1 Zitiert nach Helm, a. a. O., S. 177.

2 Vgl. Protokoll des Einbürgerungsgesprächs vom 25.2.1944, TNA, HO 405/45567 C 659568.

3 Ebenda.

4 Ebenda. Mayfair ist einer der bekanntesten Shoppingbezirke Londons, in dem sich die Geschäfte zahlreicher Modedesigner und vornehmer Maßschneider befinden.

5 Helm, a. a. O., S. XXI.

6 Helm, a. a. O., S. 178.

7 Protokoll des Einbürgerungsgesprächs vom 25.2.1944, TNA, HO 405/45567 C 659568.

8 Vgl. Helm, a. a. O., S. 183.

9 Vgl. Einstellungsfragebogen für die SOE, TNA, HS 9/59/2 66/880.

10 Vgl. Einstellungsfragebogen für die SOE, TNA, HS 9/59/2 66/880; Protokoll

des Einbürgerungsgesprächs vom 25.2.1944, Auszug vom 3.2.1944 aus der Einbürgerungsakte, sowie handschriftliche Notiz vom Februar 1944 von Frau M. Coverley-Price, sämtlich in TNA, HO 405/45567 C 659568.

11 Vgl. etwa McDonough, S. 8, S. 9.

12 Vgl. McDonough, a. a. O., S. 22.

13 McDonough, a. a. O., S. 24.

14 Vgl. zur Motivationslage im Großbritannien der dreißiger Jahre etwa: McDonough, a. a. O., S. 31 ff.

15 Churchill, a. a. O., S. 141, S. 143.

16 Zitiert nach McDonough, a. a. O., S. 52.

17 Zitiert nach Stephenson, a. a. O., S. XV.

18 Vgl. McDonough, S. 36.

19 Wasserstein, a. a. O., S. 10.

20 Vgl. Wasserstein, a. a. O., S. 10 f. Zitate ebenda.

21 Helm, a. a. O., S. 178.

22 Vgl. Helm, a. a. O., S. 185.

23 Helm, a. a. O., S. 179 ff., S. 437.

24 Vgl. Helm, a. a. O., S. 178.

25 Antrag auf Einbürgerung, Punkt 14 (h), TNA, HO 405/45567 C 659568.

26 Vgl. auch Helm, a. a. O., S. 377.

27 Das Zitat (entnommen aus der Autobiografie des Generals) findet sich bei: Wikipedia (English), Adrian Carton de Wiart.

28 Vgl. zu diesen Aktivitäten von Atkins: Stephenson, a. a. O., S. 55, S. 60, S. 77 f., S. 84, S. 87 ff.

29 Vgl. Helm, a. a. O., S. 378 ff.

30 Vgl. zur Geschichte Fritz Rosenbergs: Helm, a. a. O., S. 389 ff.

31 Zitiert nach Helm, a. a. O., S. 395.

32 Vgl. hierzu insgesamt: Helm, a. a. O., S. 375–409.

4 DAS MINISTERIUM FÜR UNFEINE KRIEGSFÜHRUNG

1 Zahlen nach McDonough, a. a. O., S. 41.

2 Vgl. Foot, a. a. O., S. 5.

3 Foot, a. a. O., S. 7.

4 Bull, a. a. O., S. 26.

5 Crowdy, a. a. O., S. 18.

6 Foot, a. a. O., S. 7 ff., S. 11 f.

7 Abgedruckt bei Bull, a. a. O., S. 27 ff.

8   Vgl. Foot, a. a. O., S. 16.

9   Zitiert nach Foot, a. a. O., S. 18 f.

10 Zitiert nach Foot, a. a. O., S. 21.

11 Zitiert nach Foot, a. a. O., S. 68.

12 Ein Organigramm der SOE sowie eine Sammlung von Dokumenten zu ihrer
    Organisation und ihrem Platz im Gefüge der britischen Behörden findet sich
    im Anhang bei Mackenzie, a. a. O., S. 753 ff.

13 Foot, a. a. O., S. 31 und S. 67 f. Vgl. zu den Abteilungen der SOE auch:
    Crowdy, a. a. O., S. 10.

14 Vgl. Foot, a. a. O., S. 67, Zitate: Rayment, a. a. O., S. 36, Crowdy, a. a. O., S.
    9.

15 Vgl. Foot, a. a. O., S. 31 f.

16 Zitiert nach Foot, a. a. O., S. 131.

17 Vgl. Foot, a. a. O., S. 27 ff.

18 Vgl. Foot, a. a. O., S. 64.

19 Vgl. Foot, a. a. O., S. 72, S. 84.

20 Zitiert nach Crowdy, a. a. O., S. 16.

21 Zitiert nach Rayment, a. a. O., S. 16 f.

22 Leigh Fermor, Nachruf auf Xan Fielding, *Daily Telegraph* vom 20.8.1991,
    nachzulesen auf: http://patrickleighfermor.org/2010/05/09/xan-fielding-obi-
    tuary.

23 Zitiert nach Foot, a. a. O., S. 84.

24 Helm, a. a. O., S. XIX.

25 Einen Eindruck davon, wie es in den Trainingszentren zuging, vermittelt der
    nach dem Zweiten Weltkrieg veröffentlichte Film *Now it Can Be Told*, der
    anhand von Originalaufnahmen aus den Jahren 1944/45 die Ausbildung der
    SOE-Agenten dokumentiert, Crowdy, a. a. O., S. 12, BU.

26 Vgl. Crowdy, a. a. O., S. 18.

27 Foot, a. a. O., S. 67 merkt dazu an: »Die moderne russische Geheimpolizei
    bildet ihre Spione nach Möglichkeit zehn Jahre lang aus. Bei der SOE war ei-
    ne zehnmonatige Ausbildung bereits ein Glücksfall, manchmal war nicht ein-
    mal zehn Wochen Zeit.«

28 Crowdy, a. a. O., S. 17.

29 Eine gute Übersicht über die Ausbildung in Schottland liefert Aonghais Fyffe
    in Ottaway, a. a. O., S. 75 ff.

30 Crowdy, a. a. O., S. 23.

31 Crowdy, a. a. O., S. 20.

32 Foot, a. a. O., S. 78.

33 Crowdy, a. a. O., S. 17.

34 Foot, a. a. O., S. 87, Crowdy, a. a. O., S. 32, vgl. auch Rayment, a. a. O., S. 24.

35 Zu Rekrutierung und Ausbildung vgl. Foot, a. a. O., S. 64 ff.

36 Vgl. hierzu auch MacIntyre, Ben, a. a. O., S. 106 ff.

37 Vgl. Foot, a. a. O., S. 107.

38 Vgl. Foot, a. a. O., S. 96.

39 MacIntyre, a. a. O., S. 107.

40 Foot, a. a. O., S. 101.

41 Vgl. Crowdy, a. a. O., S. 53, Bildunterschrift unten.

42 Vgl. Foot, S. 97.

43 Vgl. Crowdy, a. a. O., S. 10, Bildunterschrift unten.

44 Vgl. Foot, a. a. O., S. 105.

45 Vgl. MacIntyre, a. a. O., S. 107 f.

46 Vgl. zu Bewaffnung und Ausrüstung der SOE-Agenten insgesamt: Foot, a. a. O., S. 92.

47 Foot, a. a. O., S. 68.

48 Crowdy, a. a. O., S. 12.

49 Ebenda.

50 Ebenda.

51 Ebenda, S. 12 f.

52 Crowdy, a. a. O., S. 11.

53 Vgl. Foot, a. a. O., S. 69 f.

54 Vgl. Crowdy, a. a. O., S. 31 f.

55 Die tatsächliche Zahl der SOE-Angehörigen steht nicht fest, wie Foot anmerkt. Andere Autoren gehen von teils höheren Zahlen aus, so etwa Bull, a. a. O., S. 13.

56 Foot, a. a. O., S. 78; Crowdy, a. a. O., S. 13.

57 Foot, a. a. O., S. 74 f.

58 Vgl. Helm, a. a. O., S. 9.

59 Ebenda.

60 Vgl. Helm, a. a. O., S. 10.

61 Vgl. etwa: undatierter Vermerk zur Gehaltserhöhung (1942); Vermerk vom 21.10.1942; Vermerk vom 24.5.1945; Schreiben von Major Roche, datiert 31.1.1944; Bericht vom 15.10.1945. Schreiben von Major Roche in TNA, HO 405/45567 C659568, restliche Quellen sämtlich in TNA, HS 9/59/2.

62 Zitiert nach Helm, Sarah, a. a. O., S. 10 (Vorwort).

63 Vgl. zu den einzelnen Sektionen der SOE und ihren Standorten auch Crow-
    dy, a.a.O., S. 10 f.
64 Vgl. Helm, a.a.O., S. 11.

5 ZWEIMAL GESEHEN UND NIE MEHR VERGESSEN

1   Vgl. Akte von Vera Atkins, in: TNA, HO 405/45567.
2   Vgl. Basu, a.a.O., S. 90.
3   Akte von Noor Inayat Khan, in: TNA, HS 9/836/5.
4   Ebenda. (Alle vorhergehenden direkten Zitate im Text beziehen sich auch auf
    die Einschätzung der Ausbilder.)
5   Ebenda.
6   Overton Fuller, a.a.O., S. 127.
7   Escott, a.a.O., S. 97 f.
8   Zitiert nach Basu, a.a.O., S. 122.
9   Eine Zusammenfassung der Gespräche zwischen Vera Atkins und Noor
    Khan findet sich in: Akte von Noor Inayat Khan, a.a.O.
10 Akte von Noor Inayat Khan, a.a.O.
11 Overton Fuller, a.a.O., S. 139.

6 JASMIN SPIELT FLÖTE

1   Vgl. Verity, a.a.O., S. 94.
2   Vgl. Akte von Francis Alfred Suttill, in: TNA, HS9/ 1430/6.
3   Quetteville de, a.a.O., S. 175.
4   Vgl. Ruby, a.a.O., S. 90.
5   Vgl. Rayment, a.a.O., S. 34.
6   Vgl. Escott, a.a.O., S. 99.
7   Zitiert nach Boxshall, Colonel E.G.: Chronology of SOE operations with the
    Resistance in France (typescript history, London 1960). Kopie in der Biblio-
    thek des Imperial War Museums, London.
8   Vgl. Basu, a.a.O., S. 182 und Overton Fuller, a.a.O., S. 171 f.
9   SOE Memo vom 24. Februar 1944, in: Akte von Noor Inayat Khan, a.a.O.
10 Ebenda.
11 Zitiert nach Escott, a.a.O., S. 102.
12 Vgl. Overton Fuller, a.a.O., S. 157.
13 Helm, a.a.O., S. 44 und auch Akte von Noor Inayat Khan , a.a.O.
14 Vgl. Binney, a.a.O., S. 170 f.

15 Erklärung von SD-Mitarbeiter Werner Emil Ruehl, in: TNA, BHS 9/59/2.

16 Zitiert nach Overton Fuller, a.a.O., S. 208.

17 Vgl. Akte von Noor Inayat Khan, a.a.O.

18 Ebenda.

19 Der Name Olschanezky wird häufig auch anders geschrieben. Wir bleiben bei der Schreibweise, wie sie die überlebenden Verwandten bevorzugen

20 Zitiert nach Basu, a.a.O., S. 234.

21 Vgl. ebenda, S. 182.

22 Zitiert nach Quetteville de, a.a.O., S. 174.

23 Zitiert nach Seymour-Jones, a.a.O., S. 237.

24 Zitiert nach ebenda, S. 238.

7 EIN HAUCH VON FRANKREICH

1 So Minney, a.a.O., S. 60. Vgl. Ottaway, a.a.O., S. 65 ff.

2 Vgl. Foot, a.a.O., S. 71.

3 Wiedergabe des Gesprächs beruht auf der Darstellung von Minney, a.a.O., S. 66 ff.

4 Vgl. Minney, a.a.O., S. 2.

5 Ottaway, a.a.O., S. 3 f. Nach Minney, a.a.O., S.2 kam sie im »britischen Krankenhaus von Paris« zur Welt, womit vermutlich das frühere Hertford British Hospital in Levallois Perret, ein äußerlich palastartiger neogotischer Bau, gemeint ist. Doch Ottaway weist darauf hin, dass das Geburtshaus zwar in derselben Straße lag wie das Hospital, jedoch nicht zu diesem gehörte.

6 Ottaway, a.a.O., S. 5.

7 Laut Ottaway siedelten nur Violette und ihr Bruder Roy nach Frankreich um, jedoch an zwei verschiedene Orte zu unterschiedlichen Verwandten, während die Eltern nach England zurückkehrten.

8 Vgl. zu den zahlreichen Umzügen der Familie auch Minney, a.a.O., S. 1 ff.

9 Vgl. Minney, a.a.O., S. 2 ff., S. 6.

10 Zitiert nach Ottaway, a.a.O., S. 6.

11 Vgl. Minney, a.a.O., S. 9, S. 108.

12 Vgl. Ottaway, a.a.O., S. 7.

13 Abgebildet bei Minney, a.a.O., im Bildteil.

14 Zitiert nach Minney, a.a.O., S. 11.

15 Vgl. Minney, a.a.O., S. 3.

16 Vgl. ebenda, S. 3 f.

17 Vgl. ebenda, S. 15.

18 Vgl. ebenda, S. 5.
19 Vgl. Ottaway, a.a.O., S. 12, S. 15 f.
20 Vgl. ebenda, S. 16 ff.
21 Vgl. ebenda, S. 15.
22 Vgl. ebenda, S. 20.
23 Vgl. Minney, a.a.O., S. 22.
24 Walker, a.a.O., S. 19.
25 Vgl. Minney, a.a.O., S. 23.
26 Der hier verwendete Dienstgrad entspricht der Darstellung Ottaways.
27 Minney, S. 32.
29 Vgl. ebenda, S. 36.
29 Vgl. ebenda, a.a.O., S. 37.
30 Vgl. ebenda, S. 42 f.
31 Vgl. ebenda, a.a.O., S. 46.
32 Vgl. Ottaway, a.a.O., S. 40.
33 Vgl. Ottaway, S. 42.
34 Vgl. ebenda, a.a.O., S. 47.
35 Zitiert nach Minney, a.a.O., S. 47 f.
36 Vgl. Minney, a.a.O., S. 50.
37 Vgl. ebenda, a.a.O., S. 51.
38 Vgl. Ottaway, a.a.O., S. 56 f.
39 Vgl. Ottaway, S. 56; Minney, S. 58.

8 LA PETITE ANGLAISE

1 Minney, a.a.O., S. 68, merkt an, dass Szabo wohl zumindest bei ihrem Vorstellungsgespräch verschwieg, dass sie Mutter eines Kindes war, und möglicherweise niemals rekrutiert worden wäre, wenn sie nicht zunächst die Existenz ihrer Tochter Tania verschwiegen hätte. Andererseits gab es auch andere
SOE-Agentinnen, wie beispielsweise Odette Sansom, die ebenfalls Kinder
hatten, und es gibt Hinweise darauf, dass die Existenz Tanias Vera Atkins
und anderen innerhalb der SOE bereits in einem frühen Stadium des Anwer-
beverfahrens bekannt war. Vgl. Ottaway, S. 69 f.
2 Ottaway, a.a.O., S. VII.
3 Ebenda, S. 73.
4 Zitiert nach Ottaway, a.a.O., S. 73.
5 Zitiert nach Minney, a.a.O., S. 77; laut Walker, a.a.O., S. 24, war sie die
beste Schützin ihres Lehrgangs.

6 Vgl. ebenda.

7 Zitiert nach Ottaway, a. a. O., S. 80.

8 Zitiert nach Ottaway, a. a. O., S. 81.

9 Vgl. ebenda, S. 82.

10 Zitiert nach Ottaway, a. a. O., S. 83.

11 Zitiert nach Walker, a. a. O., S. 25.

12 Vgl. Minney, S. 79.

13 Ottaway, a. a. O., S. 89.

14 Foot, a. a. O., S. 76.

15 Zu Staunton und Mortier vgl. Minney, a. a. O., S. 88 ff. und Ottaway, S. 94 ff., mit teilweise abweichenden biografischen Darstellungen.

16 Zitiert nach Minney, a. a. O., S. 98.

17 Ebenda, S. 98 f.

18 Vgl. ebenda., S. 101 f.

19 Vgl. Ottaway, S. 113 ff. Minney, a. a. O., S. 123 ff. geht davon aus, dass sie ihr Testament erst vor ihrem zweiten Einsatz aufsetzte und auch erst zu diesem Zeitpunkt die Verfügungen hinsichtlich ihrer Tochter sowie unter anderem auch betreffend die Auflösung ihrer Wohnung traf.

20 Die Darstellung der Episode mit Leo Marks basiert auf den Memoiren von Leo Marks, a. a. O., S. 493 ff., denen auch die Zitate entnommen sind. Ottaway, a. a. O., S. 281 stellt in Frage, ob das Gedicht »The Life that I Have« tatsächlich von Leo Marks stammte.

21 Minney, a. a. O., nennt als Datum den 8. April 1944, Ottaway, a. a. O., S. 119, den 5. April 1944.

22 So Ottaway, S. 119.

23 Diese Darstellung des Flugs findet sich bei Minney, a. a. O., S. 104 f. Sie wirft aber insbesondere die Frage auf, warum der deutsche Kampfpilot die langsame Lysander-Maschine, ein leichtes Ziel, nicht abschoss. Walker nimmt auf diese Darstellung keinen Bezug, weist aber darauf hin, dass es eine Quelle gibt, der zufolge Violette und Staunton tatsächlich mit einer Lysander nach Frankreich eingeschleust wurden, s. Walker, a. a. O., S. 26.

24 Vgl. Minney, a. a. O., S. 103 ff.

25 Vgl. ebenda, S. 109.

26 Vgl. ebenda, S. 109 ff., S. 114.

27 Vgl. Ottaway, a. a. O., S. 127.

28 Vgl. ebenda, S. 115 ff. Ottaway, a. a. O., S. 128, weist darauf hin, dass die beiden Agenten in unterschiedlichen Maschinen ausgeflogen wurden.

29 Vgl. Ottaway, S. 131.

30 Vgl. Ottaway, a. a. O., S. 134.

31 Ottaway, a. a. O., S. 134 f.

32 Vgl. Minney, a. a. O., S. 122.

33 Vgl. ebenda, S. 123, S. 127.

34 Ottaway, a. a. O., S. 140.

35 Vgl. Ottaway, a. a. O., S. 142.

36 Laut Walker, a. a. O., S. 29, zerschellte nahezu die Hälfte dieser Ausrüstungs-
    gegenstände am Boden, da die Fallschirme sich nicht öffneten.

37 Vgl. Minney, a. a. O., S. 126 ff.

38 Zitiert nach Ottaway, a. a. O., S. 143 f.

39 Vgl. Minney, a. a. O., S. 138.

40 Vgl. Ottaway, a. a. O., S. 148.

41 So Ottaway, a. a. O., S. 149, die darauf hinweist, dass es sich bei dem dritten
    Mitfahrer um einen 26-jährigen Mann und nicht, wie Minney, a. a. O., S. 138,
    berichtet, um den zwölfjährigen Sohn eines Arztes aus dem Nachbardorf ge-
    handelt habe.

42 Vgl. Minney, a. a. O., S. 138.

43 Zitiert nach Ottaway, a. a. O., S. 151 f.

44 Minney, a. a. O., S. 138 f.

45 Zitiert nach Ottaway, a. a. O., S. 157 f.

46 Vgl. Minney, a. a. O., S. 140; Ottaway, S. 152.

47 Ersteres behauptet Minney, a. a. O., S. 141; die beiden anderen Varianten
    stellt Ottaway, a. a. O., S. 152, S. 153 f. zur Debatte.

48 Vgl. Minney, a. a. O., S. 144.

49 Ottaway, S. 155.

50 Vgl. Minney, S. 149 ff.

51 Vgl. ebenda, S. 145 ff.; Walker, a. a. O., S. 32.

52 Vgl. Minney, a. a. O., S. 155 ff.

53 Vgl. Ottaway, a. a. O., S. 165 ff.

54 Ebenda, S. 167.

55 Walker, a. a. O., S. 33.

56 Während Minney, a. a. O., S. 96, S. 159 f. andeutet, dass Violette und Harry
    Peulevé sich näher kannten und womöglich sogar im Begriff waren, eine ro-
    mantische Beziehung zu entwickeln, sieht Ottaway, a. a. O., S. 181 f. dies eher
    als Spekulation.

57 Walker, a. a. O., S. 25.

58 Ebenda, S. 161.

59 Minney, a. a. O., S. 162 und Ottaway, a. a. O., S. 184 schildern diese Episode

im Wesentlichen ähnlich, wobei Minney die ohnehin dramatische Geschichte
noch durch Details anreichert, wie etwa den Hinweis, dass es bei einigen –
allerdings nicht britischen, sondern belgischen und französischen – Gefangenen zu Hysterie gekommen sei und diese teilweise Schaum vor dem Mund
gehabt hätten.

60 Vgl. Ottaway, S. 183; Minney, a. a. O., S. 162 f., Zitat ebenda.

61 Zitiert nach Minney, a. a. O., S. 163.

62 Ebenda.

9 DIE POLNISCHE GRÄFIN

1 Mulley, a. a. O., S. 27, S. 33 f.

2 Walker, a. a. O., S. 163.

3 Zitiert nach Masson, a. a. O., S. XXII.

4 Vgl. Mulley, a. a. O., S. 251: Nach einer besonders gewagten Operation von
Skarbek vermerkte ein SOE-Offizier auf dem entsprechenden Bericht: »Sie
ängstigt mich zu Tode«.

5 Jan Skarbek z Góry wies im Jahr 1109 als Gesandter des Königs Boleslaws
III. den Versuch des deutschen Kaisers Heinrich V., die Polen mit Gold zu
unterwerfen, mit den Worten »So geben wir noch Gold zu Gold« ab, wobei er
seinen Ring in die offen dargebotene Schatzkiste des Kaisers warf. Vgl. zu
dieser Geschichte und der darauf beruhenden Ableitung des Namens Skarbek
(von Polnisch »skarb«, Schatz) Zurek, a. a. O., S. 30; vgl. ferner http://de.wiki-
source.org/wiki/BLK%C3%96:Skarbek,_die_Grafen,_Genealogie.

6 Deutsch: Schlacht bei Tannenberg.

7 Vgl. Mulley, a. a. O., S. 4.

8 Mulley, a. a. O., S. 83 ff.

9 Mulley, a. a. O., S. 2.

10 Mulley, a. a. O., S. 5.

11 Mulley, a. a. O., S. 10.

12 Mulley, a. a. O., S. 10.

13 Vgl. Mulley, a. a. O., S. 14.

14 Eine leicht abweichende, im Ergebnis aber ähnliche Version der Ereignisse
findet sich bei Masson, a. a. O., S. 17 f.

15 Mulley, a. a. O., S. 15.

16 Gombrowicz, a. a. O., S. 209.

17 Vgl. Mulley, a. a. O., S. 19.

18 Vgl. Masson, a. a. O., S. 25.

19 Mulley, a. a. O., S. 21.

20 Vgl. Mulley, a. a. O., S. 22.

21 Zitiert nach Mulley, a. a. O., S. 25.

22 Mulley, a. a. O., S. 26.

23 Vgl. Mulley, a. a. O., S. 27.

24 Anders etwa Masson, a. a. O., S. 34 ff., wonach Skarbek und ihr Mann bis nach Nairobi gelangt waren. Vgl. jedoch die Anmerkung bei Mulley, a. a. O., S. 28.

25 Mulley, a. a. O., S. 32.

26 TNA, HS9/612, C/H Madame Marchand, MP. 4827, zitiert nach Mulley, a. a. O., S. 33.

27 Ebenda.

28 Vgl. Mulley, a. a. O., S. 52 f.

29 Mulley, a. a. O., S. 33 ff.

30 Vgl. Stephenson, a. a. O., S. 161 f.

31 Patrick Leigh Fermor, »The One-Legged Parachutist«, in The Spectator, 7.1.1989, http://archive.spectator.co.uk/article/7th-january-1989/16/the-one-legged-parachutist.

32 TNA, HS9/612, To D/H from M/103, Fryday›(7.12.1939), zitiert nach Mulley, a. a. O., S. 37.

33 Vgl. Mulley, a. a. O., S. 38.

34 Leigh Fermor, a. a. O. (ohne Seitenangabe).

35 Mulley, a. a. O., S. 44.

36 Die Zahl der Piloten wird teils mit 145 angegeben (so etwa: The Battle of Britain Monument, »Allied aircrew in the Battle of Britain«, http://www.bbm.org.uk/participants.htm), teils mit 139 (so etwa: The History Learning Site, »Polish Pilots in the Battle of Britain«) http://www.historylearningsite.co.uk/world-war-two/world-war-two-in-western-europe/battle-of-britain/polish-pilots-in-the-battle-of-britain/). Bei The History Learning Site findet sich auch die Zahl von 20 Prozent der Abschüsse.

37 Vgl. Mulley, a. a. O., S. 47.

38 Mulley, a. a. O., S. 49.

39 Vgl. Mulley, a. a. O., S. 48.

40 Vgl. Mulley, a. a. O., S. 50.

41 Vgl. Mulley, a. a. O., S. 50 f.

42 Vgl. Mulley, a. a. O., S. 52.

43 Bill Stanley Moss, »Christine the Brave«, Picture Post, vol. 56, no. 11 (13.9.1952), S. 14, zitiert nach Mulley, a. a. O., S. 52.

44 Mulley, a. a. O., S. 54.

45 Mulley, a. a. O., S. 49.

46 Vgl. Mulley, a. a. O., S. 56.

47 Borodziej/Ziemer, a. a. O., S. 87 ff.

48 Lehnstaedt, a. a. O., S. 72.

49 Wildt, Michael, Geschichte des Nationalsozialismus, Göttingen 2008, S. 150.

50 Nachzulesen etwa auf: http://shoaportalvienna.com/2014/03/11/fremdvolki-schen-im-osten/.

51 Zitiert nach Borodziej/Ziemer, a. a. O., S. 78.

52 Borodziej/Ziemer, a. a. O., S. 95.

53 TNA, HS9/612, »DH11 bis DH! Und DHM«, interner Bericht der D-Sektion (14.4.1940), zitiert nach Mulley, a. a. O., S. 65.

54 Borodziej/Ziemer, a. a. O., S. 96.

55 Zitiert nach Borodziej/Ziemer, a. a. O., S. 96.

56 Vgl. Mulley, a. a. O., S. 81.

57 Mulley, a. a. O., S. 62 f.

58 Mulley, a. a. O., S. 61 f.

59 TNA, HS9/612, »DH11 bis DH! Und DHM«, interner Bericht der D-Sektion (14.4.1940), zitiert nach Mulley, a. a. O., S. 64.

60 Mulley, a. a. O., S. 69.

61 Mulley, a. a. O., S. 70 ff.

62 Express, 20. Juli 2012.

63 Vgl. Mulley, a. a. O., S. 71 ff.

64 Vgl. Mulley, a. a. O., S. 75, Fn.

65 Mulley, a. a. O., S. 83 (mit Nachweisen, Fn. 47).

66 Mulley, a. a. O., S. 88.

67 Mulley, a. a. O., S. 89 ff.

68 Zitiert nach Mulley, a. a. O., S. 100.

10 REISE OHNE RÜCKKEHR

1 Vgl. Mulley, a. a. O., S. 100.

2 TNA, HS4/291, SOE Eastern European Files, Poland, Sir Owen O'Malley, letter to Harold Perkins (21.6.1944), zitiert nach Mulley, a. a. O., S. 103.

3 Mulley, a. a. O., S. 106 f.

4 Mulley, a. a. O., S. 130.

5 Mulley, a. a. O., S. 119 ff.

6 Mulley, a. a. O., S. 150.

7 Walker, a. a. O., S. 171.

8 Mulley, a.a.O., S. 159.

9 Mulley, a.a.O., S. 149.

10 Vgl. Mulley, a.a.O., S. 150.

11 Vgl. Mulley, S. 168 ff.

12 Vgl. Mulley, a.a.O., S. 152, S. 172 ff.

13 Vgl. Mulley, a.a.O., S. 169, S. 175, S. 177 ff.

14 Mulley, a.a.O., S. 179.

15 Mulley, a.a.O., S. 191.

16 Mulley, a.a.O., S. 192 f.

17 Mulley, a.a.O., S. 183.

18 Mulley, a.a.O., S. 191.

19 Mulley, a.a.O., S. 195.

20 Mulley, a.a.O., S. 202.

21 Leigh Fermor, Nachruf auf Xan Fielding, *Daily Telegraph* vom 20.8.1991, nachzulesen auf: http://patrickleighfermor.org/2010/05/09/xan-fielding-obituary.

22 Vgl. »Erstorbene Seele«, in: DER SPIEGEL, 40, 1969, 29.9.1969.

23 So der französische Journalist Paul Dreyfus, ebenda.

24 Vgl. ebenda.

25 Zahlen vgl. fr.wikipedia.org, ›Maquis du Vercors«. Vgl. Mulley, a.a.O., S. 217 ff. Zitat ebenda, S. 219, Anm. 43, mit Quellenangabe.

26 Zitiert nach Mulley, a.a.O., S. 213.

27 Vgl. Mulley, a.a.O., S. 221.

28 Mulley, a.a.O., S. 222 f.

29 Mulley, a.a.O., S. 220 ff.

30 Vgl. Mulley, a.a.O., S. 225 f. Die Handgranaten-Anekdote findet sich, in leicht abweichenden Versionen u.a. bei Masson, a.a.O., S. 208 und Mulley, S. 226. Nowicki, a.a.O., weist indessen darauf hin, dass die Geschichte ausschließlich auf einer Äußerung Andrzej Kowerskis gegenüber Masson beruht und in keiner Weise bestätigt ist. Es mag sich daher um eine der zahlreichen Legenden handeln, die sich um das Leben Skarbeks ranken.

31 Mulley, a.a.O., S. 233 ff.

32 Vgl. Mulley, a.a.O., S. 245 ff., S. 251.

33 Zitiert nach Mulley, a.a.O., S. 254.

11 NACHT UND NEBEL

1 Vgl. Martin, Douglas: Pearl Cornioley, Resistance fighter who opposed the Nazis, is dead at 93, in: *New York Times*, 11. März 2008.

2 Vgl. Helm, a. a. O., S. 63.

3 Abgedruckt als Dokument 498-PS in: IMT (Hrsg.): Der Prozess gegen die Hauptkriegsverbrecher vor dem internationalen Militärgerichtshof. Band XXVI, Nachdruck, München 1989, S. 100–102.

4 Akte Noor Inayat Khan, a. a. O.

5 Akte Diana Rowden, in: TNA HS/9/1287/6. Vgl. auch: Helm, a. a. O., S. 72 f.

6 Zitiert nach Helm, a. a. O., S. 74.

7 Vgl. Helm, a. a. O., S. 76.

8 Vgl. Siedentopf, a. a. O., S. 144.

9 Eine von der Stadt Dresden eingesetzte Historiker-Kommission geht nach gründlichen Recherchen von einer Opferzahl zwischen knapp 23 000 und maximal 25 000 aus. Vgl. das Interview mit Prof. Matthias Rogg, Bombardierung Dresdens begründete Opfermythos, in: *Leipziger Volkszeitung* vom 22. Januar 2015.

10 Vgl. Gruchmann, Lothar: »Nacht- und Nebel«-Justiz. Die Mitwirkung der Strafgerichte an der Bekämpfung des Widerstandes in den besetzten westeuropäischen Ländern 1942–1944, a. a. O., S. 342–396.

11 Interview mit Yvonne Baseden, in: Helm, a. a. O., S. 99.

12 Ebenda.

13 Interview mit Yvonne Baseden, in: *HerStoria Magazine*, a. a. O., S. 9–13.

14 Zitiert nach Akte von Odette Sansom, in: TNA, HS9/648/4.

15 Zitiert nach Oral history interview with Odette Hallowes (ehem. Sansom), in: Imperial War Museum, 1985.

16 Ebenda.

17 Vgl. Tillotson, a. a. O., S. 30.

18 Vgl. Walker, a. a. O., S. 137.

19 Vgl. ebenda, S. 138.

12 SPUREN DES TODES

1 Vgl. Helm, a. a. O., S. 190, S. 191, S. 196.

2 Vgl. Helm, a. a. O., S. 190 f., S. 220.

3 Vgl. Helm, a. a. O., S. 189.

4 Helm, a. a. O., S. 191 f.

5 Helm, a. a. O., S. 219. Gruppenführer war ein hoher Offiziersrang bei SA, SS und anderen nationalsozialistischen Organisationen.

6 Zitiert nach Helm, a. a. O., S. 194.

7 Zitiert nach Klee, a. a. O., S. 295.

8 Helm, a. a. O., S. 194, Zitat ebenda.

9 Vgl. Helm, a. a. O., S. 195.

10 Helm, a. a. O., S. 196.

11 Zitiert nach Helm, a. a. O., S. 219.

12 Ebenda.

13 Zitiert nach Helm, a. a. O., S. 224.

14 Zitat ebenda.

15 Beide Zitate aus Klee, a. a. O., S. 263.

16 Helm, a. a. O., S. 221.

17 Zitiert nach Helm, a. a. O., S. 225.

18 So Walker, a. a. O., S. 35. Ottaway, a. a. O., S. 203 geht davon aus, dass Violette Szabo und ihre beiden britischen Mitgefangenen »irgendwann zwischen Ende August und Anfang September 1944« dort eintrafen.

19 Frauenlager Ravensbrück – Selbstbehauptung zwischen Leben und Tod, in: Bundeszentrale für politische Bildung, Dossier Ravensbrück – Überlebende erzählen (http://www.bpb.de/geschichte/nationalsozialismus/ravensbrueck/60698/frauenlager-ravensbrueck).

20 Ebenda.

21 Ebenda.

22 Minney, a. a. O., S. 169; vgl. zur körperlichen Verfassung Violettes nach Ankunft in Ravensbrück Ottaway, a. a. O., S. 205.

23 Vgl. Minney, a. a. O., S. 170 f., Walker, a. a. O., S. 36.

24 Minney, a. a. O., S. 171.

25 Vgl. Ottaway, a. a. O., S. 211 ff.

26 Ottaway, a. a. O., S. 213.

27 Aussage Schwarzhubers vom 16. März 1946, zitiert nach Ottaway, a. a. O., S. 216 und Minney, a. a. O., S. 180 f.

13 AUSGELÖSCHT

1 Vgl. Helm, a. a. O., S. 201.

2 Vgl. Helm, a. a. O., S. 202.

3 Vgl. Kramer, a. a. O., S. 185.

4 Zitiert nach Helm, a. a. O., S. 209.

5 Eidesstaatliche Aussage von Lilli Simon am 25. Juli 1946, in: Vera Atkins file, TNA, HS 9/59/2.

6 Zitiert nach Webb, Anthony M. (Hrsg.): The Trial of Wolfgang Zeuss,

Magnus Wochner, Emil Meier, Peter Straub, Fritz Hartjenstein, Franz Berg, Werner Rohde, Emil Bruttel, Kurt aus dem Bruch and Harberg. (The Natzweiler Trial), (War Crimes Trials Vol. V). Siehe auch Kramer, a. a. O., S. 117.

7   Zitiert nach ebenda, S. 76.
8   Zitiert nach Kramer, a. a. O., S. 118. Vgl. auch Helm, a. a. O., S. 261.
9   Zitiert nach Webb, a. a. O., S. 151–154.
10 Ebenda.
11 Siedentopf, a. a. O., S. 172.
12 Zitiert nach Webb, S. 13–15.
13 Overton Fuller, a. a. O., S. 253.
14 Vgl. Kramer, a. a. O., S. 127.

14 KIEFFER UND KIEFER

1   Zitiert nach Helm, a. a. O., S. 267.
2   Akte von Vera Atkins, TNA, HS9/59/2.
3   Zitiert nach Helm, a. a. O., S. 335.
4   Zitiert nach Akte von Noor Inayat Khan, TNA, HS 9/836/5.
5   Vgl. Basu, a. a. O., S. 202.
6   Vgl. ebenda, S. 204.
7   Zitiert nach Hoehling, a. a. O., S. 126.
8   Zitiert nach Binney, a. a. O., S. 178.
9   Akte Noor Inayat Khan, TNA, HS 9/836/5.
10 Akte Noor Inayat Khan, TNA, HS 9/836/5, und zitiert nach Helm, a. a. O., S. 338 f.
11 Vgl. Foot, a. a. O., 2006, S. 265–267.

15 DIE LETZTEN STUNDEN

1   Vgl. Taake, a. a. O., S. 70 ff.
2   Aussage von Mewes im Rahmen ihres Gnadengesuchs am 17. Februar 1947, zitiert nach Schäfer, a. a. O., S. 186.
3   Vgl. Flucht in den Tod, in: DER SPIEGEL, Nummer 16 vom 19.4.1947.
4   Vgl. Hördler, a. a. O., S. 247.
5   Vgl. Helm, a. a. O., S. 307.
6   Vgl. Helm, a. a. O., S. 312.
7   Klee, a. a. O., S. 176.

8 Zitiert nach Helm, a. a. O., S. 313.

9 Zitiert nach Escott, a. a. O., S. 148.

10 Akte Noor Inayat Khan, TNA, HS9/836/5.

11 Ebenda.

12 Eidesstattliche Erklärung von Wilhelm Krauss, in: Akte Noor Inayat Khan, TNA, HS9/836/5.

13 Erklärung von Yolande Lagrave vor dem War Investigation Team Bordeaux am 26. Januar 1947 in Basu, a. a. O., S. 212.

14 Vgl. ebenda, S. 216.

15 Erklärung von Yolande Lagrave vor dem War Investigation Team Bordeaux am 26. Januar 1947 in: ebenda, S. 213.

16 Ebenda.

17 Helm, a. a. O., S. 323.

18 Akte von Vera Atkins, in: TNA, HS 9/59/2.

19 Ebenda.

20 Basu, a. a. O., S. 220.

21 Vgl. Helm, a. a. O., S. 296.

22 Vgl. ebenda, S. 329. Es dauerte bis zum Jahr 1957, bis zwei englische Journalisten nach langen Recherchen Sonia Olschanezky zweifelsfrei als die vierte Frau von Natzweiler identifizieren konnten.

23 Vgl. Eisenmann, Angelika: Codename Madeleine, in: *Süddeutsche Zeitung* vom 28.11.2012.

24 Vgl. Vargo, a. a. O., S. 104 f.

25 Bari, Shahida: Codename: Madeleine, BBC World Service, London Radiofeature vom 7.1.2015.

EPILOG

1 Vgl. statt anderer etwa O'Connor, a. a. O., S. 251.

2 Helm, a. a. O., S. 431.

3 Helm, a. a. O., S. 357 f.

4 Vgl. Foot in Mackenzie, a. a. O., S. XII f., S. XIV.

5 Vgl. ebenda, S. 286, S. 436.

6 Vgl. Stephenson, a. a. O., S. 315.

7 Zitiert nach Helm, a. a. O., S. 286.

8 Vgl. etwa Helm, a. a. O., S. 358 ff.

9 Vgl. ebenda, S. 422 f.

10 Vgl. ebenda, S. 365 ff.

11 Ebenda, S. 366.

12 Zitiert nach Geraghty, a. a. O., S. 347.

13 Foot, a. a. O., S. 361 f.

14 Stellvertreter des Lord Lieutenant, also des persönlichen Repräsentanten des britischen Monarchen.

15 Vgl. etwa Helm, a. a. O., S. 432.

16 Vgl. Helm, a. a. O., S. 358; Mulley, Clare, a. a. O., S. 284.

17 Walker, a. a. O., S. 79.

18 Walker, a. a. O., S. 37; Minney, a. a. O., S. 187.

19 Ottaway, a. a. O., S. 297 f.

20 Ausführliche Übersicht bei Ottaway, a. a. O., S. 249 ff.

21 So der Titel der 2002 verstorbenen Mutter der heutigen Königin Elisabeth II. Im Volksmund wurde sie auch »Queen Mum« genannt.

22 Vgl. Mulley, a. a. O., S. 297.

23 Ebenda, S. 285.

24 Mulley, a. a. O., S. 292.

25 Vgl. Mulley, a. a. O., S. 308.

26 Mulley, a. a. O., S. 327, S. 283.

27 Helm, a. a. O., S. 354 f.

28 Vgl. Helm, a. a. O., S. 424 f.

29 Ebenda, S. 410 ff.

30 In späteren Jahren soll Atkins sich nachdrücklich, aber vergeblich um die Aufnahme des Namens Olschanezkys auf die Gedenktafel der in Natzweiler ermordeten Agentinnen bemüht haben, so Helm, a. a. O., S. 435.

31 Ebenda, S. 429, S. 410 f.

32 Ebenda, S. 421.

33 Vgl. Avakian, a. a. O.

34 Vgl. Akte »Minister's Case« R 20340/3 in TNA, HO 405/45567 C 659568.

35 Vgl. Helm, a. a. O., S 365 f.

36 Ebenda, S. 368 ff.

37 Vgl. undatiertes Dokument »Recommendation for French Award« und »Minute sheet«, datiert 18.10.1946, beide in TNA, HS 9/59/2 66/880.

38 Vgl. ebenda, S. 436 f.

39 Zitiert nach Kramer, Rita, a. a. O., S. 283. Im Original lautet die Formulierung: »gypsies«.

Quellen- und Literaturverzeichnis

ARCHIVE / MUSEEN

The National Archives, Kew, Richmond, Surrye

Imperial War Museum, London

BÜCHER/SAMMELBÄNDE

Avakian, Tanya B.: Rezension von Helm, A Life in Secrets: Vera Atkins and the Lost Agents of SOE bei Cabinet des Fées, 15.11.2011 (http://www.cabinet desfees.com/2011/a-life-in-secrets-vera-atkins-and-the-lost-agents-of-soe-review/).

Basu, Shrabani: Spy Princess – The Life of Noor Inayat Khan, Stroud 2008.

Binney, Marcus: The Women who Lived for Danger: The Women Agents of SOE in the Second World War, London 2002.

Borodziej, Włodzimierz; Ziemer, Klaus (Hrsg.): Deutsch-polnische Beziehungen, 1939–1945–1949, Osnabrück 2000.

Brumlik, Micha: Das Jahrhundert der Extreme, in: Fritz-Bauer Institut (Hrsg.), Völkermord und Kriegsverbrechen in der ersten Hälfte des zwanzigsten Jahrhunderts, Frankfurt a. M. 2004.

Bull, Stephen (Hrsg.): The Secret Agent's Pocket Manual, London 2013.

Bundeszentrale für politische Bildung, Dossier Ravensbrück – Überlebende erzählen (http://www.bpb.de/geschichte/nationalsozialismus/ravensbrueck/60698/frauenlager-ravensbrueck).

Churchill, Winston, Sir: Memoirs of the Second World War, New York 1987.

Crowdy, Terry, SOE-Agent: Churchill's Secret Warriors, Oxford 2008.

Dorn, Alexander: Die Seehäfen des Weltverkehrs, Band I, Wien 1891.

Fleming, Ian, in: Montgomery Hyde, H.: The Quiet Canadian: The Secret Service Story of Sir William Stephenson, London 1962.

Foot, M.R.D.: SOE, An Outline History of the Special Operations Executive 1940–1946, London 1999.

Foot, M.R.D.: SOE in France, An Account of the Work of the British Special Operations Executive in France 1940–1944, New York 2006.

Geissbühler, Simon: Blutiger Juli – Rumäniens Vernichtungskrieg und der vergessene Massenmord an den Juden, Paderborn 2013.

Geraghty, Tony: The Irish War: The Hidden Conflict between the IRA and British Intelligence, London 2000.

Gombrowicz, Witold: Polnische Erinnerungen, Argentinische Streifzüge und andere Schriften, München 2005.

Helm, Sarah: A Life in Secrets – the story of Vera Atkins and the lost agents of SOE, London 2006.

Hoehling, Adolph A.: Women who spied, New York 1967.

Klee, Ernst: Das Personenlexikon zum Dritten Reich, Augsburg 2005.

Kramer, Rita: Flames in the Field – The Story of four SOE Agents in Occupied France, Harmondsworth 1995.

MacIntyre, Ben: For Your Eyes Only, Ian Fleming and James Bond, London 2008.

Mackenzie, William: The Secret History of S.O.E.: Special Operations Executive 1940–1945, London 2000.

Marks, Leo: Between Silk and Cyanide: A Code Maker's War, 1941–45, New York 1988.

Masson, Madeleine: Christine, SOE Agent & Churchill's Favourite Spy, London 1975, 2013.

Minney, R.J.: Carve Her Name With Pride, Barnsley 2011.

Montgomery Hyde, H.: Room 3603 – The incredible true story of secret intelligence operations during WWII, Guilford 1962.

Mulley, Clare: The Spy Who Loved: The secrets and lives of Christine Granville, Britain's first female special agent of WWII, London 2012.

O'Connor, Bernard: Sabotage in France, Raleigh 2013.

Ottaway, Susan: Violette Szabo: The Life that I have, London 2002.

Overton Fuller, Jean: Noor-un-nisa Inayat Khan: Madeleine: Worthing 1972.

Prügel, Roland: Im Zeichen der Stadt: Avantgarde in Rumänien, 1920–1938, Köln 2008.

Quetteville de, Harry: Thinker, failure, soldier, jailer, London 2012.

Rayment, Sean: Tales from the Special Forces Club: The Untold Story of Britain's Elite WWII Warriors, London 2013.

Ruby, Marcel: F Section SOE: The Story of the Buckmaster Network, London 1988.

Schäfer, Silke: Zum Selbstverständnis von Frauen im Konzentrationslager. Das Lager Ravensbrück. Berlin 2002.

Sebastian, Mihail: Seit zweitausend Jahren, Bukarest 1997.

Seymour-Jones, Carol: She landed by Moonlight: the Story of Secret Agent Pearl Witherington: ›the real Charlotte Gray‹, London 2013.

Siedentopf, Monika: Absprung über Feindesland, München 2006.

Sommer, Erich F.: Botschafter Graf Schulenburg – Der letzte Vertreter des Deutschen Reiches in Moskau, Asendorf 1987.

Stephenson, William: Spymistress: The True Story of the Greatest Female Secret Agent of World War II, New York 2007.

Sverre Stangeland, Sigurd: Die Rolle Deutschlands im Völkermord an den Armeniern 1915–1916, Trondheim 2013.

Tillotson, Michael (Hrsg.): SOE and the Resistance – As told in The Times Obituaries, London 2011.

Vargo, Marc, E.: Women of the Resistance. Eight who defied the Third Reich, Jefferson 2012.

Verity, Hugh: We landed by Moonlight- Secret RAF Landings in France 1940–1944, Trowbridge 1978.

Walker, Robyn: The Women who Spied for Britain: Female Spies of the Second World War, Stroud 2014.

Wasserstein, Bernard: Britain and the Jews of Europe 1939–1945, London 1979.

Webb, Anthony M. (Hrsg.): The Trial of Wolfgang Zeuss, Magnus Wochner, Emil Meier, Peter Straub, Fritz Hartjenstein, Franz Berg, Werner Rohde, Emil Bruttel, Kurt aus dem Bruch and Harberg. (The Natzweiler Trial), London/Edinburgh/Glasgow 1949 (War Crimes Trials Vol. V).

Wildt, Michael: Geschichte des Nationalsozialismus, Göttingen 2008.

Zurek, Werner: Genealogien des polnischen Adels. Buchstabe A, ORT 2010.

ZEITSCHRIFTEN/ZEITUNGEN

Leigh Fermor, Patrick: Nachruf auf Xan Fielding, *Daily Telegraph* vom 20.8.1991, nachzulesen auf: http://patrickleighfermor.org/2010/05/09/xan-fielding-obituary.

Martin, Douglas: Pearl Cornioley, Resistance fighter who opposed the Nazis, is dead at 93, in: *New York Times*, 11. März 2008.

Nowicki, Ron: More than an Enigma, Rezension zu Mulley, The Spy who Loved, 11. August 2010, nachzulesen auf http://www.amazon.co.uk/review/R1UK3 M50H1ZC5C/ref=cm_cr_dp_title?ie=UTF8&ASIN=184408235&channel= detail-glance&nodelID=266239&store=books.

Militärhistoriker Rogg: Bombardierung Dresdens begründete Opfermythos, Interview mit Prof. Matthias Rogg, in: *Leipziger Volkszeitung* vom 22. Januar 2015.

Gruchmann, Lothar: »Nacht- und Nebel«-Justiz. Die Mitwirkung der Strafgerichte an der Bekämpfung des Widerstandes in den besetzten westeuropäischen Ländern 1942–1944, in: *Vierteljahrshefte für Zeitgeschichte*, 3. Heft, 29. Jahrgang (1981).

Pattinson, Juliette: Interview mit Yvonne Baseden, in: *HerStoria Magazine*, issue 4/winter 2009.

Hördler, Stefan: Die Schlussphase des Konzentrationslagers Ravensbrück. Personalpolitik und Vernichtung, in: *Zeitschrift für Geschichtswissenschaft*, Nr. 3, 2008.

Eisenmann, Angelika: Codename Madeleine, in: *Süddeutsche Zeitung* vom 28.11.2012.

ARTIKEL OHNE NAMENSANGABEN

Express, 20. Juli 2012, Review: The Spy Who Loved: The Secrets and Loves of Christine Granville.

SONSTIGE QUELLEN

Boxshall, Colonel E. G.: Chronology of SOE operations with the Resistance in France (typescript history, London, 1960). Kopie in der Bibliothek des Imperial War Museums, London.

IMT (Hrsg.): Der Prozess gegen die Hauptkriegsverbrecher vor dem internationalen Militärgerichtshof. Band XXVI, Nachdruck, München 1989.

Oral history interview with Odette Hallowes (ehem. Sansom), in: Imperial War Museum, 1985.

Taake, Claudia: Angeklagt: SS-Frauen vor Gericht, Diplomarbeit an der Universität Oldenburg, Oldenburg 1998.

Bari, Shahida: Codename: Madeleine, BBC World Service, London Radiofeature vom 7.1.2015.

Abbildungsverzeichnis